Ernst Modersohn

Durch den Glauben

Gedanken zu Hebräer 11

Verlag der
Liebenzeller Mission
Lahr

Die Deutsche Bibliothek – CIP-Einheitsaufnahme

Modersohn, Ernst:
Durch den Glauben : Betrachtungen über Hebräer 11 / Ernst Modersohn. –
Bad Liebenzell : VLM, 1997
  (TELOS-Bücher ; 1366 : TELOS-Paperback)
  ISBN 3-88002-620-3
NE: GT

TELOS-Bücher
TELOS-Paperback 71366
Alle Rechte vorbehalten, auch der auszugsweisen Wiedergabe und Fotokopie
Die Bibeltexte wurden der Lutherbibel 1912 entnommen.
© 1997 by Edition VLM im Verlag der St.-Johannis-Druckerei, Lahr
Umschlaggestaltung: Grafisches Atelier Arnold, Dettingen/Erms
Gesamtherstellung: St.-Johannis-Druckerei, 77922 Lahr
Printed in Germany   12789/1997

Übersicht

Vorwort zur vierten revidierten Auflage	5
Zur Einleitung	11
Womit hat es der Glaube zu tun?	13
Was ist denn der Glaube?	17
Ein lebendiger Gott	20
Geschaffen – nicht geworden	24
Gerecht durch Glauben	30
Gottsucher	35
Ein Wandel mit Gott	39
Gott ehren durch Glauben	42
Der Glaube verurteilt die Welt	47
Der Glaube ererbt die Gerechtigkeit	49
Auf Gottes Befehl	52
Fremdlinge	56
Selbst Sara!	59
Gottes Kraft	62
Unser Gott	65
Isaak	68
Gott kann	72
An der Pforte der Ewigkeit	76
Keiner wird zuschanden, welcher Gottes harrt!	83
Nicht mehr!	86
Keine Furcht!	91
Unter dem Blut	95
Am Meer	99
Vor Jericho	104
Hinter dem roten Seil	108
Ganze Leute	112
Was uns Barak zeigt	117
Simson	121
Jephthahs Gelübde	126
Heilig dem Herrn	131
Davids Jugend	136
Wachet!	142

Das Geheimnis der Kraft	146
Auf dem Karmel	150
Unter den Löwen	156
Im Feuer	161
Leben aus dem Tod	165
Bis in den Tod	170
Jeremia	173
Einbildung oder Wirklichkeit?	179
Vollendet	183
Drei Ratschläge	186

Vorwort zur vierten revidierten Auflage

Als ich vor einiger Zeit durch einen mir unbekannten Leser von Modersohn-Büchern in einem Ferngespräch aufgefordert wurde, das Buch »Durch den Glauben« wieder neu herauszugeben, konnte ich seinem Wunsch sofort zustimmen. Hatte ich mich doch gerade in den Wochen zuvor mit diesem Buch intensiv beschäftigt und es für den Neudruck bearbeitet.

Bei erneuter Durchsicht habe ich jetzt den Text für diese vierte Auflage gekürzt, weil wir uns in unserer schnellebigen Zeit von knapp gefaßten Aussagen eher ansprechen lassen.

Nachdem ich mich in diese Auslegungen über Hebräer 11 vertieft habe, möchte ich jetzt sagen, daß ich diese eindringliche Schrift Modersohns für seine wichtigste und beste Arbeit halte.

Ich bringe dieses Buch mit der festen Überzeugung auf den Weg, daß Gott es vielen Menschen zum Segen werden läßt, wie schon alle Modersohn-Bücher, die in einer Auflage von mehr als drei Millionen in der Welt verbreitet sind. Daß heute von seinen 268 Buchtiteln 20 neu aufgelegt erhältlich sind, mag es bestätigen, daß seine Schriftauslegung noch unserer Zeit gemäß ist und auch in der Gegenwart im Dienst Gottes weiterwirken kann.

»Er lasse seinen Segen ruh'n auf diesem Wort und Werk!«

Gerda Zottmaier

**Hebräer 11
nach der Übersetzung von Martin Luther**

Der Glaubensweg im alten Bund

¹Es ist aber der Glaube eine feste Zuversicht auf das, was man hofft, und ein Nichtzweifeln an dem, was man nicht sieht. ²Durch diesen Glauben haben die Vorfahren Gottes Zeugnis empfangen. ³Durch den Glauben erkennen wir, daß die Welt durch Gottes Wort geschaffen ist, so daß alles, was man sieht, aus nichts geworden ist. ⁴Durch den Glauben hat Abel Gott ein besseres Opfer dargebracht als Kain; deshalb wurde ihm bezeugt, daß er gerecht sei, da Gott selbst es über seinen Gaben bezeugte; und durch den Glauben redet er noch, obwohl er gestorben ist. ⁵Durch den Glauben wurde Henoch entrückt, damit er den Tod nicht sehe, und wurde nicht mehr gefunden, weil Gott ihn entrückt hatte; denn vor seiner Entrückung ist ihm bezeugt worden, daß er Gott gefallen habe. ⁶Aber ohne Glauben ist's unmöglich, Gott zu gefallen; denn wer zu Gott kommen will, der muß glauben, daß er ist und daß er denen, die ihn suchen, ihren Lohn gibt. ⁷Durch den Glauben hat Noah Gott geehrt und die Arche gebaut zur Rettung seines Hauses, als er ein göttliches Wort empfing über das, was man noch nicht sah; durch den Glauben sprach er der Welt das Urteil und hat ererbt die Gerechtigkeit, die durch den Glauben kommt. ⁸Durch den Glauben wurde Abraham gehorsam, als er berufen wurde, in ein Land zu ziehen, das er erben sollte; und er zog aus und wußte nicht, wo er hinkäme. ⁹Durch den Glauben ist er ein Fremdling gewesen in dem verheißenen Lande wie in einem fremden und wohnte in Zelten mit Isaak und Jakob, den Miterben derselben Verheißung. ¹⁰Denn er wartete auf die Stadt, die einen festen Grund hat, deren Baumeister und Schöpfer Gott ist. ¹¹Durch den Glauben empfing auch Sara, die unfruchtbar war, Kraft, Nachkommen hervorzubringen trotz ihres Alters; denn sie hielt den für treu, der es verheißen hatte. ¹²Darum sind auch von dem einen, dessen Kraft schon erstorben war, so viele gezeugt worden wie die Sterne am Himmel und wie der Sand am Ufer des Meeres, der unzählbar ist. ¹³Diese alle sind gestorben im Glauben und haben das Verheißene nicht erlangt, sondern es nur von ferne gesehen und gegrüßt und haben erkannt, daß sie Gäste und Fremdlinge auf Erden sind. ¹⁴Wenn sie aber solches sagen, geben sie zu verstehen, daß sie ein Vaterland suchen. ¹⁵Und wenn sie das Land gemeint hätten, von dem sie ausgezogen waren, hätten sie ja Zeit gehabt, wieder umzukehren. ¹⁶Nun aber sehnen sie sich nach einem besseren Vaterland, nämlich dem himmlischen. Darum schämt sich Gott ihrer nicht, ihr Gott zu heißen; denn er hat ihnen eine Stadt gebaut. ¹⁷Durch den Glauben opferte Abraham den Isaak, als er versucht wurde, und gab den einzigen Sohn dahin, als er schon die Verheißung empfangen hatte ¹⁸und ihm gesagt worden war (1. Mose 21, 12): »Was von Isaak stammt, soll dein Geschlecht genannt werden.« ¹⁹Er dachte: Gott kann auch von den Toten erwecken; deshalb bekam er ihn auch als Gleichnis dafür wieder. ²⁰Durch den Glauben segnete Isaak den Jakob und den Esau im Blick auf die zukünftigen Dinge. ²¹Durch den Glauben segnete Jakob, als er starb, die beiden Söhne Josefs und neigte sich anbetend über die Spitze seines Stabes. ²²Durch den Glauben redete Josef, als er starb, vom Auszug der Israeliten und befahl, was mit seinen Gebeinen geschehen solle. ²³Durch den Glauben wurde Mose, als er geboren war, drei Monate verborgen von seinen Eltern, weil sie sahen, daß er ein schönes Kind war; und sie fürchteten sich nicht vor des Königs Gebot. ²⁴Durch den Glauben wollte Mose, als er groß geworden

war, nicht mehr als Sohn der Tochter des Pharao gelten, ²⁵sondern wollte viel lieber mit dem Volk Gottes zusammen mißhandelt werden, als eine Zeitlang den Genuß der Sünde haben, ²⁶und hielt die Schmach Christi für größeren Reichtum als die Schätze Ägyptens; denn er sah auf die Belohnung. ²⁷Durch den Glauben verließ er Ägypten und fürchtete nicht den Zorn des Königs; denn er hielt sich an den, den er nicht sah, als sähe er ihn. ²⁸Durch den Glauben hielt er das Passa und das Besprengen mit Blut, damit der Verderber ihre Erstgeburten nicht anrühre. ²⁹Durch den Glauben gingen sie durchs Rote Meer wie über trockenes Land; das versuchten die Ägypter auch und ertranken. ³⁰Durch den Glauben fielen die Mauern Jerichos, als Israel sieben Tage um sie herumgezogen war. ³¹Durch den Glauben kam die Hure Rahab nicht mit den Ungehorsamen um, weil sie die Kundschafter freundlich aufgenommen hatte. ³²Und was soll ich noch mehr sagen? Die Zeit würde mir zu kurz, wenn ich erzählen sollte von Gideon und Barak und Simson und Jeftah und David und Samuel und den Propheten. ³³Diese haben durch den Glauben Königreiche bezwungen, Gerechtigkeit geübt, Verheißungen erlangt, Löwen den Rachen gestopft, ³⁴des Feuers Kraft ausgelöscht, sind der Schärfe des Schwerts entronnen, aus der Schwachheit zu Kräften gekommen, sind stark geworden im Kampf und haben fremde Heere in die Flucht geschlagen. ³⁵Frauen haben ihre Toten durch Auferstehung wiederbekommen. Andere aber sind gemartert worden und haben die Freilassung nicht angenommen, damit sie die Auferstehung, die besser ist, erlangten. ³⁶Andere haben Spott und Geißelung erlitten, dazu Fesseln und Gefängnis. ³⁷Sie sind gesteinigt, zersägt, durchs Schwert getötet worden; sie sind umhergezogen in Schafpelzen und Ziegenfellen; sie haben Mangel, Bedrängnis, Mißhandlung erduldet. ³⁸Sie, deren die Welt nicht wert war, sind umhergeirrt in Wüsten, auf Bergen, in Höhlen und Erdlöchern. ³⁹Diese alle haben durch den Glauben Gottes Zeugnis empfangen und doch nicht erlangt, was verheißen war, ⁴⁰weil Gott etwas Besseres für uns vorgesehen hat; denn sie sollten nicht ohne uns vollendet werden.

**Hebräer 11
nach der Übersetzung »Hoffnung für alle«**

Vorbilder des Glaubens

¹Was aber heißt: Glaube? Der Glaube ist die feste Gewißheit, daß sich erfüllt, was Gott versprochen hat; er ist die tiefe Überzeugung, daß die unsichtbare Welt Gottes Wirklichkeit ist, auch wenn wir sie noch nicht sehen können. ²Unsere Väter lebten diesen Glauben. Deshalb sind sie Vorbilder für uns. ³Weil wir an Gott glauben, wissen wir, daß die ganze Welt durch sein Wort geschaffen wurde; daß alles, was wir sehen, aus dem Nichts entstanden ist. ⁴Weil *Abel* an Gott glaubte, war sein Opfer besser als das seines Bruders Kain. Gott nahm sein Opfer an, und Abel fand Gottes Anerkennung. Obwohl Abel schon lange tot ist, zeigt er uns noch immer, was es heißt, Gott zu vertrauen. ⁵Weil *Henoch* glaubte, mußte er nicht sterben. Gott nahm ihn zu sich; er war plötzlich nicht mehr da. Die Heilige Schrift bestätigt, daß Henoch so gelebt hatte, wie es Gott gefiel. ⁶Freude kann Gott aber nur an jemandem haben, der ihm fest vertraut. Ohne Glauben ist das unmöglich. Wer nämlich zu Gott kommen will, muß darauf vertrauen, daß es ihn

gibt und daß er alle belohnen wird, die ihn suchen und nach seinem Willen fragen. [7]Auch *Noah* glaubte Gott und befolgte seine Anweisungen. Er baute ein großes Schiff, obwohl von einer Gefahr weit und breit nichts zu sehen war. Deshalb wurde er mit seiner ganzen Familie gerettet. Durch seinen Glauben wurden auch der Unglaube und Ungehorsam der anderen Menschen offenkundig. Und dieser Glaube war es, durch den Noah Gottes Anerkennung fand. [8]Sein fester Glaube brachte *Abraham* dazu, Gott zu gehorchen. Als Gott ihm befahl, in ein Land zu ziehen, das ihm erst viel später gehören sollte, verließ er, ohne zu zögern, seine Heimat. Dabei wußte er überhaupt nicht, wohin er kommen würde. [9]Er vertraute Gott. Das gab ihm die Kraft, in dem Land, das Gott ihm versprochen hatte, als Fremder zu leben. Wie Isaak und Jakob, denen Gott dieselbe Zusage gegeben hatte, wohnte er nicht in einem festen Haus, sondern in Zelten. [10]Denn Abraham wartete darauf, daß er einmal in die Stadt einziehen würde, die wirklich auf festen Fundamenten steht und deren Gründer und Erbauer Gott selbst ist. [11]Auch *Sara*, Abrahams Frau, glaubte unerschütterlich an Gottes Zusage, daß sie noch ein Kind bekommen würde, obwohl sie dafür schon viel zu alt war. Wußte sie doch, daß Gott alle seine Zusagen einhält. [12]So hatte dieser eine Mann, der zudem schon in einem Alter war, in dem er eigentlich keine Kinder mehr zeugen konnte, so viele Nachkommen, wie es Sterne am Himmel und Sandkörner am Meeresstrand gibt, die niemand zählen kann. [13]Sie alle waren Menschen, die sich fest auf Gott verließen. Doch sie starben, ohne daß sich Gottes Verheißung zu ihren Lebzeiten erfüllte. Lediglich aus der Ferne haben sie etwas davon gesehen und sich darüber gefreut; denn sie wußten genau, daß sie auf dieser Erde nur Gäste und Fremde sind. [14]Wer aber zugibt, hier nur ein Fremder zu sein, der sagt damit auch, daß er seine wirkliche Heimat noch sucht. [15]Unsere Väter betrachteten das Land, aus dem sie weggezogen waren, nicht als ihre Heimat; dorthin hätten sie ja jederzeit zurückkehren können. [16]Nein, sie sehnten sich nach einer besseren Heimat, nach der Heimat im Himmel. Deshalb bekennt sich Gott zu ihnen. Er will ihr Gott und Herr sein; denn für sie hat er seine Stadt im Himmel gebaut.

Vorbildlicher Glaube

[17]*Abraham* glaubte so unerschütterlich an Gott, daß er sogar bereit war, seinen einzigen Sohn Isaak zu opfern, als Gott es von ihm forderte. Und das, obwohl ihm Gott versprochen hatte: [18]»Von Isaak wird deine gesamte Nachkommenschaft abstammen.« [19]Abraham traute es Gott zu, daß er Isaak selbst von den Toten auferwecken könnte. Darum schenkte Gott Isaak das Leben noch einmal. [20]*Isaak*, ein Mann des Glaubens, segnete zuerst Jakob und danach Esau. Ohne es zu wissen, erfüllte er damit Gottes zukünftige Absichten. [21]*Jakob* segnete kurz vor seinem Tod in festem Glauben die beiden Söhne Josephs. Auf seinen Stab gestützt, neigte er sich demütig vor Gott. [22]Weil er an Gottes Zusagen glaubte, konnte *Joseph* vor seinem Tod den Auszug des Volkes Israel aus Ägypten voraussagen. Er rechnete so fest damit, daß er anordnete, beim Auszug seine Gebeine mitzunehmen. [23]Weil die Eltern des Mose unerschütterlich an Gott glaubten, hatten sie keine Angst, gegen den Befehl des Königs zu handeln, als sie ihr gesundes und schönes Kind drei Monate lang versteckt hielten. [24]Auch *Mose* vertraute Gott. Sonst hätte er sich – als er erwachsen war – nicht geweigert, noch länger als Sohn der Pharaonentochter zu gelten. [25]Lieber wollte er gemeinsam mit dem Volk Gottes Unterdrückung und Verfolgung erleiden, als weiter das gott-

lose Leben am Königshof zu genießen. ²⁶Wie Christus auf die Herrlichkeit bei Gott verzichtete und die Schmach des Kreuzes auf sich nahm, so verzichtete auch Mose auf das Geld und die Schätze Ägyptens, um sein Volk aus der Sklaverei zu befreien. Er wußte, wie reich Gott ihn belohnen würde. ²⁷Im Vertrauen auf Gott verließ er später Ägypten, ohne den Zorn des Königs zu fürchten. Er rechnete so fest mit Gott, als könnte er ihn sehen. Deshalb gab er nicht auf. ²⁸Weil er Gott glaubte, hielt Mose die Passahfeier und ließ die Türpfosten mit dem Blut eines Lammes bestreichen. So blieben alle Israeliten am Leben, als Gottes Engel die ältesten Söhne der Ägypter tötete. ²⁹Auch das *Volk Israel* bewies seinen Glauben, als es durch das Rote Meer wie über trockenes Land ging. Das ägyptische Heer verfolgte die Israeliten und versank in den Fluten. ³⁰Nicht militärische Stärke, sondern allein der Glaube Israels war es, der die Mauern Jerichos einstürzen ließ, nachdem das Volk Israel sieben Tage lang um die Stadt gezogen war. ³¹Nur weil die Dirne *Rahab* Gott vertraute und die Kundschafter Israels freundlich aufnahm, wurde sie nicht getötet wie alle anderen Bewohner Jerichos, die sich Gottes Willen widersetzt hatten.

Glaube, der zum Ziel führt

³²Es wären noch viele andere zu nennen. Nur würde die Zeit wohl nicht ausreichen, wollte ich sie alle aufzählen: Gideon und Barak, Simson, Jephta, David, Samuel und die Propheten. ³³Weil sie glaubten und Gott vertrauten, konnte er Großes durch sie tun. Sie bezwangen Königreiche, sorgten für Recht und Gerechtigkeit und erlebten, wie sich Gottes Verheißungen erfüllten. Vor dem Rachen des Löwen wurden sie bewahrt, ³⁴und die Glut des Feuers konnte ihnen nichts anhaben. Sie entgingen dem Schwert des Henkers. Sie waren todkrank und wurden doch wieder gesund. Weil sie sich auf Gott verließen, vollbrachten sie wahre Heldentaten und schlugen die Feinde in die Flucht. ³⁵Und Frauen erlebten, wie ihre verstorbenen Angehörigen von Gott auferweckt wurden. Andere, die auch Gott vertrauten, wurden gequält und zu Tode gefoltert. Sie verzichteten lieber auf ihre Freiheit, als ihren Glauben zu verraten. Die Hoffnung auf ihre Auferstehung gab ihnen Kraft. ³⁶Wieder andere wurden verhöhnt und gefoltert, weil sie an Gott festhielten. Man legte sie in Ketten und warf sie ins Gefängnis. ³⁷Sie wurden gesteinigt, als Ketzer verbrannt, auf qualvolle Weise getötet oder mit dem Schwert hingerichtet. Heimatlos, nur mit einem Schafpelz oder Ziegenfell bekleidet, zogen sie umher, hungrig, verfolgt und mißhandelt. ³⁸Sie irrten in Wüsten und im Gebirge umher und mußten sich in einsamen Tälern und Höhlen verstecken; Menschen, zu schade für diese Welt. ³⁹Sie alle haben durch den Glauben die Anerkennung Gottes gefunden. Und doch warteten sie vergeblich darauf, daß sich die Verheißung Gottes noch zu ihren Lebzeiten erfüllte. ⁴⁰Denn Gott hatte einen besseren Plan: Sie sollten mit uns zusammen ans Ziel kommen, in sein Reich.

Versuchen Sie doch, bei jedem neuen Kapitel zuerst den Bibelvers aus Hebräer 11 im Luthertext und in der neusprachlichen Übersetzung zu lesen!

Zur Einleitung

Vom Glauben redet das elfte Kapitel des Hebräerbriefes. Immer wieder tönt es wie Glockenklang durch die Verse des Kapitels: »Durch den Glauben – durch den Glauben – durch den Glauben.« Es ist wichtig, einmal eingehend und ausführlich über den Glauben zu reden. Denn Jesus, »der Anfänger und Vollender des Glaubens«, hat gesagt: »Wer nicht glaubt, der wird verdammt werden.« Und hier im 11. Kapitel des Hebräerbriefes heißt es: »Ohne Glauben ist es unmöglich, Gott zu gefallen.« Und außerdem heißt es: »Was nicht aus dem Glauben kommt, das ist Sünde.«

So könnten viele Stellen angeführt werden, aus denen hervorgeht, wie wichtig und notwendig der Glaube ist. Leben und Seligkeit hängen davon ab.

Es ist darum auch wichtig, sich darüber klar zu werden, was der Glaube ist und was er vermag, weil es so viele unklare und verschwommene Vorstellungen darüber gibt. Viele meinen, Glauben sei soviel wie Fürwahrhalten. Sie halten es einfach für wahr, was die Kirche lehrt, ohne sich selber Gedanken darüber zu machen. Sie halten es für wahr, daß es einen Gott gibt. Sie halten es für wahr, daß Gott seinen Sohn gab. Sie halten es für wahr, daß Jesus am Kreuz die Erlösung vollbracht hat; aber irgendwelchen Einfluß auf ihr Leben hat dieser Glaube nicht. Er sitzt im Kopf, aber nicht im Herzen.

Es ist sehr schade, daß das Wort »Glauben« ein so abgegriffener Groschen geworden ist. Wenn man etwas nicht genau weiß, dann sagt man: »Ich glaube.« Etwa: »Ich glaube, es war Mittwoch – oder auch Donnerstag.« So gebraucht man das Wort »glauben« für ein unsicheres Wissen. Darum denken manche, der christliche Glaube sei auch so eine unsichere Sache.

Nein, nein! Es handelt sich im christlichen Glauben nicht um verschwommene Ansichten oder Meinungen, sondern um ganz bestimmte und gewisse Überzeugungen. Der Apostel sagt: »Es ist aber der Glaube eine gewisse Zuversicht des, das man hofft, und ein Nichtzweifeln an dem, das man nicht sieht.«

Die Hebräer, an welche der Apostel schreibt, befanden sich in einer sehr schweren Lage. Sie hatten »einen großen Kampf des Leidens« zu erdulden, sie waren »durch Schmach und Trübsal ein Schauspiel geworden«. Sie hatten »den Raub ihrer Güter mit Freuden erduldet«. Aber nun waren sie in der Gefahr, in ihrem Kampf zu ermatten und in ihrem Lauf zu ermüden. Da ruft der Apostel ihnen zu: »Werfet euer Vertrauen nicht weg, welches eine große Belohnung hat.« Dann erinnert er sie an ein Wort aus dem Buch des Propheten Habakuk: »Der Gerechte aber wird des Glaubens leben; wer aber weichen wird, an dem wird meine Seele kein Gefallen haben.« Um ihnen Mut zu machen, bezieht er sich mit ein und sagt: »Wir aber sind nicht von denen, die da weichen und verdammt werden, sondern von denen, die da glauben und die Seele erretten.«

Mit dieser Aufforderung und Ermahnung begnügt sich der Apostel aber nicht; wirksamer als alle Lehren sind Beispiele. So geht er dann den Weg, ihnen die Helden und Heldinnen des Glaubens zu zeigen, wie sie durch Schwierigkeiten und Nöte gegangen sind und doch ihren Gott verherrlicht haben durch den Glauben.

Das 11. Kapitel des Hebräerbriefes hat vierzig Verse. Es ist ein abgeschlossenes Kapitel. Und doch ist es auch wieder nicht abgeschlossen. Denn es bekommt noch immer Fortsetzungen bis in unsere heutige Zeit. Auch du und ich, wir können Fortsetzungen dieses wunderbaren Kapitels in unserem Leben machen, wenn wir Gott verherrlichen durch den Glauben. In der Ruhmeshalle von Hebräer 11 ist auch noch für uns Platz. Ob die Welt von uns Notiz nimmt oder nicht, Gottes Augen sehen nach dem Glauben. Ob unser Name bekannt und genannt wird in der Welt, darauf kommt es nicht an; wenn Gott uns nur als solche kennt, die ihm vertrauen in guten und bösen Tagen, in Freuden und Leiden. Dann gibt er auch uns einen Platz in dieser Siegesallee der Glaubenden.

Laßt uns nun den Glauben dieser Zeugen Gottes anschauen und ihm nachfolgen!

Womit hat es der Glaube zu tun?

Es ist aber der Glaube eine gewisse Zuversicht des, das man hofft, und ein Nichtzweifeln an dem, das man nicht sieht. Vers 1

Womit es der Glaube zu tun hat, das sagt der Apostel hier ganz deutlich: mit zukünftigen und mit unsichtbaren Dingen.

So kommt er einem tiefen Bedürfnis der Menschen entgegen. Die Menschen möchten so gern den Schleier lüften, der ihnen die Zukunft verbirgt und verhüllt. Sie möchten so gerne wissen, was die Zukunft ihnen bringt. Darum schaute man zu den Sternen auf, um aus ihrer Zusammenstellung auf Glück oder Unglück zu schließen. Darum ging man zu den Orakeln, um Aussprüche der Götter über die Zukunft zu erhalten. Darum achtete man auf Tierstimmen und den Flug der Vögel, auf allerlei Vorzeichen und dergleichen. Darum befragt man noch heute die Wahrsagerinnen, das Horoskop und die Kartenlegerinnen, um etwas über die Zukunft zu erfahren. Darum untersucht man den Kaffeesatz, darum gießt man Blei in der Silvesternacht – man möchte einen Blick in die Zukunft tun.

Armseliger Betrug! Man sollte nicht meinen, daß es inmitten der Christenheit noch solche Betrüger und solche Betrogene gäbe. Und doch ist es so. Man braucht nur die Anzeigenspalten großer Zeitungen durchzusehen – wieviel Angebote von »weltberühmten« Wahrsagerinnen finden sich da! Wie viele machen Gebrauch von diesen Angeboten! Und wieviel abergläubisches Achtgeben auf allerlei Zeichen wird praktiziert! Ob eine Schafherde rechts vorbeigeht oder links, ob eine Eule im Baum schreit oder ob ein Strohhalm auf der Erde liegt, das alles »hat etwas zu bedeuten«.

So erpicht ist der Mensch darauf, einen Blick in die Zukunft zu tun. Und so wird er genarrt und betrogen!

Es gibt eine Möglichkeit, hinter den Vorhang zu blicken, der uns das Land der Zukunft verhüllt: Der Glaube blickt in die Zukunft. Er weiß etwas ganz Gewisses darüber. Die große Frage: »Wo wirst du die Ewigkeit zubringen?« ist dem Glaubenden keine Frage mehr. Sie ist ihm gelöst. Mit ruhiger Bestimmtheit antwortet er: »Bei Jesus im Licht.«

Wie arm ist die Welt, die keine lebendige Hoffnung hat! Im besten Falle hat die ungläubige Welt eine verschwommene, sentimentale Wiedersehenshoffnung. Sie redet von einem »Wiedersehen in besseren Welten«. Aber – dieser Gedanke hat keine Kraft, er bringt keinen Trost. Dem Tod gegenüber ist die Welt fassungslos und hoffnungslos. Da ringt sie verzweifelt die Hände. Denn das Zukünftige ist ihr keine Wirklichkeit, wie es dem Glaubenden eine Wirklichkeit ist.

Und wie viele gibt es, die gar keine Hoffnung haben, die sich damit abgefunden haben, daß mit dem Tod alles aus ist. Sie halten sich an die Philosophie des armseligen Wortes: »Schafft hier das Leben gut und schön; kein Jenseits gibt's, kein Wiedersehn!«

Wie anders steht doch der Glaubende dem Leben und auch dem Tod gegenüber! Was hat er für eine lebendige Hoffnung! Er kennt im Glauben die Stadt mit den goldenen Gassen, wo die vielen Wohnungen sind. Er weiß, daß er dort Bürgerrecht hat, daß sein Name im Himmel geschrieben ist. Er spricht ganz getrost: »Jesus lebt, nun ist der Tod mir der Eingang in das Leben.«

Während der Ungläubige dem Gedanken an Tod und Grab am liebsten entfliehen möchte, geht durch das Herz des Gläubigen manchmal ein Sehnen danach: »Wann schlägt die Stunde, und wann darf ich gehn?«

Er fürchtet sich nicht vor dem Sterben, denn er weiß, daß es für ihn nur ein Erben ist. Er blickt nicht hinab in eine dunkle Gruft, sondern hinauf in die große Herrlichkeit:

> »Jerusalem, du hochgebaute Stadt,
> wollt Gott, ich wär in dir!«

Mit zukünftigen Dingen hat es der Glaube zu tun. Und diese zukünftigen Dinge sind ihm so sicher und gewiß, als ob sie schon gegenwärtig wären. Der Gläubige *hat* schon im Glauben, was er einmal empfangen wird. Es ist kein »Hoffentlich« und »Vielleicht«, sondern ein »Ganz gewiß«.

Der Apostel sagt aber nicht nur, daß es der Glaube mit zukünftigen Dingen zu tun habe; er redet auch von unsichtbaren Dingen. Das ist nicht dasselbe. Der zweite Ausdruck ist noch viel umfassender als der erste.

Die Dinge, die man hofft, liegen in der Zukunft. Der Glaube aber hat es nicht nur mit zukünftigen Dingen zu tun, sondern auch mit gegenwärtigen. Gott ist unsichtbar. Aber nichtsdestoweniger rechnet der Glaube mit der Gegenwart dieses unsichtbaren Gottes. Jesus hat gesagt, er wolle dort gegenwärtig sein, wo sich auch nur zwei oder drei in seinem Namen versammelten. Damit rechnet der Glaube, denn Jesus hat gesagt: »Siehe, ich bin bei euch alle Tage bis an der Welt Ende.«

Die Vernunft spricht: »Ich glaube nur, was ich sehe.« Dabei ist es wirklich unvernünftig, so zu sprechen. Im Zeitalter der Elektrizität sollte man vernünftigerweise so etwas nicht sagen. Man kann den elektrischen Strom ja auch nicht sehen, und doch ist er da. Man spürt ja seine Wirkungen. Man kann den fernen Freund, mit dem man sich durchs Telefon unterhält, ja auch nicht sehen, und doch weiß man: Er ist da.

Auch die, welche nicht an Gott glauben, glauben dennoch allerlei. Kein Mensch kommt ohne Glauben aus. Die Zeitungen berichten von einem Aufstand in Manila oder von einer Hungersnot in Indien – man glaubt es. Man ist gar nicht in der Lage, die Nachrichten sofort zu prüfen, ob sie auf Wahrheit beruhen. – Man glaubt sie unbesehen.

In jeder Wissenschaft gibt es Lehrsätze, die sich nicht beweisen lassen. Man könnte sie ebensogut Glaubenssätze nennen. Denn sie beanspruchen Glauben.

Wieviel leichter ist es doch, das zu glauben, was uns Gott in der Bibel kundgetan hat, als das, was die Wissenschaft als Glaubenssätze aufstellt!

Der Glaube hat es mit unsichtbaren Dingen zu tun. Aber diese unsichtbaren Dinge sind ihm ganz wirklich, viel wirklicher als die Dinge, die man sieht. Der Glaube führt das innigste Gemeinschaftsleben mit Christus, dem Herrn. Wohl hat er ihn nie gesehen. Aber er verkehrt mit ihm durchs Wort und durchs Gebet. Er redet mit ihm, und er empfängt Aufträge und Auskünfte von ihm durch die Bibel. Das sind Wirklichkeiten. Mag die Welt darüber spotten und von Einbildungen reden: Wir wissen es besser. Wir wissen, daß Gott wirklich gegenwärtig ist, daß seine Augen offen stehen über unserem Leben, daß seine Ohren auf die Stimme unseres Flehens merken, daß sein Herz in Liebe für uns schlägt.

Aber wer nicht glaubt, der soll nicht sagen: »Ich *kann* nicht glauben«; er sollte ehrlicherweise sagen: »Ich *will* nicht glauben.« *Man kann glauben, wenn man will.*

Sonst hätte der Apostel Paulus dem Kerkermeister in Philippi doch nicht zurufen können: »Glaube an den Herrn Jesus Christus, so wirst du und dein Haus errettet.« Der Mann war ein Heide. Dazu war er eben im Begriff, sich in sein Schwert zu stürzen, um sich das Leben zu nehmen. Wenn Paulus einem solchen Mann zuruft: »Glaube!«, so muß der Glaube doch nicht schwer sein. Wenn so ein Mann glauben konnte, im selben Augenblick, so wirst du es auch können. Rede dich nicht damit heraus, daß du sagst, du könnest nicht glauben, weil die Dinge zukünftig und unsichtbar seien, mit denen es der Glaube zu tun habe. Du kannst, wenn du willst! Glaube nur!

Was ist denn der Glaube?

Es ist aber der Glaube eine gewisse Zuversicht des, das man hofft, und ein Nichtzweifeln an dem, das man nicht sieht. Vers 1

Das ist eine klare und bündige Erklärung, was der Glaube ist. Er ist eine »gewisse Zuversicht« oder, genauer übersetzt, eine »Verwirklichung« dessen, das man hofft, und eine Überzeugung, die auf Überführung beruht, so daß ein Zweifel völlig ausgeschlossen ist.

Das paßt manchem nicht in unserer Zeit, daß der christliche Glaube eine gewisse Überzeugung sein soll, daß der Glaube mit dem Anspruch auftritt, die Wahrheit zu bringen. Man sagt: Jede Religion hat ihre Berechtigung, Rom und Wittenberg, ja, im Buddhismus und Konfuzianismus stecken auch Wahrheitsmomente, die man nicht übersehen darf. Wenn das Christentum sich mit dem Buddhismus vermählte, das gäbe die echte wahre Religion der Welt, so lehrte z. B. ein Professor der Theologie. Das habe ich mit eigenen Ohren gehört. Und Steiners Anthroposophie sucht ja diese Verbindung vom Christentum und Buddhismus darzustellen.

Ist es so, daß der Koran der Mohammedaner und der Talmud der Juden dieselbe Bedeutung haben wie die Bibel? Ist es so, daß alle Religionen eigentlich gleich gut sind, daß man darum guttut, die Heiden bei ihrer Religion zu belassen?

Nein! Denn Jesus hat gesagt: »Ich bin *der* Weg und *die* Wahrheit und *das* Leben; niemand kommt zum Vater denn durch mich.« Das ist ein sehr ausschließliches Wort. Er sagt nicht: »Ich bin *ein* Weg« – dann wäre etwa der Buddhismus auch ein Weg und der Konfuzianismus wieder ein anderer Weg. Sondern er sagt: »Ich bin *der* Weg.« Dadurch wird jeder andere Weg ausgeschlossen. Aber dieser Weg wird damit als ein ganz sicherer und zum Ziel führender Weg bezeichnet. Wer diesen Weg, der Jesus heißt, geht, der kommt ganz sicher zum Ziel.

Und Jesus ist *die* Wahrheit. Er hat nicht irgendeine Seite der

Wahrheit gebracht, wie Buddha etwa eine gebracht hat, sondern Jesus tritt mit dem Anspruch auf, die Wahrheit in Person zu sein. Wer Jesus hat, der hat die Wahrheit.

Und Jesus ist *das* Leben, das wahre, wirkliche Leben, das allein den Namen Leben verdient. Wer zu Jesus kommt, der kommt zum Leben. Wer an ihn glaubt, der *hat* das Leben!

Aber ist das nicht sehr intolerant? Nein, nicht im geringsten. Wer ein wenig hinter die Kulissen des Buddhismus oder Konfuzianismus schaut, der sieht den tiefen Jammer, die völlige Verzweiflung, die gähnende Öde, die sich hinter diesen Systemen verbergen. Wer den Islam, oder wer das Heidentum etwas kennenlernt, der kann nicht mehr den »lieben Heiden« ihre Religion lassen, der muß tun, was er kann, um sie aus ihrem Jammer herauszubringen. Nur wer die Greuel des Heidentums nicht kennt, kann davon reden, man solle den Heiden doch ihre Religion lassen.

Die Missionare würden ihr Leben nicht riskieren, sie würden nicht den Kampf aufnehmen mit einer schwer zu erlernenden Sprache, mit einem gefährlichen Klima, mit den so andersartigen Eingeborenen, wenn sie nicht Blicke getan hätten in das Elend des Heidentums hinein.

Nein, nein, es ist nicht intolerant, wenn das Christentum mit der Behauptung auftritt, die Wahrheit zu bringen. Es ist keine unbeweisbare Behauptung, sondern es ist die Wahrheit. Darum reicht der Glaube jedem Andersdenkenden in Liebe die Hand, um ihm aus Irrtum und Finsternis herauszuhelfen, hinein in die Gnade und Liebe Gottes, die uns in Christus Jesus erschienen ist. Der Glaube verdammt Andersdenkende nicht, er erhebt sich nicht hochmütig über sie; er möchte sie retten. Er möchte sie dahin bringen, auch die Wahrheit zu erkennen und dadurch glücklich und selig zu werden.

Denn das zeichnet den Glauben aus, daß er eine gewisse Zuversicht, eine felsenfeste Überzeugung ist. Die Kirchengeschichte wäre gar nicht zu verstehen, wenn der Glaube nicht eine solche gewisse Überzeugung wäre. Die Menschen lieben doch ihr Leben. Die Zunahme der Selbstmorde kann doch an dieser Tatsache nichts ändern, daß die Menschen im allgemeinen ihr Leben liebhaben. Was tun die Menschen nicht alles, um ihr Leben zu retten!

Aber die Märtyrer! Sie hätten ihr Leben retten können, die Blutzeugen der ersten Kirche, wenn sie nur ein paar Körner Weihrauch den Göttern dargebracht hätten; aber sie haben es nicht getan. Lieber haben sie unter ausgesuchten Qualen und Martern ihr Leben dahingegeben. Und das haben sie mit Freuden getan. Psalmen haben sie dabei gesungen, und Loblieder haben sie dabei erschallen lassen.

Wie viele sind im Lauf der Jahrhunderte hingemordet worden – im Kolosseum zu Rom, in den Gärten Neros, in den Folterkammern und auf den Scheiterhaufen der Inquisition, in den Metzeleien in Armenien, bei den Boxerunruhen in China, in den Gefängnissen von Rußland.

Sie haben Schmerzen und Tod erduldet. Ihr Glaube war eine gewisse Zuversicht des, das man hofft. Wäre er das nicht gewesen, wäre er eine unsichere, unklare, ungewisse Meinung gewesen, sie hätten ihr Leben gerettet!

Eine gewisse Überzeugung, ja, das ist der Glaube. Hast du eine solche gewisse Überzeugung? Du kannst sie bekommen, wenn du willst. Und nur eine solche gewisse Überzeugung macht glücklich und zufrieden. Bleibe nicht bei einer unbestimmten Hoffnung stehen, die spricht: »Ich hoffe, doch auch in den Himmel zu kommen! Ich denke doch auch, selig zu werden!« – Du kannst mehr haben, und du mußt mehr haben. Du mußt eine gewisse Zuversicht haben. Begnüge dich mit nichts anderem!

Warum ist denn unser Glaube eine so gewisse Zuversicht? Weil er auf Gott und seinen Offenbarungen ruht. Gott selber wirkt den Glauben in unseren Herzen durch sein Wort und seinen Geist, indem der Geist Gottes das Wort Gottes lebendig macht, daß wir erkennen: Das Wort gilt mir, es hat mir etwas zu sagen. Wer dem Wort recht gibt und ihm gehorsam wird, dem gibt Gott das Zeugnis, daß er ein Kind Gottes ist.

Jetzt möchte ich dich fragen: »Was ist denn dein Glaube? Ist er eine gewisse Zuversicht, so gewiß, daß du bereit wärest, auch dein Leben zu lassen um deines Glaubens willen?

Ist dein Glaube eine Überzeugung, die keine Zweifel kennt? Oder zweifelst du – ob die Gegner vielleicht doch recht hätten?«

Ich wünschte, daß du das törichte Zweifeln verlerntest!

Ein lebendiger Gott

Durch den (Glauben) haben die Alten Zeugnis überkommen. *Vers 2*

Das war der große Unterschied zwischen Jahwe, dem Gott Israels, und den Göttern der Heiden: Jahwe teilte sich den Menschen mit, er offenbarte sich ihnen. Das vermögen die Götter der Heiden nicht. Es ist wahr, was der 115. Psalm von ihnen sagt: »Jener Götzen aber sind Silber und Gold, von Menschenhänden gemacht. Sie haben Mäuler und reden nicht; sie haben Augen und sehen nicht; sie haben Ohren und hören nicht; sie haben Nasen und riechen nicht; sie haben Hände und greifen nicht; Füße haben sie und gehen nicht, und reden nicht durch ihren Hals.«

Jahwe aber hat sich offenbart und mitgeteilt; er hat eingewirkt und in das Leben der Menschen eingegriffen. Denn er ist ein lebendiger Gott.

Er hat mit Abraham geredet, als er ihn aus seiner Heimat in Ur in Chaldäa rief. Und diese Aufforderung war so klar und unmißverständlich, daß Abraham, obwohl er schon ein Mann von 75 Jahren war, sich aufmachte, um in die unbekannte Ferne zu ziehen.

Er hat zu Abraham gesagt: »Nimm Isaak, deinen einzigen Sohn, den du liebhast, und opfere ihn.« Und Abraham erkannte deutlich die Stimme Gottes und machte sich auf und ging hin nach Morija, um Isaak zu opfern.

Mit Mose redete Gott, wie ein Mann mit seinem Freund redet. Es war ein wunderbarer Umgang zwischen dem heiligen Gott und seinem Knecht Mose.

So ist es von allen Vätern der Urzeit wahr, was der Apostel hier bezeugt: »Durch den Glauben haben die Alten Zeugnis überkommen.«

Sie haben in einem solchen Verhältnis zu Gott gestanden, daß Gott sich zu ihnen herabneigte und ihnen seinen Willen kundtat, ja geradezu mit ihnen in eine Art von Verkehr trat. Wie liebevoll ist das Wort des Herrn, ehe er nach Sodom und Gomorra ging: »Wie kann ich Abraham verbergen, was ich tue?« (1Mo 18,17).

Gott griff in das Leben der Patriarchen ein; er regelte ihr Tun und Lassen, ihr Kommen und Gehen. Er bezeugte sich ihnen als ein persönlicher, lebendiger Gott.

Ja, das war damals! So sagt die Kritik. So spöttelt der Zweifel. Aber heute gibt es das nicht mehr!

So, ist das ganz gewiß, daß es das heute nicht mehr gibt? Daß Gott sich heute nicht mehr so bezeugt wie vor alters? Ich behaupte das Gegenteil. Ich behaupte:

»Der er war vor aller Zeit,
der bleibt er in Ewigkeit.«

Das Wort des Propheten Jesaja gilt auch heute noch: »Des Herrn Hand ist nicht zu kurz, daß er nicht helfen könne, und seine Ohren sind nicht hart geworden, daß er nicht höre« (Jes 59,1). Auch heute greift er in das Leben der Seinen ein, geradeso wie in den Tagen des Altertums. Auch heute bezeugt er sich durch sein Wort und seinen Geist, genauso wie damals.

Freilich, das weiß ich auch, daß es viele Leute gibt, welche sagen: »Gott hat noch nie mit mir geredet. Er hat sich mir noch nie mitgeteilt und offenbart.« Gewiß gibt es solche Leute. Aber das ist doch ein armseliger Trugschluß, wenn sie nun weiter sagen: »Gott hat mit mir noch nie geredet, also kann er überhaupt in unseren Tagen nicht mit den Menschen reden. Es gibt überhaupt keinen lebendigen und persönlichen Gott.« Das wäre gerade so, als wenn ich sagte: »Der amerikanische Präsident hat mit mir noch nie gesprochen, also kann er überhaupt nicht sprechen. Es gibt überhaupt keinen amerikanischen Präsidenten!« Daß das eine große Torheit ist, das liegt auf der Hand.

Wie sollten diese Leute denn vernünftigerweise reagieren? Sie sollten sagen: »Gott hat sich mir noch nicht mitgeteilt; also muß mein Verhältnis zu ihm noch nicht rechter Art sein, sonst würde er es schon getan haben!« Das wäre ein richtiger Schluß, den man aber nicht zieht.

Wie ist es mit dir? Hast du schon ein Zeugnis von Gott bekommen? Hat Gott schon mit dir geredet? Stehst du schon mit Gott in

Verbindung? Wenn nicht, dann sage nicht einfach: »Schwärmerei, Einbildung!« Sondern laß dir sagen, daß dir etwas fehlt: wirkliche, lebendige Verbindung mit Gott! Aber wenn du sie noch nicht hast, du sollst sie bekommen. Gott will auch mit dir ein Verhältnis eingehen. Darum hat er seinen Sohn in die Welt gesandt, um durch sein Bluten und Sterben die Erlösung und Versöhnung zu vollbringen. Nimmst du Jesus Christus als deinen Heiland an, glaubst du an sein Blut als für dich vergossen, so gibt Gott auch dir ein Zeugnis, ein köstliches Zeugnis durch seinen Heiligen Geist, daß du ein Kind Gottes bist (Röm 8,16).

Wenn Gott durch Jesus Christus unser Vater geworden ist, dann dürfen wir ihm mit kindlicher Einfalt und Zuversicht nahen, dürfen ihm alles sagen, was unser Herz bewegt. Er hat ein Ohr, das auf unser Flehen hört, und ein Herz, das für uns schlägt. Was für ein zartes, wunderbares Verhältnis, in dem wir als Kinder Gottes mit unserem Vater stehen dürfen! »Wie sich ein Vater über Kinder erbarmt, so erbarmt sich der Herr über die, so ihn fürchten.«

Er antwortet auf unsere Fragen, er warnt uns vor eigenen Wegen, er führt uns auf rechter Straße, er gibt uns Aufträge – kurz, es ist ein auf Gegenseitigkeit ruhendes Verhältnis zwischen Gott und seinen Kindern.

Ist das in deinem Leben der Fall? Verkehrst du so mit deinem Gott? Redest du mit ihm, wie ein Kind mit dem Vater? Redet er mit dir, wie ein Vater mit dem Kind? Nein? Dann ruhe nicht, bis du auch in dieses Kindesverhältnis Gott gegenüber gekommen bist!

Von dem alten Simeon lesen wir ein paar einfache und doch so köstliche Worte. Zuerst heißt es von ihm: »Ihm war eine Antwort geworden von dem Heiligen Geist, er solle den Tod nicht sehen, er habe denn zuvor den Christus des Herrn gesehen.« Wenn Simeon eine »Antwort« von dem Heiligen Geist bekommen hat, so setzt das voraus, daß er Gott zuerst eine Bitte vorgetragen hat. Und diese Bitte zielte darauf hin, er wollte gern so lange leben, bis er den Messias gesehen habe. Auf diese Bitte bekam er eine Antwort. Es war ihm ganz klar und deutlich, daß Gott mit ihm geredet habe. Er war fortan ganz froh und getrost in dem Gedanken, nicht eher zu sterben, als bis er den Messias gesehen habe.

Eines Tages, so lesen wir weiter, kam er auf Anregen des Geistes in den Tempel. Diesmal ist es nicht Simeon, der das erste Wort spricht, sondern Gott redet ihn an. Er gibt dem alten Simeon den Auftrag, heute in den Tempel zu gehen. Heute sei der Tag gekommen, nach dem er sich lange gesehnt hatte. Und Simeon ist gehorsam und macht sich auf den Weg.

Das ist ein Verhältnis, wie es sein soll. Einmal redet der Mensch, und Gott antwortet. Dann redet Gott, und der Mensch gehorcht. So soll es sein. Ist es so bei dir? Oder weißt du nichts von dieser Kindesstellung und solchem Kindesrecht Gott gegenüber?

Geschaffen – nicht geworden

Durch den Glauben merken wir, daß die Welt durch Gottes Wort fertig ist; daß alles, was man sieht, aus nichts (aus unsichtbaren Dingen) geworden ist.   Vers 3

Betrachten wir die alten Mythen und Sagen der Völker, dann finden wir fast überall Schöpfungssagen, die mit dem Schöpfungsbericht der Bibel eine gewisse Ähnlichkeit haben. Freilich fließt in ihnen nicht mehr das reine, klare Wasser des biblischen Berichtes, sondern es ist durch allerlei mythische und fabelhafte Beimischungen getrübt. Aber das eine lassen diese Schöpfungssagen doch erkennen, daß die Welt nach diesen Darstellungen aus der Hand eines Schöpfers hervorgegangen ist.

Die ursprünglich reine Gotteserkenntnis ist immer mehr verwischt und getrübt worden. »Weil sie wußten, daß ein Gott ist, und haben ihn nicht gepriesen als einen Gott, noch ihm gedankt, darum sind sie in ihrem Dichten eitel geworden, und ihr unverständiges Herz ist verfinstert« (Röm 1,21). Wenn aber das Heidentum immer mehr das Licht verlor und eine große Anzahl von Göttern und Göttinnen annahm, so fehlte es doch auch nicht an solchen, die sich bis zu der Überzeugung erhoben, daß es nur *einen* Gott und Herrscher der Welt gebe, daß es mit den vielen Göttern, die man verehre, nichts sei. Wie klar haben das z. B. Plato und Aristoteles erkannt und ausgesprochen!

Und heute? Heute glaubt die Wissenschaft, mit einem lebendigen Gott als dem Schöpfer der Welt fertiggeworden zu sein. Sie verkündet es als ganz sicheres Resultat der Forschung, daß die Welt aus einer Urzelle entstanden ist. Diese Urzelle hat sich dann geteilt und gespalten und dadurch vermehrt – man weiß nicht wie, man weiß nicht warum. Diese Zellen haben sich dann beliebig zusammengesetzt und die Welt im Zeitraum einer langen Entwicklung gebildet. Eins ist nach und nach aus dem andern hervorgegangen. Die höher entwickelten Wesen sind aus den niedern entstanden. Der Mensch hat sich aus dem Tierreich entwickelt. Alles geht ganz natürlich und gesetzmäßig zu. Einen Gott gibt's nicht, alles verläuft nach ehernen Naturgesetzen.

Wenn die »Wissenschaft« solche oder ähnliche »Resultate« ausspricht, dann erwartet sie genau dasselbe, was die Heilige Schrift auch erwartet, nämlich: Glauben. Beweisen lassen sich diese Theorien ja nicht, man muß sie einfach glauben. In einem Punkt nun ist die Wissenschaft besser dran als die Bibel. Was die Wissenschaft sagt, wird ohne weiteres geglaubt. Was die Bibel sagt, wird mindestens ebenso bezweifelt und belacht. Man will doch nicht in den Verdacht kommen, »unwissenschaftlich« zu sein.

Wenn man es recht besieht, dann muß man sagen, was die Bibel sagt, nämlich daß die Welt von einem allmächtigen Gott geschaffen sei, das ist vernünftig. Aber was die Wissenschaft des Unglaubens darüber lehrt, das ist doch eigentlich unvernünftig.

Wer eine Uhr anschaut, der weiß, daß dieses kleine Kunstwerk nicht von selbst entstanden ist, sondern daß es aus der Hand eines Künstlers hervorgegangen ist, der es in geschickter Weise zusammengesetzt hat. Niemand wird daran denken, daß eine Uhr durch beliebige Zusammensetzung von Atomen und Molekülen geworden sei. Das wäre unvernünftig.

Aber das gesamte Uhrwerk, das wir Welt nennen, das soll ohne einen Künstler geworden sein! Welch eine Weisheit, welch eine Herrlichkeit offenbart sich in dem großen Universum! Wie ziehen die Gestirne ihre wunderbaren Bahnen!

Wenn wir an den Organismus unseres Leibes denken, was für ein Kunstwerk ist das! Unser Auge – welch ein Meisterwerk! Menschen können auch Augen machen von Glas. Sie sehen geradeso aus wie die Augen, die Gott gemacht hat. Aber sehen können sie nicht. Was für ein Wunderwerk ist doch unser Auge! Wie nimmt es ein Bild nach dem andern in großer Schnelligkeit auf! Und dies herrliche, sehende Auge soll »geworden« sein? Ist es vernünftig, das anzunehmen?

Unsere Ohren nehmen die Schallwellen, die an sie gelangen, auf, so daß wir sie als Töne erkennen und verstehen. Wir haben uns ja so an unsere Sinne gewöhnt, daß wir uns kaum mehr etwas dabei denken, daß wir auch kaum mehr dafür danken. Aber wunderbar bleibt es doch!

Und unsere Sprache! Was für eine unglaubliche, uns selbst unbewußte Gewalt üben wir beim Singen auf unsere Stimmbänder aus, welche in Hunderten von Schwingungen in einer Sekunde einen Ton von sich geben. Je nach der Höhe der Töne ist die Zahl der Schwingungen verschieden. Es dürfen nicht zuviel und nicht zuwenig Schwingungen sein, sonst wird der Ton nicht rein.

Wer an dieses Meisterwerk seines Leibes mit all seinen Organen denkt, der muß doch mit dem Psalmisten ausrufen: »Ich danke dir dafür, daß ich wunderbar gemacht bin, wunderbar sind deine Werke!« (Ps 139,14).

Ja, ich meine, es sei wahrhaftig vernünftig, an einen Schöpfer zu glauben, aus dessen Hand das ganze Weltall hervorgegangen ist, aus dessen Hand auch wir hervorgekommen sind, während die Behauptung, die Welt sei aus sich selbst entstanden, viel gewaltigere Anforderungen an den Glauben stellt.

»Durch den Glauben merken wir, daß die Welt durch Gottes Wort fertig ist.« Gott hat gesprochen: »Es werde!« und »es ward«. Denn seine Worte sind Taten. So er spricht, so geschieht's, und so er gebeut, so steht es da.

»Alles, was man sieht, ist aus nichts geworden.« Diese Übersetzung gibt den griechischen Text nicht ganz genau wieder. Es muß heißen, daß das Sichtbare nicht aus wahrnehmbaren Dingen entstanden ist.

Wenn die Welt nicht aus sinnlich wahrnehmbaren Dingen geworden ist, woraus ist sie dann entstanden? Aus Gedanken Gottes. Er hat durch ein Wort seiner Macht seine Gedanken Wirklichkeit werden lassen. So wie ein Künstler einen Gedanken hegt, den er in Wort und Schrift oder im Ton der Musik oder auf der Leinwand oder in Erz und Marmor zur Darstellung und Verwirklichung zu bringen trachtet, so hat Gott seine wunderbaren großen Gedanken durch sein machtvolles Wort zur Erscheinung, zur Sichtbarkeit gebracht.

Weißt du, Menschenkind, was du bist? Du bist ein Gedanke Gottes. Geradeso wie die Erde, die Sonne, der Mond, so bist du ein Gedanke Gottes. Du bist geschaffen, um einen Gedanken Gottes zum Ausdruck zu bringen.

Was für ein Adel ist das! Jeder Mensch ist als ein Original geschaffen worden. Keiner ist wie der andere. Kein Gesicht ist dem andern gleich. Alle sind verschieden, wie auch die Anlagen, die Fähigkeiten, die Gaben verschieden sind. Treibt dich das nicht zur Anbetung, wenn du das bedenkst: Ich bin ein Kind Gottes?

Wie köstlich, wie tröstlich ist es, das zu wissen, daß die Welt durch Gottes Wort fertig ist, daß alles, was man sieht, aus unsichtbaren Dingen, aus Gedanken Gottes geworden ist! Dann sind wir nicht ein willenloses Spielzeug in der Hand eines blinden Zufalls, dann waltet nicht ein unerbittliches Schicksal über uns, sondern wir sind in der Hand eines Vaters, der an uns und unserem Ergehen Anteil nimmt, dem nichts nebensächlich und geringfügig ist, was uns betrifft.

Der Mensch, ein Gedanke Gottes! Das heißt: Jeder einzelne Mensch ist wertvoll in den Augen Gottes, als eine besondere, eigenartige Offenbarung seiner Herrlichkeit.

Da hört alles Sorgen und alles Fürchten auf, wenn man diesen großen und herrlichen Gott in Christo Jesu als seinen Vater kennengelernt hat. Dann ist man versorgt und geborgen mit Leib und Seele für Zeit und Ewigkeit. Wenn dieser große, unendliche Gott uns in seine Hand genommen hat, dann wird uns nichts und niemand aus seiner Hand reißen.

> »Der Wolken, Luft und Winden
> gibt Wege, Lauf und Bahn,
> der wird auch Wege finden,
> da *dein* Fuß gehen kann.«

»Durch den Glauben merken wir, daß die Welt durch Gottes Wort fertig ist, daß alles, was man sieht, aus nichts geworden ist.« Wie vernünftig und wie tröstlich ist das!

Aber – nun kommt ein Einwand. Ja, wenn die Welt durch Gottes Wort fertig ist, woher dann das Elend in der Welt? Ist denn nicht die Erde ein großes Jammertal? Gehen wir durch den Wald und erfreuen uns an dem Gesang der Vögel – was sind denn unsere Singvögel anderes als Massenmörder! Wovon leben sie doch? Von Raub und Mord! Und geht das nicht durch die ganze Welt? Findet sich dieses Elend nicht auch in der Menschheit allüberall? Man durchwandere doch nur ein Krankenhaus und sehe die Leidenden, die dort liegen – man besuche die Irrenhäuser, die Gefängnisse, die Friedhöfe – was für ein Meer von Jammer und Leid, von Kummer und Weh! Wie reimt sich denn das mit der Tatsache zusammen, daß die Welt aus der Hand eines liebevollen Gottes und Vaters hervorgegangen ist? Hat nicht doch jener Philosoph des Pessimismus recht, wenn er sagt, diese Welt sei die schlechteste von allen, die man sich denken könne?

Auf alle diese Fragen und Einwände hat der Glaube eine klare, befriedigende Antwort. Der Glaube weiß, daß die Welt »sehr gut« war, als Gott sie ins Leben gerufen hatte. Aber sie ist nicht »sehr gut« geblieben, sondern durch die Sünde ist eine große Revolution in der Welt vor sich gegangen. Das Geschöpf hat sich wider den Schöpfer aufgelehnt. Der Mensch ist in die Sünde gefallen. Und in den Fall des Menschen, der Krone der Schöpfung, ist die ganze Schöpfung mit hineingezogen worden. Die Verbindung mit Gott ist unterbrochen worden durch die Sünde, die dazwischentrat.

Der Glaube weiß, daß das ganze Heer von Krankheiten und Schmerzen, daß der Tod eine Folge der Sünde, eine Folge des Abfalls ist von dem Gott, der das Leben hat und das Leben ist.

Aber der Glaube weiß noch mehr. Er weiß nicht nur, daß die Welt verdorben und der Mensch gefallen ist, er weiß auch, daß Gott einen Weg gefunden hat, die Menschen wieder zurechtzubringen und zurückzuführen ins Vaterhaus: »Also hat Gott die Welt geliebt, daß er seinen eingeborenen Sohn gab, damit alle, die an ihn glauben, nicht verloren werden, sondern das ewige Leben haben.«

Gott sei gepriesen: Was Adam verdorben und verloren hat, das hat Christus wiedergewonnen, als er auf Golgatha eine ewige Erlösung vollbrachte. Da hat er uns das verlorene Paradies wiedergegeben. Nun dürfen wir wieder im Paradies der Gemeinschaft mit Gott leben, denn:

> »Christus erlöst uns gänzlich vom Fall,
> sein Blut gilt ein für allemal.«

Lebst du in diesem Paradies, in diesem Himmel auf Erden? Lebst du ein Leben des Glaubens, der Verbindung mit Gott? Bist du »eine neue Schöpfung«, wie Paulus gesagt hat?

Dann vergiß es nicht: »Wir sind sein Werk, geschaffen in Christo Jesu zu guten Werken, welche Gott zuvor bereitet hat, daß wir darin wandeln sollen« (Eph 2,10).

Geschaffen – und wiedergeboren als eine neue Schöpfung haben wir die große Aufgabe, für ihn dazusein mit unserem Leib und mit unserem Geist, »welche sind Gottes«. Dazu hat Gott uns geschaffen, dazu hat er uns zum zweitenmal geboren werden lassen, daß er Leute habe, die für ihn da seien, die ihm zur Verfügung ständen als seine Werkzeuge.

Hast du dich dazu schon deinem Gott hingegeben? Willst du es tun? Wenn du dich nicht deinem Gott zur Verfügung stellst, dann gibt es einen Riß, eine Lücke im Universum. Dann bleibt Arbeit ungetan, die Gott für dich ausersehen hatte, daß du sie tun solltest. Dann werden Absichten und Pläne Gottes nicht ausgeführt und vollendet! Es kommt auf dich an – du bist ein Gedanke Gottes!

Gerecht durch Glauben

Durch den Glauben hat Abel Gott ein größeres Opfer getan denn Kain, durch welchen er Zeugnis überkommen hat, daß er gerecht sei, da Gott zeugte von seiner Gabe; und durch denselbigen redet er noch, wiewohl er gestorben ist. Vers 4

Warum war denn das Opfer Abels größer als das Opfer Kains? War es etwa wertvoller? Oder worin bestand der Unterschied zwischen dem Opfer der beiden Brüder?

Im vierten Kapitel des ersten Buches Mose lesen wir, daß Kain dem Herrn ein Opfer brachte von den Früchten des Feldes; Abel brachte ein Opfer von den Erstlingen seiner Herde. Und dann heißt es weiter: »Der Herr sah gnädig an Abel und sein Opfer; aber Kain und sein Opfer sah er nicht gnädig an.«

Warum sah Gott Abels Opfer gnädig an und Kains nicht? In der Schule wird den Kindern oft gesagt: Weil Abel ein frommer Mann war und Kain nicht. Aber das stimmt doch nicht. Kain hat doch auch ein Opfer dargebracht. Da kann man doch nicht sagen, daß er nicht fromm gewesen sei, daß er keine Religion gehabt habe.

Nein, der Unterschied ist ein anderer. Kain war wohl ein frommer Mensch, aber er hatte ein stolzes Herz; er hatte keine Selbst- und keine Sündenerkenntnis. Abel dagegen nahte sich Gott in dem Bewußtsein seiner Sünde und Schuld.

Wo das steht? Das wird durch sein Opfer ausgedrückt. Er brachte ein Lamm und opferte es. Damit sprach er es aus: Den Tod, den das Lamm erleidet, den habe ich verdient; ich habe gesündigt, ich bin verloren. Ich kann vor dem heiligen Gott nicht bestehen.

Es war nicht das erstemal, daß Blut floß in der Welt. Das erstemal, daß Blut vergossen wurde, das war an dem Tag, als Gott ein paar Tiere schlachtete, um mit deren Fell Adam und Eva zu bekleiden. Gewiß hat er dabei den zitternden Menschen gesagt: Den Tod, den diese Tiere leiden, den habt eigentlich ihr verdient. Ich will aber das Blut dieser Tiere ansehen, als wäre es das eure.

Um diese Bedeutung eines blutigen Opfers wußte Abel. Als er

das Lamm seiner Herde opferte, da wollte er zum Ausdruck bringen: Ich bin ein verlorener Sünder; ich bekenne mich schuldig. Ich habe Zorn und Strafe, ja, den Tod verdient. Mich kann nur Gnade erretten!

Das war der Grund, weshalb Gott sein Opfer gnädig ansah. Abel bekannte seine Sünde. Davon wußte Kain nichts. Er war sich keiner Schuld bewußt. Er hielt sich für einen ordentlichen und tüchtigen Menschen. Er brauchte kein Lamm.

So sind Kain und Abel die Vertreter zweier großer Menschenklassen, die es durch die Jahrtausende hindurch gegeben hat und bis zum heutigen Tag gibt.

Kain ist der Vertreter der *Religiosität*; Abel ist der Vertreter *wahren Glaubens*. Zwischen Religiosität und wahrem Glauben ist nämlich ein gewaltiger Unterschied. Kennst du ihn schon?

Religiosität ist die Summe von allerlei menschlichen Leistungen und Bemühungen. Religiosität ist die Zusammenfassung von dem, was der Mensch tut und vollbringt.

Der wahre Glaube erkennt, daß er gar nichts kann und vermag, daß er nichts vor Gott zu bringen hat, als ein beflecktes und besudeltes Herz, ein von der Sünde verdorbenes Leben. Darum bittet er Gott um Gnade. Da stehen zwei Männer im Tempel, wie Jesus uns erzählt hat. Das sind Vertreter dieser beiden Arten von Frömmigkeit. Der eine, ein Pharisäer, steht da und betet also: »Ich danke dir, Gott, daß ich nicht bin wie andere Leute: Räuber, Ungerechte, Ehebrecher oder auch wie dieser Zöllner; ich faste zweimal in der Woche und gebe den Zehnten von allem, was ich habe.«

Der andere gehört der verachteten Klasse der Zöllner an. Er stand von ferne, wollte auch seine Augen nicht aufheben zum Himmel, sondern schlug an seine Brust und sprach: »Gott, sei mir Sünder gnädig!«

Der Pharisäer – ein Vertreter kainitischer Frömmigkeit. Er läßt sich seine Religion etwas kosten. Er tut allerlei. Er rühmt sich seiner Leistungen.

Der Zöllner hat nichts als ein gebrochenes Herz und ein verlorenes Leben. Er bricht den Stab über sich. Er bekennt sich schuldig.

»Und Gott sah gnädig an Abel und sein Opfer«, so heißt es von dem armen Zöllner auch. Denn »dieser ging hinab gerechtfertigt in sein Haus vor jenem.«

Vertreter dieser beiden Klassen gibt es bis auf den heutigen Tag: fromme Leute und gläubige Leute. Die frommen Leute tun sich etwas zugut auf die gewissenhafte Erfüllung ihrer religiösen Pflichten. Sie gehen jeden Sonntag in die Kirche. Sie gehören auch zu christlichen Vereinen. Sie gehen mehrmals im Jahr zum heiligen Abendmahl. Sie halten zu Hause Tischgebet und Andacht. Also sind sie doch gute, fromme Christen, an denen der liebe Gott seine Freude haben muß. So denken diese Menschen jedenfalls.

Wenn man ihnen sagt, das alles genüge nicht, man müsse als ein verlorener Sünder zu Jesus kommen, man müsse sich bekehren und der Errettung seiner Seele durch den Glauben gewiß sein, so werden diese frommen Leute sehr unangenehm. Sie fühlen sich sehr beleidigt und gekränkt, daß ihre Frömmigkeit nichts gelten und wert sein solle vor Gott. Sie nehmen es den Gläubigen sehr übel, daß sie »eine neue Lehre«, »einen anderen Glauben« einführen wollen. Sie finden es »überspannt« und »übertrieben«.

Das ist noch immer so, daß Kain den Abel verfolgt. Das ist durch alle Zeiten hindurch so gewesen. Darum haben die Scheiterhaufen gelodert und die Inquisitionstribunale ihre Bluturteile gefällt, weil Kain den Abel haßt, weil die Religiosität den wahren Glauben verfolgt.

Auf welcher Seite stehst du? Auf der Seite Kains oder auf der Seite Abels? Verfolgst du andere um des Glaubens willen? Oder hast du etwas zu leiden um des Glaubens willen?

Soviel ist gewiß: Mit wahrem Glauben ist das Leiden ganz unzertrennlich verbunden. Jesus hat es seinen Jüngern vorhergesagt: »Hat die Welt mich gehaßt, so wird sie euch auch hassen; der Jünger ist nicht über seinen Meister.« Das Leiden der Schmach und der Verfolgung gehört so notwendig mit zum wahren Glauben dazu, daß du dich sehr ernstlich fragen mußt, ob du wirklich ein Jünger Jesu bist, wenn du nichts zu leiden hast um deines Glaubens willen. Wenn Kain dich ganz in Ruhe läßt, wenn Kain dich nicht verfolgt und bekämpft, dann ist das ein sehr bedenkliches Zeichen. Das sollte dich erschrecken und dir die Frage vorlegen: Bin ich wirklich ein wahrer Christ?

Abel hat die Verfolgung Kains getrost ertragen. Denn die Annahme seines Opfers hatte ihm gezeigt: Gott hatte seine Bitte um Gnade und Vergebung erhört. Gott hatte ihm ein Zeugnis gegeben und ihm aufgrund seines blutigen Opfers gesagt, daß er ihm Vergebung der Sünden und Gerechtigkeit geschenkt habe.

Wer war froher als Abel? Was für ein Zeugnis! Vergebung der Sünden! Gerecht vor Gott! Was für eine Freude! Aber diese Freude war es gerade, die Kain noch mehr gegen ihn aufbrachte. Das Opfer hätte Kain noch hingehen lassen; aber daß Abel jetzt sagte, er habe etwas, was dem Bruder offenbar noch fehlte, er habe eine Freude, welche Kain nicht besaß, das reizte diesen noch mehr. Er ergrimmte gegen seinen Bruder, und dann – schlug er ihn tot.

Wie gut, daß Abel gerecht war vor Gott! Nun war der Tod für ihn ein Heimgehen in Gottes Reich! Wie gut, daß er dieses Zeugnis hatte! Er war noch jung, als er starb. Plötzlich und unerwartet fiel er dem Tod zur Beute. Aber er war bereit – im Besitze dieses Zeugnisses.

An der Kirche der Stadt Werden ist ein merkwürdiges Wahrzeichen zu sehen, ein in Stein gehauenes Lamm. Das hat eine besondere Geschichte. Einst wurde an der Kirche gebaut. Der ganze Hof um die Kirche lag voll Steine. Da stürzte ein Mann, der am Bau mitgearbeitet hatte, von der Höhe herab. Welch ein Fall! Aber – heil und unversehrt stand er auf. Wie war das zugegangen? Zwischen den Steinen, die dort unten lagen, wuchsen etliche Grashalme. Die hatte ein Lamm entdeckt. Das stand nun da, sie abzuweiden. Und gerade auf dieses Lamm fiel der Mann. Das Lamm wurde zerschmettert. Der Mann blieb unversehrt. Zur Erinnerung daran brachte man das Lamm, in Stein gehauen, an der Kirche an. Dem Lamm verdankte der Mann sein Leben.

Jesus, das Lamm, ist gestorben, um dich zu erretten. Hast du diese Tatsache schon im Glauben angenommen? Hast du schon dafür gedankt? Nein? Dann tu es heute! Dann tu es jetzt! Dann bekommt dein Leben Ewigkeitswert, einen Ewigkeitsinhalt. Von Abel heißt es: »Und durch den Glauben redet er noch, obwohl er gestorben ist.« Jahrtausende sind darüber hingegangen, seitdem die Erde sein Blut getrunken hat. Aber sein Leben und Sterben ist nicht vergessen worden. Mit unvergänglichen Lettern steht sein Name geschrieben als des Mannes, der als erster sein Leben um des Glaubens willen ließ. Der erste Märtyrer, der erste Blutzeuge war Abel. So ist er ein redendes Zeugnis für alle Zeiten gewesen und geblieben.

So empfängt auch dein Leben einen Ewigkeitswert, wenn du das Zeugnis Abels bekommst. So wirst du ein Zeugnis von der Macht der Gnade, die aus einem verlorenen Sünder ein gerettetes Kind Gottes machen kann.

Kain und Abel, zwei Vertreter verschiedener Arten der Frömmigkeit. Kain dachte, es komme darauf an, Gott etwas zu *geben*. Abel hatte nichts zu geben, er wollte *nehmen*. Das ist der große Unterschied zwischen eigener Frömmigkeit und dem wahren Glauben. Die Frömmigkeit gibt. Sie sieht das Wesen des Christentums im Geben. Dabei wird man nie seines Heils gewiß. Dabei wird man ein Pharisäer, der sich brüstet mit seinem Geben. Der wahre Glaube erkennt, daß das Wesen des Christentums heißt: Nimm! Er hat nichts vor Gott zu bringen. Er nimmt. Er nimmt den Sohn Gottes im Glauben an als seinen Heiland.

Gottsucher

Durch den Glauben ward Henoch weggenommen, daß er den Tod nicht sähe, und ward nicht gefunden, darum daß ihn Gott wegnahm; denn vor seinem Wegnehmen hat er Zeugnis gehabt, daß er Gott gefallen habe. Aber ohne Glauben ist's unmöglich, Gott zu gefallen; denn wer zu Gott kommen will, der muß glauben, daß er sei und denen, die ihn suchen, ein Vergelter sein werde. Vers 5 und 6

Im fünften Vers wird uns von Henochs göttlichem Wandel erzählt, und daß er das Zeugnis des göttlichen Wohlgefallens bekommen habe. Um dieses Zeugnis zu bekommen, muß man glauben, denn ohne Glauben ist es unmöglich, Gott zu gefallen. So bildet der sechste Vers die Begründung des fünften Verses. Darum wollen wir den sechsten Vers vor dem fünften betrachten. Der sechste Vers zeigt uns, wie man zu Gott kommt. Der fünfte dann, wie man in Gemeinschaft mit Gott lebt.

Um Gott zu gefallen, muß man zum Glauben an ihn gekommen sein, muß man durch den Glauben an ihn in lebendige Verbindung und Gemeinschaft mit ihm getreten sein. Ehe man Gott gefallen kann, muß man zu ihm kommen.

Dieses zu Gott-Kommen hat aber zwei Voraussetzungen. Erstens muß man glauben, daß Gott sei, daß es einen Gott gibt. Und zweitens, daß er denen, die ihn suchen, ein Vergelter sein werde, oder wörtlich: daß er alle, die ihn suchen, belohnen werde.

Ist denn das nötig auszusprechen, daß man zuerst an die Existenz Gottes glauben muß? Das ist leider keineswegs überflüssig. Es ist vielleicht zu keiner Zeit so nötig gewesen wie heutzutage, daß man betonen muß: Wer zu Gott kommen will, der muß glauben, daß er existiert.

Man kann zu den Heiden gehen, wohin man will, man kann zu den Völkern gehen, die sich auf der niedrigsten Stufe der Kultur befinden, überall begegnet man einem Glauben an höhere Wesen, die über ihnen walten, von denen ihr Wohl und Wehe abhängt oder irgendwie beeinflußt wird.

Wenn man Leuten begegnen will, die das Dasein Gottes leugnen, dann – muß man zu den Menschen gehen, die sich nur Christen nennen. Unter ihnen sind solche Toren, die sagen: Es ist kein Gott!

Wie kommt das, daß es so viele Gottesleugner in der sogenannten Christenheit gibt?

Bekannt ist jene klassische Antwort über die drei verschiedenen Arten von Atheisten, von Gottesleugnern: Da saßen einige jüngere Leute zusammen, die sich darüber unterhielten, daß es keinen Gott gebe. Das war ihnen eine ausgemachte Sache. Am selben Tisch saß ein Herr, der sich nicht an der Unterhaltung beteiligte. Endlich wandten sie sich an ihn, um ihn zu einer Äußerung zu veranlassen. Sie fragten ihn, was er denn davon halte.

»Ich habe gefunden, daß es drei verschiedene Arten von Atheismus gibt«, sagte er. »Zur ersten Klasse gehören die, welche aufgrund philosophischer Studien und wissenschaftlicher Untersuchungen zu dem Ergebnis gekommen sind, daß es keinen Gott geben könne. – Zu dieser Klasse werden Sie wohl nicht gehören?«

Die Herren verneinten das. Sie konnten doch nicht in Wahrheit sagen, daß sie wissenschaftliche Studien gemacht hätten.

»Die zweite Klasse der Atheisten sind die Nachschwätzer. Sie haben keine eigene Meinung, bemühen sich auch nicht, eine zu bekommen; sie reden nur nach, was andere ihnen vorgeredet haben. Zu dieser Klasse werden Sie auch nicht gehören, nicht wahr, meine Herren?«

Nein, dazu wollten sie gewiß nicht gehören. Nachschwätzer wollten sie nicht sein.

»Die dritte Klasse von Atheisten, das sind die, die etwas auf dem Kerbholz haben, die allen Grund haben, Gott zu scheuen, weil ihre Vergangenheit sie verklagt, weil ihr Leben das Licht Gottes nicht verträgt. Auf Wiedersehen, meine Herren!«

Ob der Mann, der so sprach, nicht recht hatte? Ganz gewiß ist der Atheismus der meisten Gottesleugner nur eine Nachschwätzerei, durch die man sich interessant zu machen sucht, durch die man den Eindruck eines wissenschaftlichen Menschen hervorrufen möchte. Oder man setzt Gott darum ab, weil man alle Ursache hat, sich vor ihm und seinem Gericht zu fürchten.

Nun, ob man es zugesteht oder nicht, es gibt einen Gott. Das beweist das Leben und Sterben der meisten Atheisten. Wenn der Tod ihnen nahe tritt, wenn sie in Angst und Gefahr kommen, dann fällt ihnen plötzlich der abgesetzte und verspottete Gott wieder ein, dann wendet man sich an ihn, um Hilfe und Rettung zu erlangen.

Was für ein Spötter war Voltaire sein Leben lang gewesen! Und als es mit ihm zum Sterben kam, da schrie er verzweifelt nach Gott, da wollte er, daß ein Priester kommen möchte. Aber seine Freunde ließen keinen Priester zu ihm. So fuhr er in Entsetzen und Verzweiflung dahin.

Es gibt einen Gott. Das steht tief in Herz und Gewissen geschrieben. Viele schreien nur deshalb so laut ihren Unglauben heraus, um die Stimme des Gewissens zu übertönen, um die Anklagen des Gewissens nicht hören zu müssen.

Viele nennen sich heutzutage »Gottsucher«. Aber sie verdienen diesen Namen gar nicht. Wer ein wirklicher Gottsucher ist, der wird zu Gott kommen. Der wird ihn bitten: »Gott, wenn du bist, dann offenbare dich mir!« Aber so weit geht das »Gottsuchen« vieler Menschen gar nicht.

Wer wirklich Gott sucht, der wird auch die Gelegenheiten benutzen, die ihm zum wirklichen Finden verhelfen können. Ein aufrichtiger Gottsucher wird gewiß nach der Bibel greifen, um aus dem Wort Gottes Gott kennenzulernen. Und er wird mit ihm Verkehr anfangen im Gebet. Das versteht sich von selber. Wenn man aber die »Gottsucher« fragt, ob sie in der Bibel lesen und beten, dann lehnen sie das weit ab. So weit geht ihr Gottsuchen nicht.

Dann ist es freilich kein Wunder, daß sie nicht zum Finden kommen. Es steht geschrieben: »Wenn ihr mich von ganzem Herzen suchen werdet, so will ich mich von euch finden lassen!« Wer Gott nicht findet, der hat ihn auch noch nicht aufrichtig und ehrlich gesucht.

»Wer zu Gott kommen will, der muß glauben, daß er sei und denen, die ihn suchen, ein Vergelter sein werde, oder die, die ihn suchen, belohnen werde.« Was finden denn jene, die ihn suchen? Was ist denn ihr Lohn?

Das erste, was der Herr ihnen schenkt, ist: Vergebung der Sünden. Das ist das Notwendigste, was wir brauchen. Wir können nicht ohne Vergebung der Sünden leben und nicht ohne Vergebung der Sünden sterben. Wer zu Gott kommt, der findet bei ihm offene Arme. So wie der Vater des verlorenen Sohnes mit offenen Armen den Verirrten und Verlorenen empfing, so wartet Gott mit offenen Armen auf jeden, der irregegangen ist. Er vergibt Missetat, Übertretung und Sünde. Die anklagenden Stimmen der Vergangenheit verstummen. Die Last der Schuld weicht vom Herzen.

Dann wird das Leben erst des Lebens wert, wenn man ihn hat, der von sich gesagt hat: »Ich bin das Leben. Wer den Sohn hat, der hat das Leben.«

Man hört manchmal sagen, wir Christen stellten den Leuten Wechsel auf die Zukunft aus. Wir vertrösten sie damit, im Himmel würden sie es mal gut haben, darum möchten sie jetzt die Nöte und Schwierigkeiten des Lebens so hinnehmen.

Nein, nein, wir stellen keine Wechsel auf eine ferne Zukunft aus, sondern wir versprechen Seligkeit und Glück schon für dieses gegenwärtige Leben.

Solange ein Mensch dahingeht, ohne nach Gott zu fragen, solange kann Gott keinen Gefallen an ihm haben. Solange ein Mensch das Opfer gar nicht erkennt und bedenkt, das der Vater zu unserer Errettung gebracht hat, als er seinen Sohn für uns dahingab, solange kann Gott keine Freude, kein Wohlgefallen an ihm haben. Wie groß ist doch das Opfer gewesen, das unser Gott gebracht hat, als er sich seinen eingeborenen, geliebten Sohn vom Vaterherzen losriß, um ihn den Händen von Mördern und Henkern zu überliefern. Er wußte ja im voraus, was seines Sohnes wartete, was die Menschen mit ihm machen würden. Aber wenn er das auch wußte – er hat das große Opfer doch gebracht.

Wann hat nun Gott zum erstenmal an einem Menschen Gefallen? Wenn er sich für das Opfer, das am Kreuz für ihn gebracht wurde, erkenntlich und dankbar zeigt, wenn er unter dem Kreuz niedersinkt mit dem Dank des Herzens:

»Ich danke dir von Herzen, o Jesu, liebster Freund,
für deines Todes Schmerzen, da du's so gut gemeint!«

Daran hat Gott Freude, wenn sein Sohn Dank und Lohn für seine Schmerzen bekommt, wenn sein Opfer nicht vergeblich gebracht worden ist.

Ein Wandel mit Gott

Durch den Glauben ward Henoch weggenommen, daß er den Tod nicht sähe, und ward nicht gefunden, darum daß ihn Gott wegnahm: denn vor seinem Wegnehmen hat er Zeugnis gehabt, daß er Gott gefallen habe. Vers 5

Es sind nur wenige Worte, die uns von Henoch erzählen. Aber es ist eine wunderbare und eigenartige Geschichte.

»Henoch war 65 Jahre alt und zeugte Methusalah. Und nachdem er Methusalah gezeugt hatte, blieb er in einem göttlichen Leben 300 Jahre und zeugte Söhne und Töchter, daß sein ganzes Alter ward 365 Jahre. Und dieweil er ein göttliches Leben führte, nahm ihn Gott hinweg, und er ward nicht mehr gesehen« (1Mo 5,21–24).

»Er blieb in einem göttlichen Leben.« Oder: »Er wandelte mit Gott«, »er hielt mit Gott gleichen Schritt.« Was heißt das?

Wer mit Gott wandeln und gleichen Schritt mit ihm halten will, der muß seinen eigenen Willen dem Herrn hingegeben haben. Wer nicht das Opfer seines Eigenwillens gebracht hat, kann nicht mit Gott wandeln. Das ist unmöglich. Das ist das erste, was wir zu lernen haben. Es gibt nur dann einen Weg mit Gott, wenn wir dem eigenen Willen abgesagt haben. Wer noch eigene Wünsche hat, der wird bald vorauslaufen, bald zurückbleiben.

Bist du bereit, deinen Willen Gott unterzuordnen? Kannst du mit Tersteegen sagen:

»Da liegt unser Wille, Seele, Leib und Leben,
Dir zum Eigentum ergeben.«

Hat nicht dein Eigenwille dich schon zur Genüge tyrannisiert? Hat er dich nicht schon genug falsche Wege geführt? Ganz gewiß! Nun, dann gib ihn doch endlich dem Herrn hin!

Zu dem Wort »willenlos« gehört das andre: »willig«. Willenlos in bezug auf den eigenen Willen, willig in bezug auf den Willen Gottes.

Das führt zum zweiten, wichtigen Punkt, der zum göttlichen Wandel gehört. Das ist: Vertrauen. Um mit Gott zu gehen, muß man ihm vertrauen, völlig vertrauen. Nicht wahr, ich werde mich auf einem unbekannten Weg nicht von einem Menschen führen lassen, dem ich nicht traue, von dem ich nicht weiß, wohin er mich führt?

Eine Gesellschaft von Engländern machte eine Wanderung durch das Hochgebirge. Sie verstiegen sich und kamen an eine Stelle, wo sie nicht mehr aus und ein wußten. Hoch oben im Gebirge weidete ein Hirt seine Herde. Der sah die Not der Reisegesellschaft, und über Stein und Geröll, über Zacken und Spitzen sprang er hinab und trat unter die Gesellschaft, um sich als Führer anzubieten.

»Womit wollen Sie beweisen, daß wir Ihnen vertrauen dürfen?« fragte man ihn. »Damit«, sagte er und zeigte auf seine blutenden Hände und seine zerrissenen Knie, die er sich verletzt hatte bei seinem Abstieg über die Felsen. Dieser Beweisgrund schlug durch. Man vertraute ihm, und er führte die Gesellschaft recht.

So kommt Jesus auch und bietet sich dir als Führer an. Fragst du ihn: »Womit willst du es beweisen, daß man dir vertrauen kann?« Dann zeigt er dir seine Wunden und sagt: »Damit!« Ja, du darfst ihm vertrauen, völlig vertrauen. Er führt dich auf rechter Straße.

Dazu muß aber ein Drittes kommen. Was hilft es, wenn du deinem Führer vertraust und überzeugt bist, daß er dich recht führt, wenn du ihm nicht auch gehorchst? Es gibt kein Leben mit Gott ohne Gehorsam.

Wer mit Gott wandeln will, muß entschlossen sein, unbedingt und sofort zu gehorchen. Der muß nicht nach »leicht« und »schwer« fragen, sondern einfach das ausführen, was Gott ihm aufträgt. Wer erst ängstlich fragt: »Was wird daraus werden? Werde ich auch keine Unannehmlichkeiten dadurch haben?« Der wird es nicht zu einem Wandel mit Gott bringen.

Und noch eins gehört zu einem Wandel mit Gott: das Beten. Es gibt kein göttliches Leben ohne Gebet. Wer sich nicht in allen Dingen betend des Einvernehmens Gottes versichert, der wird bald von seiner Seite gewichen sein.

Wie deutlich hat der Herr gesagt: Ohne mich könnt ihr nichts tun! Aber wer glaubt daran und handelt danach? Wer richtet in allen Dingen, nicht nur in allen großen Fragen, sondern auch in den kleinsten und geringsten, den Blick auf den Herrn? Ohne das geht es nicht!

Wir müssen es lernen, bewußt an der Hand des Herrn durch unsere Tage zu gehen. Viele Christen leben so unbewußt. Sie träumen so in den Tag hinein – und plötzlich merken sie, daß sie eigene Wege gegangen sind, daß sie falsche Entschlüsse gefaßt haben, daß sie aus der Verbindung mit Christus herausgetreten sind.

Wir müssen es lernen, bewußt in der Gegenwart Gottes zu leben und zu bleiben. So lernt man es, mit Gott zu wandeln.

Es handelt sich darum, ihm Augenblick um Augenblick zu vertrauen. Wir brauchen ihm nicht für die ferne Zukunft zu vertrauen, nicht einmal für eine Woche oder einen Tag. Wir brauchen ihm nur in dem gegenwärtigen Augenblick zu vertrauen und an seiner Hand zu gehen. Aus lauter Augenblicken aber setzt sich unser Leben zusammen.

Wie klar schreibt der Apostel Petrus im 1. Kapitel seines 2. Briefes: »Nachdem allerlei seiner göttlichen Kraft, was zum Leben und göttlichen Wandel dient, uns geschenkt ist durch die Erkenntnis des, der uns berufen hat durch seine Herrlichkeit und Tugend!« Ja, in der Erkenntnis des Herrn, d. h. in der Lebens- und Liebesgemeinschaft mit ihm ist uns alles geschenkt, was zu einem göttlichen Wandel dient.

Wollen wir denn nun nicht Gebrauch davon machen? Wollen wir denn nicht auch danach trachten, das Zeugnis Henochs zu bekommen, das Zeugnis des göttlichen Wohlgefallens?

Wer bekommt das Zeugnis des Wohlgefallens? Leute, die los sind vom eigenen Willen. Leute, die ihrem Gott vertrauen, blind und bedingungslos vertrauen. Leute, die ihrem Gott gehorchen, Leute, die ein Leben des Gebets führen.

Gib dich deinem Gott hin in einer völligen Übergabe, halte nichts mehr zurück, und dann vertraue ihm fröhlich und kindlich.

Gott ehren durch Glauben

Durch den Glauben hat Noah Gott geehrt und die Arche zubereitet zum Heil seines Hauses, da er einen göttlichen Befehl empfing von dem, was man noch nicht sah. Vers 7

Die verschiedenen Bibelübersetzungen geben diese Stelle unterschiedlich wieder. Die Elberfelder Übersetzung sagt: »Durch den Glauben bereitete Noah, von Furcht bewegt, eine Arche zur Rettung seines Hauses.« Die Miniaturbibel übersetzt: »Durch Glauben baute Noah aus Vorsicht eine Arche zur Rettung seines Hauses.« Gewiß sind beide berechtigt; aber ich liebe die Luther-Übersetzung doch ganz besonders an dieser Stelle: »Durch den Glauben hat Noah Gott geehrt.« Ja, das hat er. Und das müssen wir auch lernen: Gott ehren durch Glauben.

Es war eine schreckliche Botschaft, die Noah bekam, die schrecklichste, die jemals vom Himmel zur Erde kam. Gott teilte Noah mit, daß er sich entschlossen habe, die Menschen auf der Erde durch eine große Flut zu verderben, um des Frevels willen, der auf der Erde herrsche. »Siehe, ich will eine Sintflut – eine große Flut – mit Wasser kommen lassen auf Erden, zu verderben alles Fleisch, darin ein lebendiger Odem ist, unter dem Himmel. Alles, was auf Erden ist, soll untergehen.«

Und dann gab Gott Noah den Befehl, einen großen Kasten zu machen, 300 Ellen lang, 50 Ellen breit und 30 Ellen hoch. In diesem Kasten sollte Noah mit den Seinen gerettet werden und auch die Vertreter der Tierwelt, daß ihre Arten nicht aussterben müßten.

War das nicht eine ungeheure Botschaft? War das nicht ein eigentümlicher Befehl? Nicht das geringste war von der großen Flut zu sehen; keinerlei Anzeichen dafür waren vorhanden. Und um dieser Flut willen, die in so ungewisser Zukunft kommen sollte, ein Schiff bauen? Ja, wenn es im Küstenland gewesen wäre, in der Nähe des Meeres, das ließe sich ja verstehen. Aber Noah lebte in einem Hochland, er wohnte in den Bergen Armeniens. Was würden da die Leute sagen, wenn er anfangen würde, die Arche zu bauen! Und dann sollten die Vertreter der Tierwelt in die Arche gebracht werden! Wie sollte das denn geschehen?

Nicht wahr, der Befehl war merkwürdig genug? Zum Kritisieren und zum Zweifeln war Gelegenheit genug vorhanden. Aber hat Noah kritisiert und gezweifelt? Nein. »Noah tat alles, was ihm Gott gebot.« »Durch den Glauben hat Noah Gott geehrt.« Er machte sich alsbald und gehorsam ans Werk. Er fällte Bäume. Er bearbeitete die Balken. Er schnitt Bretter. Er traf alle Vorbereitungen zum Archenbau.

Seine Nachbarn und seine Verwandten fragten ihn nach seinem Vorhaben. Er gab ihnen zur Antwort, was Gott ihm mitgeteilt und aufgetragen habe. Da lachten sie. Da spotteten sie. »Und so etwas glaubst du? Denke doch nur, wo soll all das Wasser herkommen, um alle Berge zu überfluten? Das ist ja ganz unmöglich. Soviel Wasser gibt's ja gar nicht.«

Noah ließ sich nicht stören. Er setzte seine Arbeit fort. Er hat durch den Glauben Gott geehrt. Man hielt ihn für überspannt. Man sagte, er leide an einer fixen Idee. Sonst sei er ein ganz vernünftiger Mann; aber diese eine Idee von der kommenden großen Flut, die habe ihn ganz eingenommen. Das ließe er sich gar nicht ausreden. Nein, das ließ er sich nicht ausreden. Er hat durch den Glauben Gott geehrt.

Allmählich merkten seine Nachbarn, wie groß die Arche werden sollte, was für gewaltige Dimensionen sie haben würde. Da fragten sie ihn, warum er denn so groß baue. Er antwortete ihnen, daß auch Vertreter der Tierwelt ihren Platz in der Arche haben würden. Da ging aber das Gelächter los! »Vertreter der Tierwelt? Wie willst du denn die hineinbekommen? Noah, wie denkst du dir das bloß?« Noah dachte darüber gar nicht nach, er glaubte einfach: Gott hat es gesagt.

Die Kunde von dem seltsamen Archenbau verbreitete sich durch das weite Land. Von nah und fern kamen die Leute, um das große Schiff zu sehen, das Noah baute. An Zuschauern und Spöttern fehlte es ihm nicht. Er ließ sich ruhig verspotten. Und dann benutzte er die Gelegenheit, all diesen Leuten von der kommenden Flut zu sagen und sie zu bitten, ihre Seele zu retten. Das wollten die Leute nur. Darauf hatten sie nur gewartet. Sie wollten

Noah predigen hören, um dann noch mehr Grund zum Spotten zu haben.

Hundertzwanzig Jahre hat der Bau der Arche gedauert. Hundertzwanzig Jahre hat auch der Spott gedauert, den Noah zu leiden hatte. Und Noah hat sich nicht irremachen lassen durch alles Gerede der Menschen - er hat durch den Glauben Gott geehrt und die Arche zubereitet zum Heil seines Hauses.

Endlich stand der große Kasten fertig da. Vermutlich bat Noah seine Nachbarn, sie möchten doch in die Arche kommen, die Flut würde bald hereinbrechen. Sie lachten. Wo war denn ein Anzeichen von der Flut zu sehen? Niemand folgte seiner Einladung, niemand.

Aber da, eines Tages, da geschah etwas Seltsames. Da dröhnte plötzlich der Boden wie vom Heranmarsch eines großen Heeres. Was mochte das sein? Da kam ein langer Zug von Tieren: Elefanten und Löwen, Antilopen und Gazellen, Wölfe und Füchse – Tiere von aller Art und jeder Größe. Sie alle nahmen ihren Weg zur Arche.

Dann rauschte es in den Lüften von dem Flügelschlag zahlreicher Vögel. Da kamen Adler und Geier, Enten und Gänse, Tauben und Lerchen, Finken und Stare, Papageien und Kolibris – und alle flogen zur Arche.

Wer hatte ihnen den Weg gewiesen? Ja, wer weist den Schwalben den Weg über das Meer nach Afrika zu ihren Winterquartieren? Wer weist ihnen den Weg zurück zu ihrer nordischen Heimat, in das Dorf, in dem sie im vergangenen Jahr gewohnt haben?

Wer weist den Bienen den Weg, daß sie ihren Stand wiedererkennen? Daß sie das richtige Loch wieder finden, wo doch ein Volk von Bienen neben und über dem anderen seinen Platz hat?

Es wurde den Menschen bestimmt unheimlich, als die Tiere herankamen. Was hat das zu bedeuten? Ein merkwürdiges Naturschauspiel, ein seltenes Phänomen – aber mit der großen Flut, von der Noah redet, hat das nichts zu tun. Das ist völlig ausgeschlossen. So beruhigte man sich wieder.

Wohl forderte Noah die Leute ein letztes Mal auf, mit ihm in die Arche zu kommen. Das alte Gelächter antwortete ihm: »Das sollte uns einfallen! Mit all den Tieren zusammen! Danke bestens!« Da ging Noah hinein.

»…und der Herr schloß hinter ihm zu.«
Noch sieben Tage. Eine ganze Woche.

Dann kam die Stunde, wo furchtbare Windstöße als Boten des losbrechenden Ungewitters über die Erde dahinbrausten. Die Schleusen des Himmels taten sich auf. Ungeheure Wolkenbrüche stürzten herab. Die Brunnen der Tiefe öffneten sich. Es zischte und schäumte und sprudelte überall.

Ein Tag verging nach dem andern. Das Wetter änderte sich nicht. Immer dasselbe Unwetter. Es blieb so, eine Woche nach der andern.

Allmählich stiegen die Fluten. Das Meer drang weit ins Land hinein. Die Menschen flüchteten mit ihrer schnell zusammengepackten Habe, um den Wassern zu entfliehen. Aber die Flut stieg zu schnell. Nur wenige kamen bis in die Berge, um Kunde zu bringen von dem Verderben im Tal. Immer höher stiegen die Wasser.

Da fiel den Leuten sicher Noah und seine Arche ein. Die kann uns ja retten! Wir gehen in die Arche!, mögen sie gesagt haben. Man kann sich die Situation lebhaft vorstellen: Die Menschen kamen gelaufen. Sie gaben die besten guten Worte: »Noah, lieber Noah, guter Noah, bester Noah, mach uns auf! Wir wollen in die Arche!«

Da antwortete er von drinnen: »Gern, liebe Freunde; aber ich kann euch nicht aufmachen! Hier drinnen ist kein Schloß und keine Klinke. Gott hat von draußen zugeschlossen. Seht doch mal zu, ob ihr das Schloß nicht finden könnt!«

Aber da war nichts zu finden. Nun eilten sie nach Hause, um Brechstangen und Sägen zu holen, um ein Loch in die Arche zu brechen. Aber ehe sie zu Hause waren und wieder zurück, ereilte sie die Flut. Die Flut, über die man so lange gelacht hatte, kam und brachte sie alle um.

Hundertzwanzig Jahre lang hatte Noah davon geredet. Da hatte man gelacht. Nun brach das Verderben herein. Wie lange hatte die Arche weit offen gestanden! Wie lange hatte Noah eingeladen, in die Arche zu kommen! Man hatte gelacht. Nun wollten sie kommen, nun war es zu spät!

Wie gut, daß Gott zu Noah gesagt hatte, er solle an den Seiten keine Fenster machen, nur oben im Dach! Wenn an den Seiten Fenster gewesen wären, aus denen Noah hätte hinaussehen können, das Herz wäre ihm erstarrt vor Entsetzen. Verzweifelt waren die Kämpfe, welche Menschen und Tiere miteinander austrugen, um einen Platz auf einem erhöhten Felsen oder auf einem Baum gegen die steigende Flut zu behaupten. Wie stieß der eine den anderen in die Wogen hinein, um selber das Leben noch für eine halbe Stunde zu retten!

Aber Noah sah nichts von dem grenzenlosen Jammer einer sterbenden und verderbenden Welt. Er war geborgen mit all den Seinen.

»Durch den Glauben hat Noah Gott geehrt und die Arche zubereitet zum Heil seines Hauses, da er einen göttlichen Befehl empfing von dem, was man noch nicht sah.« Was haben wir daraus zu lernen? Jesus hat gesagt:

> »Aber gleichwie es zu der Zeit Noahs war, also wird auch sein die Zukunft des Menschensohnes. Denn gleichwie sie waren in den Tagen vor der Sintflut: sie aßen, sie tranken, sie freiten und ließen sich freien, bis an den Tag, da Noah zu der Arche einging; und sie achteten's nicht, bis die Sintflut kam und nahm sie alle dahin; also wird auch sein die Zukunft des Menschensohnes. Dann werden zwei auf dem Felde sein; einer wird angenommen, und der andere wird verlassen werden. Zwei werden mahlen auf der Mühle; eine wird angenommen, und die andere wird verlassen werden. Darum wachet; denn ihr wisset nicht, welche Stunde euer Herr kommen wird« (Mt 24,37–42).

Wie lange steht die Arche des Heils offen! Wie dringlich ergeht die Aufforderung an die Menschen: Eile und errette deine Seele! Und was ist die Antwort? Bei vielen nur Hohn und Spott!

Wie lange wird noch Gnadenzeit sein? Wann wird die Tür zugeschlossen? Ich weiß es nicht! Und weil ich es nicht weiß, darum kann ich nicht anders, als immer wieder bitten und mahnen: Komm und rette dich in die Arche des Heils!

Bist du in der Arche? Bist du ganz sicher in der Arche? Bist du in Ordnung mit Gott und Menschen? Noch nicht? Dann schieb es nicht mehr auf! Mach dich bereit auf den Tag der Zukunft Jesu Christi und bleibe in Bereitschaft!

Der Glaube verurteilt die Welt

> *...und verdammte (verurteilte) durch denselben die Welt.*
> *Vers 7*

Was soll das heißen: Noah verurteilte durch seinen Glauben die Welt? Richtete und verurteilte er alle Leute? Sagte er ihnen: »Ich bin viel besser als ihr«?

Nein, nicht mit diesen Worten verurteilte er die Welt, sondern mit seinem Wandel. Sein Leben war ihnen eine ernste Predigt. Sein Handeln überführte sie von ihrem Zurückbleiben. Sein Tun offenbarte eine Kraft und Gnade, wovon sie nichts hatten und wußten.

Was für ein schweres Leben hat Noah doch geführt! Hundertzwanzig Jahre hat er gepredigt, hat er eingeladen – und mit Ausnahme seiner nächsten Angehörigen hat niemand auf seine Einladungen geachtet. Sie haben ihn alle verlacht und verspottet. Nicht einer ist mit in die Arche gegangen!

Hundertzwanzig Jahre hat Noah inmitten seiner Zeitgenossen als eine Predigt mit Wort und Tat dagestanden – und keine Frucht! Aber er hat sich nicht ermüden lassen.

Das will etwas heißen! Was für eine Ausdauer, was für ein Mut gehört dazu, als einzelner Mann einer ganzen Welt Trotz zu bieten! Was gehört dazu, hundertzwanzig Jahre lang von Spott und Hohn umgeben zu sein – von niemandem verstanden, außer seiner eigenen Familie – und doch treu zu bleiben und weiter zu glauben!

Es gibt manche einsame Christen. Sie haben keinen Anschluß, keine Gemeinschaft an ihrem Ort. Sie werden nicht verstanden, sie werden verspottet und verfolgt. Wie manche werden da müde. Sie geben es endlich auf, gegen den Strom zu schwimmen. Die Verhältnisse waren zu schwer, sagen sie, es ließ sich nicht durchführen.

Aber Noahs Verhältnisse waren auch schwer, und er führte es doch durch.

Schiebe doch die Schuld nie auf deine Verhältnisse, wenn dein

Leben Gott nicht ehrt. Deine Verhältnisse sind nicht schuld; du bist schuld.

Ja, seine Gnade reicht völlig aus, auch in den schwierigsten Verhältnissen. Seine Gnade reicht aus, uns auch in den schwersten Umständen in den Stand zu setzen, durch den Glauben die Welt zu verurteilen, indem wir ihr zeigen, was die Gnade vermag.

Hat dein Glaube bisher auch die Welt verurteilt? Konnte die Welt den Eindruck gewinnen, du seist ein Mensch mit Gott?

Wie war das Leben Jesu ein Vorwurf für die Pharisäer und Hohenpriester! Da merkte das Volk den Unterschied zwischen echter und unechter Frömmigkeit. Sie fühlten sich gestraft durch seinen untadeligen Wandel, durch seine kindliche Abhängigkeit vom Vater, von der sie nichts wußten.

Es bleibt dabei: Wahrer Glaube verurteilt die Welt. Mit dem halben Glauben ist die Welt ganz gut zufrieden. Der bekommt ein Lob: »Mit dem kann man doch wohl noch auskommen! Der ist doch nicht so extrem wie der und wie die! Die übertreiben die Sache doch zu sehr!«

Der wahre Glaube verurteilt die Welt. Der echte Glaube ist ein Zeugnis für die Glaubenslosen, daß sie sich an diesem Anschauungsunterricht selbst kennenlernen.

Wie steht es mit dir? Ist dein Glaube ein Zeugnis für deine Umgebung? Lernt die Welt aus deinem Wesen und Leben Jesus kennen? Merkt sie, daß du einen Frieden, eine Sanftmut, eine Freundlichkeit, eine Ruhe hast, von der sie nichts weiß?

Ich wünschte, du und ich, wir würden der Welt durch unser Wesen ihre Armut und auch den Reichtum in Christus so zeigen, daß sie dadurch gewonnen würde, zu ihm zu kommen. Aber wenn auch niemand gewonnen würde, wie das bei Noah der Fall war, dann soll unser Glaube wenigstens ein Zeugnis für sie sein, daß sie keine Entschuldigung haben.

Der Glaube ererbt die Gerechtigkeit

...und hat ererbt die Gerechtigkeit, die durch den Glauben kommt.   Vers 7

Was ist die einfachste Art, in den Besitz eines Vermögens zu kommen? Wenn man es erbt. Da braucht man gar nichts zu tun, keinen Finger zu rühren. Es fällt einem ganz mühelos zu. Man muß nur dem Erblasser irgendwie nahestehen, und – der Erblasser muß sterben. Das ist die Voraussetzung beim Erben, daß der stirbt, der uns zu Erben eingesetzt hat.

Es ist ein großer Unterschied zwischen Erben und Erwerben. Wer erwerben will, der muß sich große Mühe geben. Der muß sich anstrengen. Wer erbt, hat gar nichts dabei zu tun.

Die Gerechtigkeit muß man erben, man kann sie nicht erwerben. Wie klar und deutlich bezeugt die Schrift, daß man die Gerechtigkeit nicht erwerben kann! Paulus schreibt: »Doch weil wir wissen, daß der Mensch durch des Gesetzes Werke nicht gerecht wird,...denn durch des Gesetzes Werk wird kein Fleisch gerecht« (Gal 2,16). Und doch sehen wir, wie viele durch des Gesetzes Werke die Gerechtigkeit erwerben wollen.

Fragt man die Leute, worauf ihre Hoffnung auf den Himmel beruhe, so antworten die allermeisten: »Ich habe niemanden belogen und betrogen; ich habe mir nie etwas zuschulden kommen lassen.« Sie berufen sich also darauf, daß sie das Gesetz, die Gebote gehalten haben. Und durch das Halten der Gebote meinen sie den Himmel verdient und die Gerechtigkeit erworben zu haben.

Wie deutlich hat Luther die Lehre in den Mittelpunkt gestellt: »So halten wir es nun, daß der Mensch gerecht werde ohne des Gesetzes Werke, allein durch den Glauben.« Das ist die Grundlehre der Reformation. Aber in dem Stück sind viele, die sich evangelisch nennen, noch im Banne Roms. Sie wollen die Gerechtigkeit durch des Gesetzes Werke erwerben. Verlorene Mühe! Aussichtsloses Beginnen!

Was haben die Pharisäer sich Mühe gegeben, Gerechtigkeit zu erwerben. Sie haben es sich etwas kosten lassen. Sie gaben den

Zehnten von allem, was sie hatten. Sie fasteten zweimal in der Woche. Sie gaben sich wirklich Mühe, eine Gerechtigkeit zu erwerben. Viel mehr als die meisten »Christen« heutzutage. Wie wenig ist den meisten an ihrer Religion gelegen! Die Pharisäer gaben sich mehr Mühe!

Und doch hat Jesus gesagt: »Es sei denn eure Gerechtigkeit besser denn der Schriftgelehrten und Pharisäer, so werdet ihr nicht in das Himmelreich kommen!«

Es ist unmöglich, die Gerechtigkeit zu erwerben. Denn eine Gerechtigkeit, die vor Gott gilt, muß fleckenlos und fehlerfrei sein. Und zu einer solchen Gerechtigkeit werden wir es mit unseren Bemühungen nie bringen. Das ist ausgeschlossen. Wir können keine Gerechtigkeit erwerben. Aber wir können sie erben!

In großer Sündennot kam ein Freund zu seinem Freunde und fragte ihn: »Was soll ich tun, um gerettet zu werden?« Der Freund sah ihn ernst an und sagte: »Da kommst du zu spät!« »Zu spät?« rief der andere. »Meinst du, daß Gott für mich keine Gnade mehr habe?« »Nein, das meine ich nicht. Aber du fragtest, was du *tun* solltest, um gerettet zu werden. Da kommst du viel zu spät, denn es ist schon einer gekommen, der alles getan hat! Der hat so völlig alles getan, daß uns gar nichts übriggeblieben ist, was wir noch tun müßten!«

Wie wunderbar ist das doch! Jesus hat alles für alle getan. Er ist gestorben, um eine völlige Erlösung zu vollbringen, um eine wirkliche Gerechtigkeit zu erwerben. Ja, durch sein Leiden und Sterben hat er die Gerechtigkeit erworben, die vor Gott gilt. Er hat sie für uns erworben. Wir dürfen sie durch den Glauben erben.

Wer durch den Glauben mit dem Erblasser in Verbindung tritt, der hat Anteil am Erbe. Wer an Jesus Christus glaubt als an den, der die Gottlosen gerecht macht, der darf miterben. Hast du deine Erbschaft schon angetreten?

Man konnte schon in den Zeitungen lesen, daß Erben gesucht wurden. Irgendwo war ein Mann mit Hinterlassung eines Vermögens gestorben, und es waren keine Angehörigen da, um die Erbschaft zu übernehmen. Da wurden durch die Zeitungen Erben gesucht.

Gott sucht auch Erben, die bereit sind, das wunderbare Erbe anzutreten, das durch den Tod Jesu Christi am Kreuz auf Golgatha verfügbar geworden ist. Hast du dich schon zum Erben gemeldet?

Noah ererbte die Gerechtigkeit, die durch den Glauben kommt, und viele »Christen« gibt es, die verzichten auf ihr Erbteil und gehen leer aus! Noah war ein Mann des Alten Testaments, und wir sind Kinder des Neuen Bundes!

Wenn Noah schon ein Erbe der Glaubensgerechtigkeit war, sollten wir es dann nicht erst recht sein? Was glaubte Noah denn? Ein Wort Gottes. Diesem einen Wort Gottes, das ihn erreichte, glaubte er. Darauf stützte er sich, darauf baute er so fest, daß er die Mühen der Arbeit, den Spott der Leute geduldig auf sich nahm. Aber wir haben das fleischgewordene Wort, Jesus Christus! Wir haben das Wort, das Fleisch wurde und unter uns wohnte!

Noah empfing die Botschaft von Gottes Gericht; wir haben durch das Kreuz die frohe Botschaft von Gottes Gnade bekommen!

Haben wir nicht mehr als Noah? Haben wir es nicht leichter als Noah? Ganz gewiß! Und doch gibt es so viele, die das Erbe von Golgatha nicht antreten! Welch eine Torheit!

Unser Heil, unsere Gerechtigkeit zu erwerben, hat Gott das Blut seines Sohnes gekostet - und da gibt es Menschen, die daran vorbeigehen? Im Hebräerbrief steht eine erschütternd ernste Frage, eine Frage, auf die es keine Antwort gibt. Sie lautet: »Wie wollen wir entfliehen, wenn wir eine solche Seligkeit nicht achten?« Darauf gibt es keine Antwort, denn es gibt kein Entrinnen. Wer die Seligkeit und Gerechtigkeit nicht achtet, die durch das Blut Jesu vollbracht und erworben ist, für den gibt es kein Entrinnen. Er hat ja das einzige Heilmittel abgelehnt und ausgeschlagen.

Erben gesucht! Du brauchst nur an das Opfer zu glauben, das der Heiland am Kreuz für dich gebracht hat – du brauchst nur zu glauben, daß du keine eigene Gerechtigkeit erwerben kannst, daß Jesus sein Blut auch für dich hat fließen lassen –, und du wirst durch den Glauben ein Erbe der Gerechtigkeit!

Auf Gottes Befehl

Durch den Glauben ward gehorsam Abraham, da er berufen ward, auszugehen in das Land, das er ererben sollte; und ging aus und wußte nicht, wo er hinkäme. Vers 8

Wie einschneidend war doch der Befehl, den Abraham von Gott empfing, als es hieß: »Gehe aus deinem Vaterland und von deiner Freundschaft und aus deines Vaters Hause in ein Land, das ich dir zeigen will.«

Abraham war kein Jüngling mehr, der nur zum Wanderstab zu greifen brauchte, um reisefertig zu sein. Er war 75 Jahre alt, als dieser Befehl an ihn kam. Er stand in einem Alter, in dem man nicht mehr gern seinen Wohnort wechselt. Man sagt, daß es nicht leicht sei, alte Bäume zu verpflanzen. Er hatte auch einen großen Viehbestand. Da war das Wandern keine Kleinigkeit.

Ob das Abraham nicht schwer war, als er diesen Befehl zum Auszug bekam? Heutzutage pflegt man soviel davon zu sprechen, was einem »nicht leicht« oder was einem »schwer« ist. Wie oft kann man sagen hören: »Es war für mich ein schwerer Weg« oder: »Es war ein Sterbensweg für mich.«

Ich weiß von einem Pastor, der einem Ruf an eine andere Stelle folgte. Gott hatte seinen Dienst gesegnet. Es war ihm gegeben, manchen Menschen ein Wegweiser zu Christus zu sein. Als er seine geliebte Gemeinde verlassen hatte, fragte man ihn: »War es Ihnen nicht sehr schwer, Ihre Gemeinde zu verlassen?« Da sagte er ganz verwundert: »Schwer? Der Gedanke ist mir noch gar nicht gekommen. Diese Frage habe ich noch gar nicht erwogen. Ich wußte, daß es der Ruf Gottes sei, und da habe ich einfach gehorcht.« Nicht wahr, so ist es doch recht?

So hat es auch Abraham gemacht. Er hat gewiß nicht geklagt, wie schwer es für ihn sei, diesen Befehl Gottes auszuführen. Er hat einfach gehorcht.

»Schwer« sind die Befehle Gottes nur dann, wenn man noch seinen eigenen Willen festhalten und behaupten will. Wenn der Wille Gottes dem Eigenwillen entgegen ist, dann ist es »schwer«

zu gehorchen, dann ist es »ein Sterbensweg«. Aber wenn man keinen eigenen Willen mehr durchsetzen will, dann redet man nicht mehr von »schwer«, sondern man sagt mit dem Psalmisten: »Deinen Willen, mein Gott, tue ich gern«, und man bekennt mit Johannes: »Seine Gebote sind nicht schwer.«

Bring dem Herrn das Opfer deines eigenen Willens und du beseitigst dadurch manches »Schwere«, manches »Kreuz« aus deinem Leben. Denn das »Schwere« und das »Kreuz« kommen nur von deinem Eigenwillen her. Sobald der aufgegeben ist, macht das Gehorchen den Befehlen Gottes gegenüber keine Mühe mehr.

Das war das erste, was wir von Abraham zu lernen haben: einfach zu gehorchen, ohne über »schwer« und »nicht leicht« zu klagen.

Das zweite ist, daß wir uns nicht mit Menschen besprechen dürfen, wenn es sich darum handelt, einen Befehl Gottes auszuführen. Gewiß haben Abrahams Verwandte getan, was sie konnten, um ihn zu hindern. Es lag ja so nahe, das zu tun.

Die Zukunft war ungewiß. Das war richtig. Er wußte nicht einmal den Namen des Landes, in das er ziehen sollte. Das sah ja in der Tat merkwürdig genug aus. Aber Abraham wußte: Gott hat mich gerufen; Gott hat es mir befohlen! Das war ihm genug. Darum hörte er nicht auf die mahnenden und abratenden Stimmen, sondern gehorchte seinem Gott. Er vertraute ihm, er werde ihm schon den Weg zeigen.

»Durch den Glauben ward gehorsam Abraham, da er berufen ward, auszugehen in das Land, das er ererben sollte.« Abraham ward gehorsam. Aber wie viele gibt es heutzutage, die lassen sich von der Rücksicht auf ihre Umgebung bestimmen, Gott nicht zu gehorchen.

Auch heute gilt es in gewissem Sinne auszugehen aus der »Freundschaft« und aus dem »Vaterhause«. Wenn man zum Glauben an Jesus Christus kommt, dann gibt es eine Trennung von geliebten Angehörigen und Freunden. Es ist vielleicht keine äußere Trennung wie bei Abraham, aber eine innere. Man versteht sich nicht mehr. Früher war man ein Herz und eine Seele, nun ist etwas dazwischengetreten, was die Ehe oder die Freundschaft stört. Man hat den Ruf Gottes gehört, man will ihm folgen – da stellen sich die Angehörigen in den Weg. Da wird man für »verrückt« erklärt, oder es heißt, man wolle »eine neue Lehre« einführen.

Wie furchtbar ist es, einem Menschen auf diese Weise hindernd in den Weg zu treten! Weißt du, was Jesus darüber gesagt hat? »Wer einen meiner Geringsten ärgert, dem wäre es besser, daß ihm ein Mühlstein an den Hals gehängt und er ersäuft würde im Meer, wo es am tiefsten ist!«

Hast du am Ende auch schon Menschen am Glauben gehindert? Tu es nicht mehr! Denk an den Mühlstein! Oder hast du dich vielleicht bisher durch die Rücksicht auf Menschen zurückhalten lassen? Laß dich nicht mehr durch solche falsche Rücksichtnahme hindern! Was kommt es denn darauf an, was die Menschen reden? Es kommt doch nur darauf an, was Gott sagt!

Wenn dein Gott dich ruft, in seine Nachfolge zu treten, wenn du noch ohne Glauben bist, dann sei gehorsam! Dann besprich dich nicht mit anderen Menschen, sondern mache es wie Abraham: Sei der Stimme Gottes gehorsam!

Und wenn du ein Kind Gottes bist und du empfängst Befehle und Aufträge von deinem Gott, dann nimm auch keine falschen Rücksichten, dann blicke allein auf den Herrn und gehorche ihm!

Seine Gebote gehen dir nie über die Kraft! Seine Aufträge sind nie zu schwer für dich. Das brauchst du nicht zu befürchten. Er kennt dich ja und weiß ja, was er dir zutrauen und auftragen kann. Er gibt zu jedem Dienst auch die dazu gehörende Dienstgnade, das ist ganz gewiß.

Jona hätte gar nicht zu entfliehen brauchen, als ihn Gott nach Ninive schickte. Er hätte ruhig nach Ninive gehen sollen in dem Bewußtsein: Wenn Gott mir diesen Auftrag gibt, dann steht es ihm auch zu, mich dafür auszurüsten und auszustatten. – Hat das Gott nicht nachher bewiesen, als sich Jona nach seinen Irrwegen doch noch zum Gehorsam entschlossen hatte?

Fürchte nicht, die Aufträge Gottes könnten dir über die Kraft gehen! Er legt dir nicht mehr auf, als du tragen kannst!

Darum, was er dir auch aufträgt: sei gehorsam. Daß es auch von dir und mir allezeit heißen möge: Durch den Glauben – gehorsam!

Und noch eine dritte Lektion können wir aus unserem Vers lernen. Es heißt hier: »Abraham ging aus und wußte nicht, wo er hinkäme.«

Gott hatte ihm nur gesagt: »In ein Land, das ich dir zeigen will.« Das war nicht viel; aber es war genug. Auf dieses Wort traute Abraham. An diese Zusage hielt er sich. Er glaubte, ohne zu sehen. Er vertraute seinem Gott.

Aber wenn es sich darum handelt, blind zu glauben, dann wirst du besorgt. Du möchtest doch lieber sehen, wohin der Weg führt. Du möchtest doch lieber wissen, was Gott tun wird.

Du darfst deinem Gott getrost vertrauen. Er macht keine Fehler. Er führt dich auf rechter Straße um seines Namens willen.

Du brauchst den Weg nicht zu wissen. Wenn er ihn nur weiß! Mach dir keine Sorge! Vertrau dem Herrn!

Wie köstlich ist das Bewußtsein, sich auf dem Wege Gottes zu wissen! Auf jedem Weg gibt es Schwierigkeiten. Die bleiben keinem erspart. Wenn diese Schwierigkeiten auf einem eigenen, selbsterwählten Wege auftreten, dann kommt die Reue, dann macht man sich Vorwürfe, dann klagt man: »Ach, wenn ich doch...!« – »Ach, hätte ich doch nicht!« Kommen aber die Schwierigkeiten auf dem Wege Gottes, dann fürchtet man sich nicht, dann weiß man: Diese Schwierigkeiten sollen meinen Glauben erproben und dadurch stählen und stärken.

Und leg nicht nur einmal vertrauend deine Hand in die seine, sondern lasse sie in seiner Hand. Zieh sie nicht wieder zurück! Laß dich alle Tage, alle Stunden von ihm führen. Er will es tun. Er hat es verheißen. Er hat gesagt: »Ich will dir den Weg zeigen, den du wandeln sollst, ich will dich mit meinen Augen leiten.«

Wie gut haben wir es doch, wenn wir Kinder Gottes geworden sind! Da übernimmt er die Führung und damit die ganze Verantwortung. Wir dürfen uns von ihm führen lassen. Wir dürfen ihm vertrauen.

So hat es Abraham gemacht: Er ging aus und wußte nicht, wo er hinkäme. Denn er vertraute auf Gott.

Willst du diese Lektion nicht auch lernen? Der Gott Abrahams will auch dein Gott sein. Er enttäuscht niemanden, der ihm vertraut!

Fremdlinge

Durch den Glauben ist er ein Fremdling gewesen in dem verheißenen Lande als in einem fremden und wohnte in Hütten mit Isaak und Jakob, den Miterben derselben Verheißung; denn er wartete auf eine Stadt, die einen Grund hat, deren Baumeister und Schöpfer Gott ist. Vers 9 und 10

»Durch den Glauben ward gehorsam Abraham, da er berufen ward auszugehen.« Aber mit dem einen Glaubensschritt ist es nicht getan. Auf den ersten Schritt müssen noch viele Glaubensschritte, muß ein Leben im Glauben folgen.

»Durch den Glauben ist Abraham ein Fremdling gewesen in dem verheißenen Lande wie in einem fremden und wohnte in Hütten, in Zelten, mit Isaak und Jakob, den Miterben derselben Verheißung.« Er ist ein Fremdling geblieben. Er hat sich nirgends angekauft und angebaut. Er wohnte in Zelten, die heute hier und morgen dort aufgeschlagen wurden. Erst als Sara, seine treue Lebensgefährtin, gestorben war, bekam Abraham ein Eigentum im Lande: Saras Grab, das er von den Hethitern kaufte.

Er ist ein Fremdling geblieben. Er hat sich nicht mit den Einwohnern des Landes eingelassen, wie das sein Neffe Lot getan hat. Er blieb für sich. Sein Glaube war ein anderer, seine Sitten waren andere, seine Sprechweise war eine andere. Man nannte ihn kurzweg den »Ausländer«. Das ist er gewesen und geblieben sein Leben lang – und sein Sohn und Enkel nach ihm.

Er konnte es um so leichter, weil er auf die Stadt wartete, die einen festen Grund hat, deren Baumeister und Schöpfer Gott ist.

Von dem verheißenen Land bekam er nichts zu eigen. Er blieb ein Fremdling. Daraus schloß er mit Recht, daß die Verheißung, die ihm geworden war, nicht nur eine diesseitige Erfüllung habe, sondern erst im Jenseits ihre volle Erfüllung finde. Sein Glaube tat einen Blick in die Herrlichkeit der zukünftigen Welt. Er wußte durch den Glauben, daß es mit diesem Leben nicht aus sei, sondern daß es eine Heimat gebe nach der Wanderschaft dieses Lebens.

Er ist ein Fremdling geblieben mit seiner Welt- und Lebensanschauung inmitten eines Geschlechts, das nur diesseitige Interessen kannte. Aber wenn man auch seinen Glauben nicht teilte, wenn man auch den seltsamen Ausländer nicht verstand, man mußte ihm doch das Zeugnis geben: »Du bist ein Fürst Gottes unter uns« (1Mo 23,6). Solch einen Eindruck hatte sein Leben und Handeln gemacht, daß man ihm dieses Zeugnis ausstellte.

Fremdlinge zu sein und zu bleiben, ist auch unsere Aufgabe. Wenn wir mit dem Apostel sagen können: »Unser Bürgerrecht aber ist im Himmel«, dann sind wir ja auf Erden im Ausland.

Es hängt so viel davon ab, daß wir uns als Ausländer beweisen wie Abraham! Wir wollen uns nicht dieser Welt gleichstellen.

Jesus sagte einst zu seinen Jüngern, die von ihrer Missionsreise heimkehrten und ihm von ihren Erfolgen berichteten: »Freuet euch, daß eure Namen im Himmel geschrieben sind!« Ja, das ist eine Freude, eine große Freude, das zu wissen: mein Name ist im Himmel geschrieben! Wer diese Freude im Herzen trägt, wer das Glück kennt, erlöst zu sein durch Jesu Blut, sollte dem das nicht aus den Augen leuchten? Ganz gewiß! Wer in enger Verbindung mit Jesus lebt, auf dessen Antlitz wird sich ein Widerschein der Herrlichkeit des Herrn legen, gerade so wie das Angesicht Moses leuchtete, als er vor Gott gestanden hatte, oder wie das Angesicht des Stephanus, das wie eines Engels Angesicht glänzte, weil er in den offenen Himmel hineinschaute.

Als Paulus sich vor dem Landpfleger Festus und vor dem König Agrippa seines Glaubens wegen verantwortete, sagte er: »Ich wünschte vor Gott, daß alle, die mich heute hören, solche würden, wie ich bin, ausgenommen diese Bande!« Wie konnte er einen solchen Wunsch äußern? Doch nur darum, weil dabei das Leuchten seines inneren Glückes auf seinem Angesicht lag und aus seinen Augen hervorbrach. Trotz seiner Bande war er ein glückseliger Mensch. Das merkten und sahen die beiden hohen Herren, zu denen er sprach. Und es machte großen Eindruck auf sie.

Machst du auch Eindruck auf deine Umgebung durch das Glück, das aus deinem ganzen Wesen hervorleuchtet? Schaue viel in die Herrlichkeit Jesu hinein, lebe bewußt mit ihm, und auch auf dein Angesicht wird sich der Abglanz seiner Herrlichkeit legen!

Wenn ich ferner sage, Kinder Gottes sollen schon an ihrer Sprache erkennbar sein, dann meine ich damit zuerst einmal, daß sie sich des Mißbrauchs des Namens Gottes enthalten, der heute so an der Tagesordnung ist. Gott hat deutlich gesagt, er werde den nicht ungestraft lassen, der seinen Namen mißbraucht. Kinder Gottes hüten sich vor solchem strafbaren, gedankenlosen Mißbrauch des Namens Gottes.

Sie hüten sich auch vor allen Übertreibungen und Beteuerungen. Sie denken daran, daß Jesus gesagt hat: »Eure Rede sei ja, ja, nein, nein, was darüber ist, das ist vom Übel.« Wie viele Worte und Übertreibungen aber sind »darüber« und darum »vom Übel«.

Kinder Gottes lügen nicht. Wenn die Welt auch sagt: »Man kommt gar nicht ohne eine kleine Notlüge aus; im Geschäftsleben und aus Höflichkeit sind Lügen unvermeidlich«, dann sagt die Bibel demgegenüber ganz bestimmt und deutlich: »Du sollst kein falsches Zeugnis geben wider deinen Nächsten.«

Groß ist der Unterschied zwischen Glaubenden und Ungläubigen aber in bezug auf Tod und Grab. Während die Kinder Gottes mit Abraham auf die Stadt warten, die einen festen Grund hat, deren Baumeister und Schöpfer Gott ist, sind die Kinder der Welt trostlos und verzweifelt, wenn sie an Gräbern stehen.

Wie gut ist es, eine lebendige Hoffnung zu haben! Da weint wohl auch das Auge, da blutet wohl auch das Herz, und doch zieht auch eine tiefe Dankbarkeit durch die Seele bei dem Gedanken: Er ist daheim! Wenn der Tod in dein Leben eingreift und eins deiner Lieben dir von der Seite nimmt, dann trauere nicht wie die Welt trauert! Dann gib dich nicht deinem Schmerze so leidenschaftlich hin! Dann zeige es auch in deiner Trauer der Welt, daß Kinder Gottes eine lebendige Hoffnung haben, einen festen Halt, auf den sie sich stützen und verlassen können.

Konnte man dir das ansehen, anhören, anmerken, von dir hören? Oder bist du da der Welt, die dich umgibt, etwas schuldig geblieben? Dann lerne heute von Abraham, ein Fremdling zu sein und zu bleiben inmitten eines gottentfremdeten und heilandlosen Geschlechtes!

Selbst Sara!

Durch den Glauben empfing auch Sara Kraft, daß sie schwanger ward, und gebar über die Zeit ihres Alters; denn sie achtete ihn treu, der es verheißen hatte. **Vers 11**

»Durch den Glauben empfing auch Sara Kraft.« Was soll das heißen? Das sieht ja beinahe so aus, als ob es etwas ganz Besonderes sei, daß auch Sara einen Platz in der Ruhmeshalle von Hebräer 11 bekommen hat. Ja, das ist auch etwas Besonderes. Im Griechischen tritt es sogar noch stärker hervor als in der Übersetzung Luthers – da heißt es: »Durch den Glauben empfing selbst Sara Kraft.« Selbst Sara! Wir wollen doch einmal sehen, was das zu bedeuten hat!

Als Abraham nach Kanaan zog, war er 75 Jahre alt; Sara, sein Weib, war zehn Jahre jünger als er; sie zählte also 65 Jahre (vgl. 1Mo 17,1.17 und 1Mo 12,4). Da hatte Gott ihm verheißen: »Ich will dich zum großen Volk machen.« Aber Jahr um Jahr verging, und von der Erfüllung dieser Verheißung war nichts zu sehen.

Nach geraumer Zeit redete Gott wieder mit Abraham und hieß ihn hinausgehen aus dem Zelt. Dann sprach er: »Siehe gen Himmel und zähle die Sterne; kannst du sie zählen? Also soll dein Same werden.« Aber die Zeit verging, und von der Erfüllung der Verheißung war nichts zu sehen.

Da kam Sara auf den Gedanken: Vielleicht hat Gott gar nicht gemeint, daß ich die Mutter einer solchen Nachkommenschaft sein soll; vielleicht soll eine andere Mutter dieses großen Volkes werden. Und sie beredete ihren Mann, er solle ihre ägyptische Sklavin Hagar zum Weibe nehmen. Abraham ließ sich überreden und tat es.

Sara wollte Gott zu Hilfe kommen. Sie dachte: »Es ist ja doch unmöglich, daß ich in meinem Alter noch Mutter werde.«

Was war die Folge dieses falschen Weges? Sara hat sich selbst viel Kummer und Herzeleid zugezogen, denn bald verachtete Hagar ihre Herrin. Zank und Streit kehrten im Hause ein. Das war die eine Folge dieses ungöttlichen Planes. Und es gab noch eine andere: Dreizehn Jahre lang blieb der Himmel über Abraham verschlossen. Dreizehn Jahre lang redete Gott nicht mit Abraham. Das 16. Kapitel des ersten Buches Mose schließt mit den Worten: »Und Abram war 86 Jahre alt, da ihm Hagar den Ismael gebar.« Und das 17. Kapitel beginnt: »Als nun Abram 99 Jahre alt war.« Dazwischen liegen dreizehn verlorene Jahre!

Dann redet Gott wieder mit Abraham und erneuert die Verheißung. Jetzt sagt er ganz bestimmt und deutlich: »Ja, Sara, dein Weib, soll dir einen Sohn gebären.«

Und noch einmal wird die Verheißung wiederholt bei dem denkwürdigen Besuch, den der Herr bei Abraham im Hain Mamre machte. Da sprach er: »Ich will wieder zu dir kommen über ein Jahr; siehe, so soll Sara, dein Weib, einen Sohn haben.«

Das hörte Sara hinter der Tür der Hütte – und sie lachte, denn sie glaubte nicht. Da sprach der Herr: »Warum lacht Sara? Sollte dem Herrn etwas unmöglich sein? Um diese Zeit will ich wieder zu dir kommen über ein Jahr, so soll Sara einen Sohn haben.«

Da leugnete Sara und sprach: »Ich habe nicht gelacht.« Aber Gott erwiderte: »Es ist nicht also, du hast gelacht.«

Da haben wir ein Bild von Sara. Durch allerlei Zweifel ist sie hindurchgegangen. Anstatt ihrem Mann eine Stütze und Hilfe zu sein, hat sie ihn eher gehindert und hinabgezogen. Aber »selbst Sara« hat es gelernt, Gott zu glauben. Darum hat sogar Sara einen Platz in Hebräer 11 bekommen. Ist das nicht etwas sehr Tröstliches für uns, dieses »selbst Sara«?

Sind wir nicht auch solche Leute, die durch allerlei Zweifel hindurchgegangen sind? Haben wir nicht auch schon Gott durch Unglauben betrübt?

Wenn Sara auf sich blickte, dann war es ganz unmöglich, daß sich Gottes Verheißung noch erfüllte. Sie war nahezu 90 Jahre alt! Aber sie lernte es in der 25jährigen Geduld- und Warteschule, nicht mehr auf sich zu blicken, sondern auf Gott, nicht mehr mit sich selber zu rechnen, sondern mit Gott. Und weil sie das gelernt hat, darum steht auch ihr Name in Hebräer 11.

Du mußt den Verheißungen Gottes gegenüber nicht mehr mit dir rechnen. Sonst machst du allerlei kritische Fragezeichen hinter Gottes Worte und betrübst ihn dadurch. Wenn geschrieben steht, der Herr könne uns behüten ohne Fehl und vor das Angesicht seiner Herrlichkeit unsträflich stellen mit Freuden, dann schauen manche auf sich selber und sagen: »Das ist unmöglich! Dahin wird es bei mir nicht kommen. Ich habe einen so schwierigen Charakter! Ich habe so besondere Verhältnisse. Bei mir geht das nicht.«

Ja, so hat es Sara erst auch gemacht. Aber das hat sie verlernt. Das mußt du auch verlernen. Du mußt nicht mehr auf dich schauen.

Nein, du mußt nicht mehr mit dir selber rechnen – wenn du das dennoch tust, verrechnest du dich in jedem Fall. Du mußt auch nicht mehr mit den Verhältnissen rechnen und mit den Schwierigkeiten deiner Lage. Du mußt und du darfst mit Gott rechnen. Gottes Macht hat ebensowenig Schranken und Grenzen wie seine Liebe. Gott kann! Und Gott will! Es gibt für ihn gar keine Unmöglichkeiten. Ob Sara auch 90 Jahre alt war und Abraham gar 100, das macht dem großen Gott nichts aus. Er hat seine Verheißungen erfüllt und seine Zusagen eingelöst.

Alles kann er, nur eins kann er nicht, nämlich die enttäuschen, die auf ihn trauen. Das kann er nicht! Wie bestimmt steht es geschrieben:»Bei Gott ist kein Ding unmöglich« (Lk 1,37), und wiederum: »Alle Dinge sind möglich dem, der da glaubt« (Mk 9,23). Alle Dinge! Hörst du es? Alle Dinge!

So wage es doch, deinen Gott beim Wort zu nehmen und ihm Großes zuzutrauen! Mache es wie Sara! Lerne es, ihn treu zu achten, der es verheißen hat, und du wirst die Wunder seiner Macht und seiner Gnade erleben.

Gottes Kraft

Darum sind auch von einem, wiewohl erstorbenen Leibes, viele geboren wie die Sterne am Himmel und wie der Sand am Rande des Meeres, der unzählig ist. Vers 12

Solange Abraham lebte, war von der Erfüllung der Verheißung, die Gott ihm gegeben hatte, nicht viel zu sehen. Er erlebte nur die Geburt Isaaks und seiner beiden Enkel Jakob und Esau. Von der Nachkommenschaft, so zahlreich wie die Sterne am Himmel und wie der Sand am Meer, war nichts zu bemerken.

Aber ob auch nichts davon zu sehen war, erfüllt hat sich die Verheißung doch! Jeder Jude, der uns begegnet, ist ein Beweis dafür, daß Gott sein Wort an Abraham gehalten hat.

Wo sind die großen und mächtigen Völker des Altertums? Wo ist Babylon geblieben? Untergegangen! Und Assyrien? Untergegangen! Und Persien? Untergegangen! Wo ist das mächtige Rom von einst und das blühende Griechenland? Verschwunden! Nur geborstene Säulen und Ruinentrümmer gräbt man aus dem Schutt der Vergangenheit aus.

Aber das Volk der Juden lebt noch und breitet sich aus. Obwohl es durch die Jahrhunderte hindurch und bis in unsere Zeit hinein zertreten und verfolgt worden ist, obwohl man es in enge Ghettos und schmutzige Judenviertel sperrte, obwohl man es unter Ausnahmegesetze stellte und auf alle Weise knechtete und drückte – das Volk der Juden lebt noch. Man mischte es unter alle Völker, und doch blieb es unverkennbar ein Volk. Obwohl ohne Verfassung und König, ohne Tempel und Priester, ging es nicht unter. Vielmehr sammelt es sich wieder und wird zahlreich werden wie der Sand am Meer. Gott hat Wort gehalten. Der Segen Abrahams ist Wahrheit geworden.

Und woher sind sie alle gekommen? Diese vielen kommen von einem, und der war »erstorbenen Leibes«, wie die Schrift sagt. Da war keine natürliche Kraft, keine menschliche Möglichkeit. Da war nur Hoffnungslosigkeit und Unmöglichkeit. Aber bei Gott ist kein Ding unmöglich.

Gott wartete so lange mit der Geburt Isaaks, bis jeder Gedanke an menschliche Kraft ausgeschlossen war. Dann trat er auf den Plan und offenbarte seine Kraft. Das ist eine wichtige Lektion auch für uns. In einem Liede heißt es:

»Da, wo deine Mittel enden,
tritt er ein, verherrlicht sich,
kann dich brauchen, will dich senden,
breitet Segen aus durch dich.«

Ja, in unserer Schwachheit und Ohnmacht offenbart sich Gottes Kraft. Aber wir müssen auch wirklich erst schwach und ohnmächtig geworden sein!

Wie oft kann man beten hören: »Herr, mach mich doch recht stark!« Ich muß lächeln, wenn ich das höre. Ich denke: »Der Herr weiß schon, wie es gemeint ist. Aber eigentlich ist es doch ganz falsch, so zu beten.« Denn es kommt nicht darauf an, daß wir stark werden, sondern es kommt darauf an, daß wir schwach werden. Was uns im Wege steht, ist vielmehr unsere Kraft als unsere Schwäche. Darum sollte man lieber beten: »Herr, mach mich doch recht schwach!« Ja, noch besser wäre es zu beten: »Herr, mach mich doch ganz zunichte, damit du dich verherrlichen kannst!«

Aber natürlich hat so ein Gebet ernste Folgen. Gott nimmt den Beter beim Wort und zerbricht seine Kraft, sein Selbstbewußtsein, sein stolzes Selbstvertrauen. Willst du dir das gefallen lassen? Soll es wirklich dahin kommen in deinem Leben? Es ist so wahr, was der Dichter sagt:

»Strebst du etwas auszurichten
für sein Reich, so muß er erst
deine eigne Kraft vernichten,
weil du sonst dich selber ehrst.«

Solange du dastehst im Vertrauen auf deine eigene Kraft und Tüchtigkeit, im Vertrauen auf deine Gaben und Fähigkeiten, solange hält sich Gott zurück. Würde er dich segnen, solange du in der eigenen Kraft einhergehst, dann würdest du jeden Erfolg und jeden Sieg dir selbst zuschreiben und meinen: Das habe ich getan, das ist mein Werk. Nein, Gott will seine Ehre nicht mit uns teilen. Würde er einen Menschen segnen, der mit der eigenen Kraft arbeitet, so würde der Mensch groß und geehrt werden. Das tut Gott nicht! Er wartet, bis deine eigene Kraft verbraucht und zerbrochen ist. Dann tritt er auf den Plan.

So hat er es bei Abraham gemacht, so macht er es auch heute noch. Erst muß menschlich gesehen alles hoffnungslos und aussichtslos erscheinen wie bei Abraham, dann trat Gott hervor. Erst muß deine Kraft zerbrochen sein, dann offenbart Gott seine Kraft.

Was sehen wir daraus? Es kommt gar nicht auf unsere Kraft und unsere Leistungen an, auf unsere Kenntnisse und unsere Fähigkeiten; es kommt allein auf Gott an! Nur das eine ist unsererseits nötig, daß wir in seine Hand kommen, daß er uns gebrauchen kann als Werkzeuge in seiner Hand.

Da ist eine sehr schön geschnitzte Tür, ein wahres Meisterwerk. Wird wohl einer, der sie bewundert, sagen: »Oh, das ist kein Kunststück, so eine Tür zu machen – der Meister hat auch die allerbesten Werkzeuge gehabt«? Gewiß wird niemand so reden. Denn wenn ein anderer, der kein Meister der Schnitzerei ist, dieselben Werkzeuge in die Hand nimmt, wird er nur elende Pfuscherei liefern. Es kommt nicht auf die Werkzeuge an, sondern auf die Hand, die sie führt.

So kommt es auch nicht auf dich und deine Gaben an, sondern darauf, daß du dich dem Herrn hingibst, daß er dich in seine Hand bekommt, um dich zu gebrauchen, wo und wie und wann er will.

Gott will schon hier auf Erden seine Macht offenbaren; aber er will es durch uns tun. Er will sich unser bedienen. Willst du dich ihm nicht zum Dienst hingeben und ihm sagen:

»Dir zur Verfügung, mein Gott und mein Herr!
Dir zur Verfügung, je länger, je mehr!«

Als Paulus einst den Herrn bat, den Pfahl in seinem Fleisch wegzunehmen, antwortete der Herr: »Laß dir an meiner Gnade genügen; denn meine Kraft ist in den Schwachen mächtig.« Und wie hat Gott diesen schwachen Mann, dieses gebrechliche Werkzeug benutzt! Sind nicht Ströme des Segens von ihm ausgegangen?

Warum? Er war ein Werkzeug. Er hatte keine Kraft in sich. Darum offenbarte sich die Kraft Gottes.

Unser Gott

Diese alle sind gestorben im Glauben und haben die Verheißungen nicht empfangen, sondern sie von ferne gesehen und sich ihrer getröstet und wohl genügen lassen und bekannt, daß sie Gäste und Fremdlinge auf Erden wären. Denn die solches sagen, die geben zu verstehen, daß sie ein Vaterland suchen. Und zwar, wo sie das gemeint hätten, von welchem sie waren ausgezogen, hatten sie ja Zeit, wieder umzukehren. Nun aber begehren sie eines besseren, nämlich eines himmlischen. Darum schämt sich Gott ihrer nicht, zu heißen ihr Gott; denn er hat ihnen eine Stadt zubereitet. Vers 13–16

Gott schämt sich nicht, sich mit dem Namen von Menschen zu nennen, sich als den Gott Abrahams, Isaaks und Jakobs zu bezeichnen. In so enge Verbindung und Beziehung trat er zu ihnen, daß er sich »ihr« Gott nannte. Wie kam er dazu, das zu tun?

Eins zeichnet die Erzväter aus: sie glaubten, ohne zu sehen. Es gab wohl auch in ihrem Leben Schwankungen und Stockungen, wo die Verbindung mit Gott nicht so war, wie sie hätte sein sollen. Wir begegnen auch im Leben der Patriarchen Sünden und sündlichen Gewohnheiten und Gebundenheiten. Wir finden Abraham in Ägypten, wie er lügt und vom König deswegen zur Rede gestellt wird. Wir sehen, wie Isaak noch in seinen alten Tagen die Genüsse des Gaumens liebt, so sehr, daß er darüber in Gefahr kommt, dem Willen Gottes entgegen Esau anstatt Jakob zu segnen, nur weil Esau ihm so schmackhaftes Wildbret zu bereiten versteht. Wir finden Jakob auf dem Weg der List. Aber bei alledem hatte ihr Leben doch die Wendung zu Gott hin gemacht. Sie waren Fremdlinge, und sie wollten Fremdlinge sein. Sie schauten auf die Verheißung, die Gott ihnen gegeben hatte, und glaubten seinem Wort.

Zu sehen war nichts von der Erfüllung der Verheißung. Gott hatte zu Abraham von einem »großen Volke« geredet – aber davon war nichts zu erkennen. Gott hatte zu Abraham gesagt:

»Alles Land, das du siehst, will ich dir geben und deinem Samen ewiglich«, – aber auch davon sah man nichts. Das Land, das sie bewohnten, war nicht ihr Eigentum und wurde nicht ihr Eigentum.

Aber Gott hatte es doch gesagt! Ganz gewiß! Und daran hielten die Patriarchen fest. Aber weil die Verheißung sich hier nicht erfüllte, so schlossen sie daraus, daß die Verheißung sich nicht nur auf irdische Verhältnisse beziehe, sondern daß es auch ein himmlisches Land der Verheißung gebe, eine ewige Heimat. Und auf diese warteten sie. Und der Gedanke an diese himmlische Heimat machte es ihnen leicht, Fremdlinge und Pilger zu bleiben.

Wer sich Fremdling nennt, der gibt damit zu verstehen, daß er an seinem jetzigen Wohnort nicht zu Hause ist, daß seine Heimat an einem anderen Ort ist. So machten es die Erzväter. Sie nannten sich Fremdlinge, um damit auszudrücken, daß sie ein Vaterland suchten, und zwar keine Heimat auf Erden; denn wenn sie diese gemeint hätten, konnten sie ja wieder nach Haran oder nach Ur in Chaldäa zurückkehren. Gestützt auf das Wort der Verheißung, warteten sie auf die Heimat im Himmel.

So lebten sie im Glauben, ohne zu schauen. So hielten sie sich an das Wort der Verheißung; das war ihnen eine unerschütterliche Wirklichkeit und Gewißheit. Darum schämte sich Gott nicht, ihr Gott zu heißen.

Wann wird er auch »unser« Gott heißen? Wenn wir es ebenso machen wie die Patriarchen: wenn wir uns auf die Verheißungen Gottes stützen, wenn wir Gott beim Wort nehmen.

Wie viele Verheißungen gibt es doch in der Schrift! Jemand hat ausgerechnet und nachgezählt, es seien 36 000 Verheißungen in der Bibel. Was für eine Menge! Wie viele davon hast du schon glaubend in Besitz genommen und wie viele noch nicht?

Ich las von einem Schuhmacher, der jedesmal, wenn er eine Verheißung geprüft und erprobt hatte, ein G-E an den Seitenrand schrieb, um zu zeigen: »Diese Verheißung habe ich geprüft und erprobt.« Allmählich füllte sich seine ganze Bibel mit diesem Besitzzeichen »G-E«.

Mach es auch so! Klammere dich an das Wort der Verheißung. Und wenn du von der Erfüllung jetzt noch nichts sehen solltest, klammere dich an Gottes Wort! »Himmel und Erde werden vergehen; aber meine Worte werden nicht vergehen.« So steht es geschrieben.

Und wenn du das tust, dann erlebst du wunderbare Dinge. Denn dann schämt sich Gott nicht, dein Gott zu heißen. Dann ist er mit seiner Macht und seiner Liebe, mit seiner Gnade und seiner Treue so persönlich für dich da, als ob du allein darauf Anrecht hättest.

Wie wunderbar ist es, dieses Fürwort »mein« auf Gott anwenden zu dürfen! Der große, herrliche Gott, der Himmel und Erde gemacht hat, der ist mein Gott. Der gehört mir. Der kümmert sich um mich. Der denkt an mich. Der sorgt für mich. *Mein Gott!*

Nichts ist ihm geringfügig und unbedeutend, was seine Kinder anbetrifft. Ohne seinen Willen fällt kein Haar von unserem Haupt. Ja, er hat auch unsere Haare alle gezählt! Das heißt: so sorgt und wacht er bis ins kleinste und geringste.

Mein Gott! Was für eine Herablassung und Gnade! Der heilige und herrliche Gott nennt sich mein Gott! »Er schämt sich nicht, ihr Gott zu heißen!« Grund genug, sich unser zu schämen, hätte er wohl.

Haben wir seine Gnade nicht manchmal damit beantwortet, daß wir uns seiner geschämt haben? Daß wir ihn verleugnet haben? Daß wir nicht wagten, zu sagen: »Dieser verschmähte und verspottete Gott ist mein Gott«? Wenn du dich seiner geschämt hast, so denke daran: Er schämt sich deiner nicht! Schau diese Gnade an, die sich zu dir herabneigt, die mit dir einen Bund eingeht! Kannst du dich dann noch deines Gottes schämen?

Isaak

Durch den Glauben opferte Abraham den Isaak, da er versucht ward, und gab dahin den Eingeborenen, da er schon die Verheißungen empfangen hatte. Vers 17

Was für ein schwerer Auftrag war es, als Gott zu Abraham sprach: »Nimm Isaak, deinen einzigen Sohn, den du liebhast, und gehe hin in das Land Morija und opfere ihn daselbst zum Brandopfer auf einem Berge, den ich dir sagen werde.«

Wenn sein Sohn gestorben wäre, an einer Krankheit oder durch einen Unglücksfall, wäre das für den alten Vater schon schwer genug gewesen. Isaak war ja seines Herzens Freude und Trost! Aber nun sollte er selbst das Messer nehmen und seinen Sohn opfern! Wie namenlos schwer war das!

Abraham ist gehorsam. Als er vor die Entscheidung gestellt wird: Gott oder Isaak, entscheidet er sich für Gott. Da sagt er: Ohne Isaak könnte ich leben; ich habe ja 100 Jahre ohne Isaak leben können. Aber ohne Gott könnte ich nicht leben. Unmöglich!

»Durch den Glauben opferte Abraham den Isaak, da er versucht ward.« Nichts sollte zwischen Gott und seinem Herzen stehen. Ganz und ungeteilt sollte Gott sein Herz haben.

Soviel ist gewiß: Es gibt auch heute noch viele Kinder Gottes, die ihr Herz teilen, die ihren Gott mit einem Teil ihres Herzens abfinden. Denen ruft der Herr durch sein Wort zu: »Nimm deinen Isaak und opfere ihn!« Was ist denn damit gemeint?

Manchmal hört man es so auslegen: Isaak sei unsere Lieblingssünde, an welche das Herz am meisten gebunden sei. Aber ich glaube nicht, daß diese Auslegung richtig ist. Isaak war der von Gott gegebene Sohn; Isaak war der Erbe und Träger der Verheißung. Aber dieser gottgegebene Sohn stellte sich zwischen Abraham und Gott. Wenn es sich darum handelt, nachzusehen, ob unser Herz einen Isaak hat, der geopfert werden muß, dann müssen wir zusehen, ob gottgegebene, gottgewollte Personen oder Verhältnisse in unserem Herzen einen Platz eingenommen haben oder einnehmen wollen, der ihnen nicht zukommt.

Gewiß soll ein Mann sein Weib und eine Frau ihren Mann lieben. Das ist göttliches Gebot. Aber diese Liebe kann sehr leicht dahin führen, daß Gott zu kurz kommt. Wie oft ist das der Fall!

Ich weiß von einem Mann – er ist nun schon in der Ewigkeit –, dessen Frau wurde schwer krank. Da warf er sich an dem Bett auf die Knie und rief: »Herr, du mußt mir meine Frau lassen!« Aber Gott nahm ihm seine Frau. Da warf er seinen ganzen Glauben über Bord. Er hatte in jüngeren Jahren vorgehabt, in die Mission zu gehen. So nah hatte er zu Gott gestanden. So lieb hatte er ihn gehabt. Und nun wurde er ein Ungläubiger, der mit seinem Gott haderte. Seine Frau war sein Isaak, den er liebhatte.

Da machte es eine junge Dame anders, die mich einmal besuchte. Ich fragte sie nach ihrem Namen und woher sie komme. Aber sie antwortete, das tue nichts zur Sache. Sie sei nur gekommen, um mich um einen Rat zu fragen. Dann erzählte sie mir, sie sei Lehrerin. Schon seit Jahren sei sie bekehrt. Nun habe ihr vor kurzem ein Herr einen Heiratsantrag gemacht, ein Arzt. Sie rühmte ihn als einen sehr tüchtigen Arzt, der sehr geachtet und in der ganzen Stadt beliebt sei. Sie würde an der Seite eines solchen Mannes eine angenehme und angesehene Stellung einnehmen. Sie schätze ihn sehr, sie achte ihn hoch.

»Das alles klingt so«, sagte ich, als sie schwieg, »als ob noch etwas nachkäme!« »Ja«, sagte sie. »Es kommt noch etwas. Er ist kein Christ. Er glaubt wohl an Gott. Aber von dem Opfer Jesu Christi hat er keinen Begriff. Das glaubt er nicht nötig zu haben.« »Dann werden Sie wohl wählen müssen«, sagte ich, »ob Sie diesem Herrn ihr Herz schenken wollen oder ob Jesus ihr Herz besitzen soll. Beides miteinander verträgt sich nicht. Die Schrift warnt Kinder Gottes so klar und so bestimmt: ›Ziehet nicht am fremden Joch mit den Ungläubigen‹, daß man sich nicht ungestraft darüber hinwegsetzen kann. Sie haben zu wählen: Jesus oder dieser Arzt!«

»Wenn die Sache so steht«, sagte sie darauf, »dann ist meine Wahl getroffen!« »Darf ich fragen, wie Sie gewählt haben?« fragte ich, als sie schwieg. »Von meinem Heiland kann ich nimmermehr lassen!« »Gott segne Sie!« sagte ich. »Gott segnet den Gehorsam. Er wird Sie segnen, wenn Sie aus Gehorsam gegenüber seinem Wort und seinem Willen diese Werbung ausschlagen!«

Und gewiß hat er es getan! Hier war ein Mensch, der keinen Isaak zwischen sich und dem Herrn dulden wollte. Die Prüfung war bestanden. Aber wie viele bestehen sie nicht! Ich bin fest überzeugt, daß manche Eltern am Tode ihrer geliebten Kinder schuld sind. Das klingt hart. Aber es ist gewiß die Wahrheit. Wie oft kann man Eltern, namentlich Mütter, über ihre Kinder sagen hören: »Mein Abgott!« Ich habe es oft gehört und bin jedesmal im innersten Herzen erschrocken gewesen. Und wenn die Eltern auch solch ein Wort vielleicht nicht sagen, so denken sie doch so und machen ihr Kind zu einem Abgott. Ist es dann ein Wunder, wenn Gott den Eltern das abgöttisch geliebte Kind nimmt, um sie zum Bewußtsein ihrer Sünde zu bringen? Unser Gott ist ein eifersüchtiger Gott! Er will unser Herz nicht mit einem »Abgott« teilen. Da nimmt er lieber den Isaak weg, damit wieder Platz wird für Gott.

Lieber Vater, und du liebe Mutter, überlege dir einmal, ob dein Kind nicht am Ende dein Isaak ist! Ob du nicht schließlich durch deine übertriebene Liebe Gott zwingst, dein Kind zu nehmen!

Was mag sonst alles die Rolle eines Isaak spielen? Da hat einer eine gute Begabung. Auf irgendeinem Gebiet ist er besonders veranlagt. Aber anstatt daß dieses Talent, diese künstlerische Begabung ihn in herzlicher Dankbarkeit näher zu Gott führte, der es ihm gegeben hat, verliebt er sich in seine Gabe, überhebt er sich damit – und Gott kommt zu kurz.

Wenn Gott dir eine Gabe gegeben hat, so lege sie dem Herrn auf den Altar, daß er sie heilige und weihe und in seinen Dienst nehme. Dann wird deine gottgegebene Gabe Segen bringen, ansonsten wird sie dir nur zum Schaden gereichen.

Manche tun sich etwas auf ihre Schriftkenntnisse zugute, die sie besitzen, auf das Licht, das Gott ihnen über dunkle Stellen der Schrift gegeben hat. Und darum blicken sie auf andere herab, kritisieren sie, verachten sie und mißbrauchen so in grober Weise, was Gott ihnen geschenkt hat. Ja, wie viele fromme Christen gibt es, bei denen die Arbeit für den Herrn an die Stelle tritt, die der Herr selbst haben will!

Man arbeitet für Jesus und hat keine Zeit für ihn selber. Man liest die Bibel, um Texte für die Bibelstunde oder den Hausbibelkreis daraus zu nehmen, aber für das Bibellesen für die eigene Seele bleibt keine Zeit. Man betet in der Versammlung und in der

Gebetsstunde, aber in der Stille zu Hause nimmt man sich nicht die Zeit dazu. So kommt Gott zu kurz! So verliebt man sich in den Isaak der Reichgottesarbeit.

Abraham hat gehorcht. Er hat das Messer genommen. Wenn ihm auch die Ausführung der Tat selbst erlassen wurde; in seinem Herzen hat er das Opfer gebracht. Er hat Gott seinen geliebten Sohn geopfert. Und welch ein Strom von Frieden und Freude ist darauf in sein Herz gekommen! Wie lohnt Gott jedes Opfer, das wir ihm im Gehorsam bringen! Wie antwortet er mit Segnungen auf den Glauben und den Gehorsam seiner Kinder!

Als Abraham das Opfer in seinem Herzen gebracht hatte, bekam er seinen Sohn wieder, gewissermaßen aus dem Tode heraus. Und so gibt Gott dir auch wieder, was du geopfert hast. Denn dann wirst du es erst recht gebrauchen und zu seiner Ehre verwenden.

Darum, was dein Isaak auch sein mag, »den du liebhast«, woran dein Herz hängen mag – »nimm Isaak, deinen einzigen Sohn, den du liebhast, und gehe hin in das Land Morija und opfere ihn daselbst zum Brandopfer auf einem Berg, den ich dir sagen werde.«

Weißt du, wie der Berg heißt, auf dem dies Opfer geschehen soll? Golgatha ist ein Teil des Morija.

Gott kann

Durch den Glauben opferte Abraham den Isaak, da er versucht ward, und gab dahin den Eingeborenen, da er schon die Verheißung empfangen hatte, von welchem gesagt war: »In Isaak wird dir dein Same genannt werden«; und dachte, Gott kann auch wohl von den Toten erwecken; daher er auch ihn zum Vorbilde wiederbekam.   *Vers 17–19*

Was war das für ein Opfer, das Gott von Abraham verlangte! Er sollte seinen Sohn opfern, der seines Alters Freude und seiner Zukunft Hoffnung war! Wenn er das tat, dann war sein Leben ohne Freude und ohne Hoffnung, dann war es dunkel, ganz dunkel um ihn her. Wie lange hatte er auf dieses Kind der Verheißung gehofft! Wie lange hatte er sich nach dem Tage gesehnt, an dem einen Sohn sein eigen nennen könnte. Und nun soll er diesen Sohn nehmen und opfern?

Aber es war Gott, der dieses Opfer verlangte. Und darum ist Abraham bereit, sofort bereit, Gott zu gehorchen. »Durch den Glauben opferte Abraham den Isaak, als er versucht wurde.« Was für ein Weg, die drei Tagereisen lang! So schweigsam ist Abraham nie mit seinem Sohn gegangen. Was für Gedanken gingen durch des Vaters Sinn! Isaak opfern? Aber was wurde dann aus den Verheißungen? Hatte nicht Gott klar und bestimmt zu ihm gesagt: »In Isaak soll dir der Same genannt werden?« (1Mo 21,12). Und nun soll der Träger der Verheißung sterben? Dann fallen ja Gottes Verheißungen dahin!

»Das ist unmöglich!« dachte Abraham weiter. »Gottes Verheißungen können nicht vergehen. Wenn die hinfielen, was sollte dann noch Gültigkeit und Wert in der Welt haben? Wenn man sich auf das Wort Gottes nicht mehr verlassen kann, dann – ist alles aus. Nein, Gottes Wort kann nicht hinfallen! Sein Wort muß Gott halten! Unbedingt! Gott kann nicht lügen, das ist ausgeschlossen!

Aber er hat doch gesagt, ich solle Isaak opfern! Dann wird doch der Träger der Verheißung geopfert! Ich soll doch durch Isaak eine große Nachkommenschaft bekommen! Was soll denn nun werden? Wie soll nun Gott seine Zusage einlösen? Es gibt nur eine Möglichkeit: Wenn ich Isaak opfere, den Träger der Verheißung, dann bleibt gar nichts anderes übrig, dann muß Gott ihn von den Toten wieder auferwecken!

Zwar – erlebt habe ich so etwas noch nicht. Gehört habe ich so etwas auch noch nicht! Aber es bleibt doch gar nichts anderes übrig. Gott muß Isaak wieder auferwecken. Sonst würde ja sein Wort ungültig! Und das kann nicht sein.

Und schließlich – ist der Unterschied so groß, ob Gott ihn von den Toten auferweckt oder ob er ihn mir im Alter schenkt? Ist Isaak nicht eigentlich schon bei seiner Geburt aus dem Tode ins Leben gekommen? Wenn Gott ihn uns schenken konnte, da unsere Kraft längst erstorben war, dann kann ihn Gott auch von den Toten auferwecken. *Gott kann!*«

Welch eine Höhe des Glaubens, zu der Abraham in diesen Tagen des Kummers emporgestiegen ist! Gesegnete Trübsal, die den Glauben auf solche Höhen bringt, daß er auch im Blick auf scheinbare Unmöglichkeiten sagen kann: Gott kann!

Wie oft liegt der Glaube der Kinder Gottes am Boden mit zerbrochenen Schwingen! Wie oft seufzen und klagen sie über Schwierigkeiten und Nöte, aus denen sie keinen Ausweg sehen! Wenn es dir auch so geht, laß mich dir heute diese beiden Worte ins Gedächtnis schreiben: Gott kann!

Wenn du diese beiden Worte gelernt hast, dann hast du viel gelernt. Denn es gibt gar keine Schwierigkeit, in der diese Worte nicht wahr wären: Gott kann! Gottes Macht hat keine Schranken und keine Grenzen. Er ist ein allmächtiger Gott. Hat er das nicht bewiesen, als er diese Welt aus dem Nichts hervorgehen ließ? Nicht wahr, ein Blick in das Buch der Schöpfung sagt uns: Gott kann!

Und diesem großen, mächtigen Gott dürfen wir vertrauen; in jeder Lage und in jeder Frage. Es gibt allerlei Erklärungen von dem, was Glauben ist. Ich liebe besonders jene einfache, praktische Erklärung: »*Glauben heißt: mit Gott rechnen.*«

Das müssen wir lernen, wenn sich Schwierigkeiten um uns erheben wie Berge: mit Gott rechnen! Wenn man auf die Berge von Schwierigkeiten blickt, dann kann es ja gar nicht anders sein, man muß ja den Mut verlieren und verzagt werden. Aber wir brauchen ja gar nicht auf die Berge von Schwierigkeiten zu blicken, wir dürfen ja höher hinaufschauen zu jenen Bergen, von denen uns Hilfe kommt! Hat denn nicht der Herr Jesus gesagt, wenn wir Glauben hätten wie ein Senfkorn, dann würden wir zu dem Berge sprechen: »Hebe dich auf und wirf dich ins Meer!« – und er werde uns gehorsam sein?

Wir wollen nicht auf die Berge blicken, die uns einengen und einzwängen; wir wollen auf Gott schauen und mit ihm rechnen! Gott kann!

Darf ich dich an Geschichten erinnern, die uns das Wort Gottes aufbewahrt hat? Soll ich dir erzählen, wie Elia durch Raben versorgt wurde, wie Elisa den Sohn der Sunamitin ins Leben rief? Soll ich dich erinnern, wie Naeman in Syrien von seinem Aussatz geheilt wurde? Ja, wie sogar sein Fleisch erstattet wurde, wie die Gliedmaßen, die schon abgefault und abgefallen waren, wieder erstattet wurden bei dieser wunderbaren Heilung?

Soll ich sprechen von dem Töchterlein des Jairus oder von dem Jüngling von Nain oder von Lazarus, der schon tagelang im Grabe geruht hatte? Als Jesus an sein Grab trat und gebot, den Stein von der Gruft zu wälzen, da trat Martha dazwischen und sprach: »Herr, er stinkt schon!« Sie rechnete mit der Macht des Todes. Aber Jesus rechnete mit der Macht Gottes und rief: »Lazarus, komm heraus!« Und das Grab gab seine Beute heraus. Gott kann!

Soll ich dich erinnern an die Blinden, die Jesus sehend machte, an die Lahmen, die er heilte, an die Aussätzigen, die er errettete? Oder an die wunderbaren Heilungen der Seelen, die er bewirkte? Denke einmal an das samaritische Weib von Sichar oder den Zöllner Zachäus – was predigen dir alle diese Geschichten? Gott kann! Das verkündet uns die ganze Bibel. Und beweist das nicht auch die ganze Geschichte der Kirche durch all die Jahrhunderte hindurch?

Ja, Gott kann! Wenn du in deiner Umgebung Menschen siehst, von denen du geneigt bist zu denken, an ihnen sei Hopfen und Malz verloren –: Gib die Hoffnung nicht auf: Gott kann! Der aus einem Saulus einen Paulus machen konnte, der ist heute noch derselbe!

Daß wir es doch lernen möchten, unseren Blick von den Schwierigkeiten und Unmöglichkeiten abzuwenden und ihn vertrauend auf Gott zu richten! Wenn Menschen auch keinen Ausweg mehr sehen und keinen Durchblick mehr haben, so fehlt es doch Gott nicht an Mitteln.

Gott kann! Wo alle Menschenkunst und -weisheit versagt, da kann Gott noch!

Er kann alles! Nur eines kann er nicht: Er kann die nicht enttäuschen, die auf ihn vertrauen!

»Keiner wird zuschanden,
welcher Gottes harrt;
sollt' ich sein der erste,
der zuschanden ward?
Nein, das ist unmöglich,
du getreuer Hort!
Eher fällt der Himmel,
eh mich täuscht dein Wort!«

Könnte ich es doch jedem, der das liest, ins Gedächtnis hineinschreiben, daß er es nie wieder vergäße, daß er sich daran erinnern müßte in den Schwierigkeiten des Lebens und in den Trübsalen und Leiden der Zeit: Gott kann!

»Mein Gott, ich bitte dich, lehre es mich und alle, die dieses lesen, dich durch Glauben zu ehren, in den Schwierigkeiten nicht zu verzagen und mutlos zu werden, sondern vielmehr auf die Höhe zu steigen und zu sprechen: Gott kann!«

An der Pforte der Ewigkeit

Durch den Glauben segnete Isaak von den zukünftigen Dingen den Jakob und Esau.
Durch den Glauben segnete Jakob, da er starb, beide Söhne Josephs und neigte sich gegen seines Stabes Spitze.
Durch den Glauben redete Joseph vom Auszug der Kinder Israel, da er starb, und tat Befehl von seinen Gebeinen.
Vers 20–22

Ob der Glaube echt und recht ist, das wird am besten an der Pforte der Ewigkeit offenbar. In guten Tagen, in Zeiten des Glückes und der Gesundheit, da kann man allenfalls von Ewigkeitsdingen reden, ohne daß man wirklich die Kräfte der oberen Welt erfahren hat. Aber im Angesicht des Todes hören alle Redensarten auf, da wird es ernst. Und da bewährt der Glaube gerade ganz besonders seine Kraft. Da gibt er vollkommene Ruhe und tiefen Frieden. Wenn das Land des Diesseits unter den Füßen versinkt, dann schaut der Glaube hinüber in die Herrlichkeit, wo unsere ewige Heimat ist.

Diesen Glauben an der Pforte der Ewigkeit bewiesen auch Isaak, Jakob und Joseph, wie der Apostel sagt. Wir wollen sehen, was wir davon lernen können. Zunächst schauen wir das Bild des alternden Isaak an.

»*Durch den Glauben segnete Isaak von den zukünftigen Dingen den Jakob und Esau.*«

Nicht immer hatte sich Isaak mit zukünftigen Dingen befaßt. Die Dinge der Zeit waren ihm lange von großer Wichtigkeit gewesen. Der unbestechliche Griffel des heiligen Geschichtsschreibers hat es uns aufbewahrt: »Und Isaak hatte Esau lieb und aß gern von seinem Weidwerk.«

Es berührt uns schmerzlich, von dem Sohn Abrahams zu lesen, daß das Essen eine solche Rolle bei ihm spielte. Weil er Esaus Wildbret gern aß, darum hatte er eine besondere Vorliebe für Esau. Wieviel Herzeleid kam dadurch in Isaaks Haus, daß der Vater den einen und die Mutter den anderen Sohn bevorzugte! Ja, diese Vorliebe für Esau ging so weit, daß er vorhatte, ihn – dem Willen Gottes zuwider – zum Träger der Verheißung zu machen.

Aber Gott gab darum seinen Isaak nicht auf; in großer Geduld und Treue hat er sich um seine Erziehung bemüht. Und er ist auch mit Isaak zum Ziel gekommen.

So hat auch der Blick auf Isaak und seine Gebundenheit für uns etwas Tröstliches, weil wir Gelegenheit haben, hier die Treue und Langmut Gottes zu bewundern und anzubeten, mit der er sich unermüdlich auch seiner schwachen Kinder annimmt, um sie endlich von allem Eigenen zu lösen und zu befreien.

»Von zukünftigen Dingen segnete Isaak den Jakob und Esau.« Große Dinge versprach er Jakob: »Völker müssen dir dienen und Leute dir zu Füßen fallen. Sei ein Herr über deine Brüder, und deiner Mutter Kinder müssen dir zu Füßen fallen.« Das waren kühne Worte, das waren gewaltige Versprechungen. Isaak war, wie sein Vater Abraham, ein rechtloser Fremdling in Kanaan. Er besaß gar kein Eigentumsrecht im Lande. Und doch redet er zu seinem Sohn nicht nur vom Besitz des Landes, sondern sogar von der Herrschaft über dasselbe.

Wie kam er dazu, so zu sprechen? Zu sehen war von alledem, was er seinem Sohn versprach, gar nichts. Aber er wußte, was Gott seinem Vater Abraham verheißen hatte. Er wußte: Was Gott zusagt, das hält er gewiß. Er blickte über das Diesseits hinüber in die Zukunft hinein. Er segnete Jakob »von den zukünftigen Dingen«. Sie waren ihm so gewiß und so sicher, als ob sie schon gegenwärtig gewesen wären.

Zukünftige Segnungen waren es, die er seinem Sohn hinterließ. Denkst du auch daran, was du einmal deinen Kindern hinterlassen wirst? Es gibt Eltern, die segnen ihre Kinder nicht einmal mit zeitlichen Dingen! Wo etwa der Alkohol die Herrschaft führt in einem Haus, da haben Weib und Kind noch nicht einmal das tägliche Brot. Aber dann gibt es auch solche Eltern, die segnen ihre Kinder wohl mit zeitlichen Gütern, aber an zukünftige denken sie nicht. Sie sorgen und sparen, um den Kindern einmal eine Erbschaft an Geld und Gut hinterlassen zu können. Aber von zukünftigen Dingen ist keine Rede. Ach, das sind arme Kinder, die nur eine Ausbildung und Ausrüstung für das Diesseits empfangen haben, die aber nicht gelernt haben, daß ein Reichsein in Gott der beste Reichtum ist, der allein bleibenden Wert hat.

Wie unwichtig, wie nebensächlich sind doch der Ewigkeitsfrage gegenüber alle anderen Fragen! Laßt uns ihnen nicht mehr Wert beilegen, als sie wirklich haben! Laßt uns unsere Kinder im Glauben im Blick auf die zukünftigen, ewigen Dinge segnen.

»Durch den Glauben segnete Jakob, da er starb, beide Söhne Josephs und neigte sich gegen seines Stabes Spitze.«

Warum hat der Apostel gerade diesen Segen erwähnt, mit dem der sterbende Jakob seine beiden Enkel segnete? Er hat doch all seine Söhne gesegnet, jeden besonders! War es denn etwas Besonderes mit diesem Segen, den Manasse und Ephraim, die Söhne Josephs, bekamen?

Ja, es war etwas Besonderes. Jakob gab in prophetischem Geist all seinen Söhnen Anteil an dem verheißenen Land. Nur Levi bekam zur Strafe für früher begangene Sünde keinen Anteil am Lande. Erst viel, viel später, als Levi so mannhaft auf Gottes Seite trat, als das Volk um das goldene Kalb tanzte, da wurde der Fluch aufgehoben und in Segen verwandelt. Zwar bekam der Stamm Levi auch da keinen Anteil am Lande Kanaan; aber er bekam etwas anderes und Besseres: Der Stamm Levi gab dem Volk die Priester und Diener Jahwes.

Aber als Jakob starb, sah er diese Wendung noch nicht, darum wurde Levi ausgeschlossen von dem Erbe des Landes. So entstand eine Lücke in der Reihe der zwölf Stämme. Wer sollte sie ausfüllen? Einer von Jakobs Söhnen mußte ein doppeltes Erbe bekommen. Wer sollte das sein? Gott zeigte dem alten Vater Jakob, daß Joseph ein doppeltes Erbe bekommen sollte. An Josephs Stelle sollten seine beiden Söhne Manasse und Ephraim treten.

Wie wunderbar! Der Sohn, der die tiefsten Wege gegangen ist, wird am höchsten erhoben. Der Sohn, der als ein armer, rechtloser Sklave in die Knechtschaft verkauft und ins Gefängnis geworfen wurde, der bekam die höchste Stellung auf Erden und das größte Erbe für die Zukunft.

Wie sind doch Christen oft so traurig und niedergeschlagen, wenn sie durch Tiefen und Dunkelheiten gehen müssen! Wie schwer wird es ihnen oft, mit dem Willen Gottes einverstanden zu sein und sich von Menschen etwas gefallen zu lassen! Denke an

Joseph, wenn du verachtet und verfolgt, mißverstanden und zurückgesetzt wirst. Denk an Joseph und sein doppeltes Erbe. Geh den Weg Gottes getrost und still, laß dir Schmach und Schande ruhig gefallen: es wird dir alles wohl belohnt werden! Das kannst du an Joseph sehen.

Und du kannst noch etwas von dieser Geschichte lernen. Als Joseph hörte, daß sein Vater Jakob krank sei, machte er sich auf, ihn zu besuchen. Seine beiden Söhne Manasse und Ephraim nahm er mit zu dem sterbenden Großvater. Da erklärte der Alte, daß er die beiden Enkel geradeso segnen und ansehen wolle wie seine Söhne. Darauf brachte Joseph sie herzu, daß Jakob sie segne. Manasse, den Erstgeborenen, stellte er an Jakobs rechte Hand, Ephraim, den Jüngeren, an Jakobs linke Seite. Aber als nun Jakob seine Hände zum Segen erhob, legte er die Rechte auf Ephraims Haupt und die Linke über Kreuz auf Manasse. Da faßte Joseph seine Hände, um sie richtig zu legen, und sprach: »Nicht so, mein Vater; dieser ist der Erstgeborene; lege deine rechte Hand auf sein Haupt.«

Aber sein Vater weigerte sich und sprach: »Ich weiß wohl, mein Sohn, ich weiß wohl. Dieser soll auch ein Volk werden und wird groß sein; aber sein jüngerer Bruder wird größer denn er werden, und sein Same wird ein großes Volk werden.«

Jakob wußte: So ist es der Wille Gottes, Ephraim vor Manasse zu segnen. Da ließ er sich nicht beirren. Wenn auch sein geliebter Sohn Joseph seine Hände ändern wollte, er hielt daran fest: so will es Gott. Genauso müssen auch wir lernen, den Willen Gottes klar zu erkennen und mit ruhiger Festigkeit zu tun, auch wenn liebe Menschen vielleicht dazwischentreten.

Und da ist noch eine dritte Lektion in unserer Geschichte, die wir lernen wollen. Es heißt von Jakob: »Er neigte sich gegen seines Stabes Spitze«, oder anders übersetzt: »Er betete an, auf seinen Stab gestützt.«

Er betete an. Verstehen konnte er den Willen Gottes auch nicht. Warum er den Jüngeren dem Älteren vorziehen sollte, das wußte er auch nicht. Aber er betete an. Er kritisierte Gott nicht. Er fragte nicht: Warum? und weshalb? Er war mit seinem Gott einverstanden, er betete an.

Wir kommen alle in die Verhältnisse und Lagen hinein, wo wir unseren Gott nicht verstehen können, wo uns das Warum so nahe liegt. Wir wollen Gott nicht länger nach dem »Warum?« fragen. Wir wollen anbeten wie Jakob. Ob wir die Wege Gottes verstehen oder nicht – Gott macht keine Fehler. Da wollen wir die Hand auf den Mund legen und schweigen.

»Durch den Glauben redete Jakob vom Auszug der Kinder Israel, da er starb, und tat Befehl von seinen Gebeinen.«

Wie siegesgewiß war auch der Glaube Josephs an der Pforte der Ewigkeit! Als er sein Ende herannahen fühlte, ließ er seine Brüder kommen. Dann sagte er ihnen: »Ich sterbe, und Gott wird euch heimsuchen und aus diesem Lande führen in das Land, das er Abraham, Isaak und Jakob geschworen hat.« Und er nahm einen Eid von ihnen und sprach: »Wenn euch Gott heimsuchen wird, so führet meine Gebeine von dannen.«

Vom Auszug der Kinder Israel redete Joseph. Menschlich gesehen war es sehr wenig wahrscheinlich, daß das Volk Israel aus Ägypten ausziehen würde. Warum sollte es auch ausziehen? Gosen war der beste Teil des reichen, fruchtbaren Ägyptenlandes. Da hatten sie es doch wahrlich gut. In Gosen konnten sie im Frieden leben. Kanaan aber mußten sie erst mit Waffengewalt den eingeborenen Völkern wegnehmen. In Ägypten erfreute man sich einer hochentwickelten Kultur; in Kanaan war man dagegen noch weit zurück. Es sah sehr wenig danach aus, daß das Volk Israel Ägypten verlassen würde. Wie kam Joseph denn dazu, vom Auszug zu reden? Weil Gott Abraham, Isaak und Jakob das Land Kanaan zugesagt und geschworen hatte. Einen anderen Grund hatte Joseph nicht als das Wort Gottes. Aber das Wort Gottes war ihm Grund genug. Er stützte sich einfach darauf: Gott hat es gesagt!

Und Gott wußte die Kinder Israel dahin zu bringen, daß sie sich sehr nach dem Auszug aus Ägypten sehnten. Als eine Dynastie aufgekommen war, die nichts von Joseph und seinen Verdiensten wußte, fing für die Kinder Israel eine traurige Zeit der Bedrückung an. Da wurde die Lage so drückend und so schwierig, daß das Volk anfing nach Befreiung aus der Knechtschaft Pharaos zu sehnen.

Aber nun schien es wieder, als ob es nicht zum Auszug kommen würde, denn Pharao wollte das Volk nicht ziehen lassen. Er hatte eingesehen, daß die Israeliten sehr brauchbare und nützliche

Leute seien. Nun widersetzte er sich ihrem Wunsch, das Land zu verlassen, auf das entschiedenste.

Aber: »Was Gott sich vorgenommen, und was er haben will, das muß doch endlich kommen zu seinem Zweck und Ziel.« Ob Israel ausziehen wollte oder nicht, ob Pharao das Volk hinderte oder nicht - Gott hatte dem Volk Israel das Land Kanaan verheißen, und er setzte seinen göttlichen Willen durch. Ob es so unwahrscheinlich war wie nur möglich, daß Israel Ägypten verlassen würde, unwahrscheinlich sowohl in den Tagen Josephs wie in den Tagen Moses – Gott hatte es gesagt, und das war für Joseph genug.

Joseph rechnete nicht mit Wahrscheinlichkeiten oder Unwahrscheinlichkeiten; Joseph stützte sich einfach auf das Wort Gottes. Gott hat es gesagt. Das war ihm genug.

Ach, wieviel Bibelkritik gibt es heutzutage auch bei den Christen! Man macht so leicht Fragezeichen hinter die Verheißungen und Zusagen Gottes. Man sieht die Verhältnisse an, man blickt auf die Schwierigkeiten, und man urteilt: »Es ist nicht wahrscheinlich, daß sich diese Verheißung erfüllen wird.«

Gott hat durch den Propheten Hesekiel gesagt, er wolle solche Leute aus uns machen, die in seinen Geboten wandeln und seine Rechte halten und danach tun. Das liest man – und dann blickt man auf sich selber, auf die eigenen Mängel und Fehler und sagt: »Es ist nicht wahrscheinlich, daß ich so ein Mensch werde.« Man macht ein Fragezeichen hinter diese Verheißung. Und man meint obendrein, das wäre Demut, was doch, bei Lichte besehen, nichts anderes als ganz gewöhnlicher Unglaube ist!

Da schreibt der Apostel, der Herr könne uns behüten ohne Fehl und uns unsträflich vor das Angesicht seiner Herrlichkeit stellen mit Freuden - und gleich ist wieder das kritische, ungläubige Kopfschütteln da: Mich nicht! Mich kann er nicht behüten ohne Fehl! So treiben Christen Bibelkritik. Da wollen wir heute von Joseph lernen, keinem Zweifel am Wort Gottes Raum zu geben. Wir wollen nicht auf die Wahrscheinlichkeiten oder Unwahrscheinlichkeiten blicken, sondern mit Joseph sprechen: Gott hat es gesagt!

So bestimmt rechnete Joseph damit, daß sein Volk ausziehen würde, daß er den Befehl gab, man solle seine Gebeine mitnehmen in das verheißene Land. Als Jakob zum Sterben kam, hatte er auch den Wunsch ausgesprochen, im Boden Kanaans begraben zu werden. Darum hatte man alsbald nach seinem Tod seinen Leichnam nach Kanaan gebracht. Joseph rechnete nicht mit einem langen Aufenthalt in Ägypten, er rechnete mit dem Auszug. So fest war ihm das Wort Gottes. Darum gebot er nicht, daß sie seine Gebeine jetzt gleich nach Kanaan bringen sollten, sondern er gebot, sie sollten sie mitnehmen, wenn sie auszögen.

Wir wollen noch etwas von dem sterbenden Joseph und seinem Glauben lernen! Wir wollen doch die stumme Predigt zu Herzen nehmen, die sein Leichnam noch gehalten hat, der immer wieder darauf hingewiesen hat: Gott hat es gesagt.

Mach keine Fragezeichen des Unglaubens mehr hinter irgendein Wort Gottes, sondern glaube, was geschrieben steht, glaube es felsenfest, und das wird ein seliges Leben sein und ein fröhliches Sterben, gestützt auf Gottes Wort!

Keiner wird zuschanden, welcher Gottes harrt!

Durch den Glauben ward Mose, da er geboren war, drei Monate verborgen von seinen Eltern, darum daß sie sahen, wie er ein schönes Kind war, und fürchteten sich nicht vor des Königs Gebot.   Vers 23

Wenn in einem Hause ein Junge geboren wird, dann herrscht für gewöhnlich große Freude. Manche Eltern freuen sich ja über die Geburt eines Jungen noch mehr, als über die eines Mädchens.

Aber als der kleine Mose geboren wurde, da war gemischte Freude bei Vater und Mutter. Denn es war eine böse und schwere Zeit für Israel im Lande Ägypten. Der König hatte, um dem Wachstum des Volkes Einhalt zu gebieten, den hebräischen Hebammen befohlen, alle neugeborenen Knäblein sofort zu töten. Sie konnten es aber nicht übers Herz bringen, diesen grausamen Befehl auszuführen. Da gebot es der König »seinem ganzen Volk«, die kleinen Knäblein ins Wasser zu werfen und nur die Mädchen am Leben zu lassen. Wir können uns denken, wie gerne der Pöbel dieses Gebot ausführte! Welch schreckliche Szenen mag es gegeben haben, wenn den Müttern, die sich mit dem Mut der Verzweiflung wehrten, ihre kleinen Lieblinge entrissen wurden! Szenen, wie sie sich später in Bethlehem wiederholten, als der König Herodes seine Soldaten sandte und das große Morden unter den kleinen Kindern begann.

Was sollten Amram und Jochebed, Moses Eltern, nun machen? Sollten sie dem Gebot des Königs gehorchen und ihr Knäblein ausliefern? Nein, sagten sie sich, man muß Gott mehr gehorchen als den Menschen. »Durch den Glauben ward Mose, da er geboren war, drei Monate verborgen von seinen Eltern.«

Ja, das war eine Glaubensschule und Glaubensprobe, Tag um Tag! Überall lauerten die ägyptischen Spione, um versteckte Kinder ausfindig zu machen! Ein Schreien zur unrechten Stunde mußte den Spähern sagen, daß ein Kind im Hause war.

Was mag es da für Glaubensproben gegeben haben! Oft war die Gefahr der Entdeckung so groß! Aber – keiner wird zuschanden, welcher Gottes harrt! Das erfuhren Amram und Jochebed. Jeder Tag, jede Stunde war ihnen ein Geschenk der Gnade Gottes. So groß auch oft die Gefahr war – der Herr hörte ihr Flehen und hielt seine Hand über dem Knaben.

Doch als der kleine Mose drei Monate alt war, da merkten die Eltern: Jetzt können wir das Kind nicht mehr länger im Hause behalten. Da haben Amram und Jochebed Gott ihre Not geklagt und haben ihr Kind ihm anbefohlen. Und Gott hörte und erhörte sie und zeigte ihnen einen Ausweg.

Die Geschichte erzählt uns: »Da sie ihn nicht länger verbergen konnte, machte sie ein Kästlein von Rohr und verklebte es mit Erdharz und Pech und legte das Kind drein und legte ihn in das Schilf am Ufer des Wassers. Aber seine Schwester stand von ferne, daß sie erfahren wollte, wie es ihm gehen würde.« Das ist mir so ein besonders schöner Zug in der Geschichte, daß sich die Schwester des Jungen im Auftrag der Mutter aufstellte, um zu erfahren, wie es ihm gehen würde.

Jochebed war davon überzeugt, daß Gott helfen würde. Aber *wie* er helfen würde, das wußte sie nicht. Sie wußte nur, *daß* er helfen würde. So fest war sie davon überzeugt, daß sie zu ihrer Tochter sagte: Sieh mal zu, *was* Gott tun wird!

Welche Gewißheit des Glaubens! Dieses getroste Rechnen mit Gottes Treue! Kann Gott wohl einen Menschen enttäuschen, der sich mit solcher Bestimmtheit auf ihn verläßt? Unmöglich! Ganz unmöglich!

Noch nicht lange stand das Kästchen mit dem Knaben darin im Schilf des Nils, da – kam die königliche Prinzessin Thermutis, um in der Morgenfrühe ein Bad zu nehmen. Sie sah das Kästlein im Schilf stehen. Sie schickte hin, um es zu holen. Und sie fand darin das Kind.

Wohl wußte sie, daß ihr Vater geboten hatte, alle Jungen umzubringen. Wohl wußte sie, daß es verboten war, so ein Kind zu retten. – Aber sie konnte das mütterliche Gefühl, das in ihrem Herzen aufstieg, nicht unterdrücken. Die Gebete der Mutter Jochebed wurden erhört: Gott lenkte das Herz der Prinzessin, daß sie sich entschloß, sich des Kindleins anzunehmen.

Aber wie sollte sie das anfangen? In diesem Augenblick trat die Schwester des Knaben herzu und fragte: »Soll ich hingehen und der hebräischen Weiber eine rufen, die da säuget, daß sie dir das Kindlein nährt?« Hocherfreut sprach die Königstochter: »Gehe hin!« Da ging sie hin und rief des Kindes Mutter. Pharaos Tochter sprach zu ihr: »Nimm hin das Kindlein und säuge mir's; ich will dich dafür bezahlen!«

Ist das nicht eine wunderbare Geschichte? Wie herrlich hat Gott das Vertrauen Jochebeds belohnt! Sie darf nicht nur ihr Kind behalten, sie muß es hegen und pflegen im Auftrag und gegen Bezahlung der Prinzessin, die sich immer wieder davon überzeugt, wie der Knabe gedeiht. Wenn man Jochebed am frühen Morgen dieses Tages gefragt hätte: »Wie denkst du dir denn, daß der Herr dir helfen soll?« – dann hätte sie sagen müssen: »Das weiß ich nicht.« Und so hätte jeder gesagt. Menschlich gesehen war alles hoffnungslos. Und kaum war eine Stunde oder zwei vergangen, da hielt sie ihr Kind wieder im Arm, um es im Auftrag der Königstochter zu versorgen! Ja, »Weg hat er allerwegen, an Mitteln fehlt's ihm nicht!« Gepriesen sei sein Name!

Wollen wir nichts daraus lernen? Wollen wir nicht unserem Gott vertrauen? So fest und fröhlich, daß wir mit heiliger Neugierde darauf warten, wie Gott sich offenbaren wird? Der Gott Amrams und Jochebeds ist auch unser Gott. Er ist heute derselbe wie damals.

Was die Zukunft auch bringen mag, wie schwer und dunkel auch dein Weg werden mag – vertraue dem Herrn, und dein Leben wird eine Kette herrlicher, wunderbarer Erfahrungen werden.

Nicht mehr!

Durch den Glauben wollte Mose, da er groß ward, nicht mehr ein Sohn heißen der Tochter Pharaos und erwählte viel lieber, mit dem Volk Gottes Ungemach zu leiden, denn die zeitliche Ergötzung der Sünde zu haben und achtete die Schmach Christi für größeren Reichtum denn die Schätze Ägyptens, denn er sah an die Belohnung. Vers 24–26

Durch den Glauben wollte Mose nicht mehr ein Sohn heißen der Tochter Pharaos? – Wie war er denn zum Glauben gekommen? Nun denkt mancher vielleicht, das sei doch sehr einfach. Mose hatte ja einen frommen Vater und eine gläubige Mutter! Aber nein, damit ist die Frage nicht beantwortet, wie Mose zum Glauben gekommen war. Geerbt von seinen Eltern hatte er ihn nicht. Es gibt wohl Erbsünde, aber keinen Erbglauben! Zum Glauben muß jeder persönlich für sich kommen. Wie war Mose denn zum Glauben gekommen? Das ist eine ganz wunderbare Geschichte.

Nur während der ersten Kindheitsjahre hatte Mutter Jochebed den Jungen bei sich im Hause. Dann mußte sie ihn der Königstochter übergeben, die ihn als ihren Sohn aufziehen wollte. Ich weiß nicht, wie alt der Sohn war, als die Mutter ihn abgeben mußte. Aber gewiß war er noch ziemlich klein und jung. Doch wenn es schon möglich war, mit dem Kind von göttlichen Dingen zu reden, dann hat Jochebed es gewiß getan. So gut es das Kind verstehen konnte, hat sie ihm von den großen Taten Gottes in der Vergangenheit, von Abraham, Isaak und Jakob und von all den Geschichten vergangener Tage erzählt. Sie wußte: Ich habe meinen Sohn nicht mehr lange, da muß ich die Zeit ausnutzen, um guten Samen in sein Herz zu säen.

Mutter, denkst du auch daran, daß die Stunde kommt, da du dein Kind aus der Fürsorge des Elternhauses und der Mutterliebe entlassen mußt, es zur Schule schicken mußt, in eine Umgebung hinein, wo es allerlei Schlechtes zu hören und zu sehen gibt? Denkst du daran, daß die Zeit, in der dein Kind allein dir gehört, nur kurz ist? Liebe Mutter, kaufe die Zeit aus! Die ersten Eindrücke sind die wichtigsten. Und wenn auch das Leben nachher viel Schutt über den ausgestreuten Samen häufen mag – es kommt doch einmal die Stunde, wo die Stürme des Lebens diesen Schutt wieder wegnehmen und die Seele sich besinnt auf die Eindrücke der Kindheit. Wohl ist es Saat »auf Hoffnung« – aber sollte sie darum nicht ausgestreut werden?

Aber nun war der Tag gekommen, an dem Jochebed ihren Sohn hergeben, an dem ihn der Königstochter ausliefern mußte. Und er war doch noch so jung! Wie würden die neuen Eindrücke am Königshof diejenigen des Elternhauses verwischen! Was nun? Für die Königstochter war Jochebed bloß die Amme des Kindes. Sie hatte die Erlaubnis, ihren früheren »Pflegling« zuweilen zu besuchen. Ich weiß nicht, wie oft Jochebed ins Schloß kommen durfte, um nach dem Jungen zu sehen. Aber das ist gewiß, daß Jochebed diese kurzen Besuchsstunden ausnutzte. Da wurde die Mutter zur Lehrerin, die ihrem Kind Religionsunterricht erteilte. Und Gott segnete diesen Unterricht, daß der Sohn an den Gott der Väter glauben lernte. Jochebeds Saat ging auf und trug reiche, vielfältige Frucht. Wohl waren der Versuchungen viele am Königshof; wohl umgaben Gefahren aller Art den Mose, aber Jochebed glaubte und betete – und ihre Arbeit wurde mit reichem Segen gekrönt.

Mutter, dein Sohn befindet sich auch in gefährlicher Umgebung. Die Schulkameraden, die Lehrer – da gibt es allerlei Gefahren. Aber laß dir nicht bange machen. Sieh nur zu, daß du die Vertraute deines Sohnes bleibst, daß er dir sein Herz ausschüttet. Suche deinen Sohn zu verstehen, gehe auf seine Interessen ein, daß du sein Vertrauen behältst. So kannst du den schädlichen Einflüssen seiner Umgebung entgegenarbeiten. Du kannst ihn so erziehen, daß der Gedanke an seine Mutter eine bewahrende Macht in seinem Leben wird. Darum benutze die kurze, kostbare, wichtige Jugendzeit, um mit der Stimme der Wahrheit den Sirenenstimmen der Verführung entgegenzuwirken!

Und du, Lehrer oder Lehrerin, du hast nur Stunden, in denen du die Kinder beeinflussen kannst. Jochebed hatte auch nur Stunden, gewiß weniger als du. Aber sie bereitete diese Stunden sicher mit herzlichem Gebet vor, damit das Zusammensein mit ihrem Sohn eine Ewigkeitsfrucht bringen möchte. Und es hat diese Frucht gebracht.

So kam Mose zum Glauben. Und nun lesen wir: »Durch den Glauben wollte Mose, da er groß ward, nicht mehr ein Sohn heißen der Tochter Pharaos.« Warum denn nicht? Es fehlte ihm doch an nichts! Das war es gerade! Er sah, wie sein Volk behandelt wurde, wie es zu leiden hatte unter der Peitsche der Fronvögte. Er selber lebte in Reichtum und Überfluß und wußte sich als ein Glied dieses verachteten Volkes. Er wußte, daß dieses geknechtete Volk das Volk Gottes war, daß Gott in der Zukunft große Dinge mit diesem Volk vorhatte. Dazu kamen die Versuchungen am Königshof! Diese Mächte der Verführung! Da »wählte er viel lieber, mit dem Volk Gottes Ungemach zu leiden, als die zeitliche Ergötzung der Sünde zu haben, und achtete die Schmach Christi für größeren Reichtum denn die Schätze Ägyptens, denn er sah an die Belohnung.«

»Schmach Christi?« Davon kann doch noch keine Rede sein in den Tagen Moses! Doch, es war dieselbe Schmach, welche Israel in jener Zeit trug, wie sie heute die Gemeinde trägt. Israel war das auserwählte Volk, ausgesondert aus allen Völkern, weil aus ihm der Messias kommen sollte. Israel trug Schmach um des Christus willen, der noch kommen sollte; wir tragen sie um des Christus willen, der gekommen ist. Aber es ist dieselbe Schmach um unserer Auswahl und Aussonderung willen für Gott. Und diese Schmach Christi hielt er für größeren Reichtum als die Schätze Ägyptens? War das nicht eine seltsame, eine merkwürdige Wahl, die Mose traf?

Wenn er am Hof des Königs blieb, dann lag eine glänzende Laufbahn vor ihm. Bei seiner natürlichen Veranlagung und Begabung, bei seiner hohen Bildung in aller Weisheit und Wissenschaft der Ägypter, bei seiner Gunst bei Hofe hätte er es gewiß zu hohen Ehren und Würden gebracht. Was einst Joseph gewesen war, das konnte er auch werden: »des Landes Vater«. Und auf das alles verzichtete er! Mit einem mannhaften »nicht mehr!« schnitt er die Fäden durch, die ihn mit der Königstochter und dem Königshof verbanden. Er wollte nicht mehr ein Sohn heißen der Tochter Pharaos. Lieber ein Sklave mit seinem Volk sein als ein Herr bei den Ägyptern! Lieber Ziegel streichen mit den Israeliten, als Minister sein bei den Heiden! Lieber Entbehrung und Schmach als Üppigkeit und Sünde! Welch eine Wahl!

Eine glänzende Laufbahn gab er auf, um die Unannehmlichkeiten Israels dafür einzutauschen! Aber hat er wirklich so viel darangegeben und so wenig dafür bekommen? Laßt uns einmal die beiden Wege bedenken, die vor ihm lagen! Nehmen wir an, er wäre am Hof des Königs geblieben. Mose wäre doch Minister und Kanzler von Ägyptenland geworden. Und was dann? Dann hätte er Ägypten gut und weise regiert. Er hätte für Israel gesorgt und seinem Volk ein leichteres Leben verschafft. Gut, und was dann? Endlich wäre er gestorben, beklagt und betrauert nicht nur von seinem Volk, sondern auch von den Ägyptern, denen er große Dienste geleistet hätte. Und dann? Er wäre wohl begraben worden. Schon bei seinen Lebzeiten hätte er sich eine Pyramide bauen lassen; da wäre nun seine Mumie hineingestellt worden. Und die Hieroglyphen an den Wänden der Grabkammer hätten von seinen großen Taten erzählt. Und dann? Es wären Jahrhunderte und Jahrtausende darüber hingegangen. Und dann, nach langer, langer Zeit hätten wißbegierige Männer aus England oder Deutschland die Pyramide geöffnet, die Mumie gefunden und mitgenommen und sie nach London oder Berlin ins Museum gebracht. Und da stände sie nun in einem Glaskasten als eine besonders sehenswerte Katalognummer!

Nicht wahr, das wäre Moses Weg gewesen, wenn er am Königshof geblieben wäre. Wie verlief aber sein Weg in Wirklichkeit? Er gab seine glänzende Laufbahn auf. Er trat auf die Seite des Volkes Gottes, um ihm zu helfen. Aber sein Übereifer trieb ihn in die Ferne. Vierzig Jahre lang mußte er in Midian die Schafe hüten. Hätte er nicht doch am Königshof bleiben sollen? Schafe hüten? Hatte er dazu so viel gelernt?

Dann berief ihn Gott zum Führer Israels. Welche Aufgabe war das, aus diesem Haufen Menschen ein Volk zu machen! Diesem Volk ein Gesetz, eine Verfassung, Verordnungen zu geben, kurz: alles, was ein Volk braucht! Hätte er nicht doch am Königshof bleiben sollen? Da hätte er es doch viel, viel leichter gehabt! Aber eines ist entscheidend: Mit Mose redete Gott von Angesicht zu Angesicht, wie ein Mann mit seinem Freund redet; Gott nannte ihn seinen Freund, seinen Auserwählten. Ein Freund Gottes – ist das nicht doch mehr als »der Sohn der Tochter Pharaos«?

Und als seine Jahre dahingegangen waren, als er die Wunder

Gottes in seinem Leben geschaut hatte, da zeigte ihm Gott das verheißene Land und gab ihm selbst sein Grab. Ist das nicht mehr als ein Grab in einer Pyramide?

Und dann rollten die Jahrhunderte dahin. Wo war Mose? Es kam der Tag, als Jesus auf den Berg stieg, wo er vor den Augen seiner Jünger verklärt wurde. Da kamen Mose und Elia zu ihm. Sie kamen aus der Herrlichkeit, wo sie Gott schauten. Da ging auch der alte Wunsch Moses noch in Erfüllung, nach Kanaan zu kommen! Was für eine Laufbahn! Hinauf, immer höher hinauf! Zur Herrlichkeit Gottes, zur Gemeinschaft mit Christus!

Was meinst du, hat Mose nicht doch eine gute, die richtige Wahl getroffen? Wieviel herrlicher wurde das, was er wählte, als das, was er aufgab!

Darum, wenn du vielleicht noch am Scheideweg stehst, wenn du nicht recht weißt, wie du dich entscheiden sollst, denke an Mose und an seinen Entschluß. Es gibt nichts Wichtigeres, als ein Kind Gottes zu sein, nichts Größeres, als das ewige Leben zu ererben! Was sind dagegen die Freuden und Vergnügungen, die Ehren und Würden der Welt? Wie armselig nehmen sie sich gegenüber dem aus, was Gott bietet in seinem Sohn, in der Gemeinschaft des Heiligen Geistes! Wenn du noch nicht gewählt hast, so schiebe es nicht mehr auf! Entscheide dich auch wie Mose mit mannhaftem Entschluß: Nicht mehr!

Keine Furcht!

Durch den Glauben verließ er Ägypten und fürchtete nicht des Königs Grimm; denn er hielt sich an den, den er nicht sah, als sähe er ihn. Vers 27

Drei Bedingungen gibt es, die erfüllt sein müssen, ehe jemand zum Dienst im Reich Gottes tauglich ist. Man kann sie in die Worte fassen: bekehrt – bewährt – begehrt.

Die erste Bedingung ist, daß man *bekehrt* ist, daß man in lebendige Verbindung mit Gott gekommen ist. Aber so notwendig das auch ist, das Bekehrtsein allein genügt doch noch nicht. Mose war auch »bekehrt«, wenn man dieses Wort auf ihn anwenden darf, das im Vollsinn ja nur nach Pfingsten gebraucht werden kann. Aber das Wort kommt auch schon im Alten Testament vor. Und was es bezeichnet, das war bei Mose der Fall. Er war durch den Glauben in eine persönliche Verbindung mit Gott getreten. Er wollte auch durch den Glauben nicht mehr ein Sohn heißen der Tochter Pharaos.

Aber war Mose, weil er bekehrt war, nun auch schon geschickt für den Dienst Gottes? Er selber dachte es. Mit starker Hand und feurigem Eifer griff er ein, als er sah, wie ein Ägypter einen Israeliten schlug. Er dachte, nun werde Israel sehen, daß Gott dem geknechteten Volk durch seine Hand Heil gebe. Er meinte, nun werde Israel ihn als den Retter und Befreier mit Jubel begrüßen.

Aber das war nicht der Fall. Anstatt ihm zuzujubeln, mißtraute man ihm geradezu. »Willst du mich auch erschlagen, wie du den Ägypter erschlagen hast?«, so murrt der Israelit, dem er das Unrecht vorhält, das er an seinen Stammesgenossen tut. Da merkt er, daß seine Tat ruchbar geworden ist, daß er nicht sicher ist vor dem König – und er verläßt flüchtend das Land.

Gott konnte ihn so nicht gebrauchen. Solange er dastand im Vertrauen auf seine eigene Kraft, solange er sich selbst für geschickt und tüchtig hielt, solange hielt Gott ihn nicht für seinen Dienst geeignet. Er war wohl bekehrt, aber bewährt hatte er sich noch nicht. Er kam sich in seinen eigenen Augen noch zu groß vor.

Er vertraute noch auf sich selber. Da mußte ihn Gott erst in seine Schule nehmen.

Vierzig Jahre lang Schafe hüten in Midian! Was für eine Schulzeit für den feurigen Mose! Da hatte das eigene Feuer Zeit, niederzubrennen und zu erlöschen. Da konnte der brausende, schäumende Most sich klären und setzen. Da wurde aus dem Brausekopf ein stiller Mann. Schafe hüten! Hatte er dazu die Hochschule besucht? Hatte er deswegen so viel gelernt? Wie schwer mag diese Schule zuerst für ihn gewesen sein; aber wie wurde sie ihm dann zum Segen!

Und die Leute – wie mögen sie geflüstert haben über den hohen, stattlichen Mann, von dem es hieß, daß er einst am Königshof gelebt habe, und nun hütete er die Schafe? Da mußte doch gewiß etwas vorgekommen sein! Es war ihm doch nicht an der Wiege gesungen, daß er einmal Schafe hüten würde!

Vierzig Jahre! Was für eine lange Zeit! Wieviel Tage sind das! Aber was für eine Segenszeit war das! In diesen 40 Jahren hielt er Zwiesprache mit dem Gott seiner Väter. In diesen 40 Jahren hatte er Zeit, mit seinem Gott Umgang zu pflegen, bis er *bewährt* war.

Und dann kam der Tag, wo er *begehrt* wurde, wo Gott selber ihn berief, der Führer Israels zu werden. So hoch wie früher, so gering dachte er nun von sich. Damals hatte er sich zum Erretter und Befreier Israels angeboten, jetzt rief ihn Gott – und Mose lehnte den Ruf ab. »Wer bin ich, daß ich zu Pharao gehe und führe die Kinder Israel aus Ägypten?« Gott verspricht ihm seine Hilfe; er rüstet ihn mit der Gabe aus, Wunder zu tun; aber Mose ist so klein geworden, daß er sagte: »Mein Herr sende, welchen du senden willst.« Aber Gott hält an der Berufung Moses fest, nur gibt er ihm seinen Bruder Aaron zur Hilfe mit.

Als ein ganz anderer kehrt Mose nach Ägypten zurück. Als ein junger Feuerkopf hatte er vor 40 Jahren das Land verlassen; als ein reifer, stiller, besonnener Mann kommt er wieder. Damals war er vor dem König geflohen. Nun fürchtet er sich nicht mehr vor des Königs Grimm. Wohl weiß er, daß ein König oft kurzen Prozeß macht; aber er fürchtet sich nicht vor ihm. Warum nicht? Er hat vor Gott gestanden, da hat er die Furcht vor Menschen verlernt. Und wenn Pharao ihn auch höhnisch anfährt: »Wer ist der Herr, des Stimme ich hören müsse und Israel ziehen lassen?«, er fürchtet sich nicht. »Er hielt sich an den, den er nicht sah, als sähe er ihn.«

Es war ihm eine Wirklichkeit: Gott ist gegenwärtig. Denn Gott hatte ihm gesagt: »Ich will mit dir sein!« Wenn seine Augen ihn auch nicht sahen, er rechnete mit seiner Gegenwart, mit seiner Macht, mit seiner Hilfe. Hat er sich verrechnet? Nein, nein! Er hat die Macht und die Treue seines Gottes wunderbar und reichlich erfahren. Gott hat sich zu seinem Knecht bekannt und seinen Dienst durch Wunder und Zeichen beglaubigt.

Wer vor Gott gestanden hat, der fürchtet sich nicht vor Menschen.

Wer mit Gott Umgang gepflegt und ihm vertrauen gelernt hat, der fürchtet sich nicht mehr vor den Leiden des Lebens und vor den Schwierigkeiten, die Menschen bereiten können. Denn er weiß:

>»Es kann mir nichts geschehen,
> als was Gott hat ersehen
> und was mir selig ist.«

Unsere Sicherheit, sogar dem Fürsten der Finsternis gegenüber, ist Jesus, unser Heiland. Er hat es gesagt, daß niemand uns aus seiner Hand reißen werde. Jesus hält, was er verspricht; das ist meine Zuversicht. Deine auch? Fürchtest du dich noch vor Menschen? Was können sie dir denn tun? Warum fürchtest du dich vor ihnen? Ist es nicht wahr, was der Dichter sagt:

> »Hab' ich das Haupt zum Freunde
> und bin geliebt bei Gott,
> was kann mir tun der Feinde
> und Widersacher Rott'!« –?

Ja, wer damit rechnet, der verlernt das Fürchten. Was war das für ein gefährlicher Weg, den Luther nach Worms ging! Man warnte ihn. Man erinnerte ihn an Kaiser Sigismund, der Huss auch freies Geleit zugesagt und es nicht gehalten hatte. Aber Luther sagte getrost: »Und wenn soviel Teufel in Worms wären wie Ziegel auf den Dächern, ich ginge doch hinein.«

Er fürchtete sich nicht vor des Kaisers noch vor des Papstes Grimm, denn er hielt sich an den, den er nicht sah, als sähe er ihn. Hat er sich verrechnet? Nein! Darum laß auch du den Gedanken: »Gott ist gegenwärtig!« eine Macht in deinem Leben werden. Dann ist es aus mit der Furcht. Dann hast du Mut und Macht, dann geht es durch Kampf zum Sieg. Halte dich an ihn täglich, stündlich, alle Augenblicke! Es wird dir Kraft und Leben zufließen, und du wirst einer ungläubigen Welt den Beweis erbringen können, daß Gott eine lebendige Wirklichkeit ist, heute geradeso wie vor alters!

Unter dem Blut

Durch den Glauben hielt er Ostern und das Blutgießen, auf daß, der die Erstgeburten würgte, sie nicht träfe. Vers 28

Große Wunder und Zeichen hatte Gott durch Mose am Hofe Pharaos und in ganz Ägyptenland getan. Eins war furchtbarer als das andere. Sogar die heidnischen Zauberer mußten ihre Ohnmacht bekennen und gestehen: »Das ist Gottes Finger!« Aber Pharao wollte nicht glauben. Die Plagen, mit denen Gott ihn und sein Volk schlug, waren so schwer, daß er manchmal unter ihnen zusammenzubrechen schien. Wiederholt sah es so aus, als wollte er sich demütigen und Buße tun. Dann nahm er sogar die Fürbitte Moses in Anspruch. Aber wenn die Plage vorüber war, dann waren seine Gelübde und Versprechungen wieder vergessen. Dann gab er die Erlaubnis, daß Israel ausziehen dürfe, doch wieder nicht.

Aber Gott weiß harte Herzen zu zerbrechen. Eine Nacht des Schreckens bricht an. Pharaos ältester Sohn, der Kronprinz, beginnt plötzlich zu klagen. Der Frost schüttelt ihn, dann wieder jagt ihn das Fieber. Die Boten eilen, um den Leibarzt des Königs zu holen. Aber der kommt nicht. Der sitzt wie geistesabwesend am Bett seines Ältesten – und drückt ihm gerade die Augen zu. Ein plötzlicher, ganz unerklärlicher Tod hat ihn dahingerafft. Erschüttert verlassen ihn die Boten, um einen anderen Arzt zu rufen. Aber auch da das gleiche Bild! Was ist das für ein Ton, der durch die stillen Straßen schallt? Jammer und Klagen aus so vielen Häusern! Da und dort tun sie einen Blick durch ein unverhangenes Fenster. Überall weinende Mütter, verstörte Väter, sterbende Kinder.

So kommen sie zum Palast zurück. Da ist kein Arzt mehr nötig: Der Kronprinz ist tot. Die Boten zittern vor dem Antlitz des Königs und seinem tränenlosen Schmerz; sie ziehen sich scheu in ihre Kammern zurück – aber auch da empfängt sie Wehklagen und Händeringen, auch da starrt ihnen der Tod entgegen.

Vom Erstgeborenen des Pharaos, der auf seinem Thron saß, bis zum Erstgeborenen der Magd, die den Mühlstein drehen mußte, bis zum Erstgeborenen dessen, der im Gefängnis lag – gestorben! Der eine wurde daheim auf Mutters Schoß, der andere im Kreis fröhlicher Kameraden, der eine auf der Straße, der andere bei der Arbeit plötzlich dahingerafft! Kein Haus in Stadt und Land, in dem keine Totenklage laut wurde!

Nur die Hütten Israels lagen in tiefstem Frieden. Ruhig schlummerte der Säugling in der Wiege. Nächtliche Stille herrschte. Wie ein Fels unerschüttert bleibt, ob auch die Meereswogen ihn umbrausen, so lagen die Hütten Israels in sicherer Ruhe, während rings ein Meer von Jammer und Herzeleid brandete und brauste.

Wie kam das? Warum lagen Israels Hütten in nächtlichem Frieden, während in den Häusern der Ägypter der Tod so reiche Beute gemacht hatte? »Durch den Glauben hielt Mose das Passah und das Blutbesprengen, auf daß, der die Erstgeborenen würgte, sie nicht träfe.«

Gott hatte geboten, jeder Hausvater sollte ein fehlerloses Lamm schlachten und im Kreise der Familie essen. Aber zuvor sollte er mit dem Blut die obere Schwelle der Tür und die beiden Seitenpfosten bestreichen. Die untere Schwelle wurde nicht bestrichen, damit niemand das Blut der Errettung mit Füßen träte. So waren die Hütten Israels gesichert gegen das Verderben. Denn Gott hatte gesagt: »Das Blut soll euer Zeichen sein an den Häusern, darin ihr seid, daß, wenn ich das Blut sehe, ich an euch vorübergehe und euch nicht die Plage widerfahre, die euch verderbe.«

»Wenn ich das Blut sehe!« Das war das verabredete Zeichen. Das Blut des Lammes mußte an der Tür zu sehen sein. Wenn es damals in Israel so überkluge Leute gegeben hätte wie heutzutage, dann hätten sie gewiß gesagt: Was für eine niedrige Auffassung von Gott spricht sich in diesem Befehl aus! Als ob Gott ein besonderes Erkennungszeichen nötig hätte! Gott ist doch allwissend! Er weiß doch ganz genau, in welchem Haus Ägypter wohnen und in welchem Israeliten! Wenn wir die Haustür mit Blut bestrichen, dann würden wir uns ja zu einer niedrigen Gottesauffassung bekennen. Das werden wir nicht tun!

So etwa hätten die klugen Leute von heute gesprochen. Glücklicherweise sprach damals niemand so. An jeder Tür war das Blut zu sehen.

Die Ägypter mögen darüber gespottet haben, als sie sahen, wie die Israeliten ihre Türen bestrichen. Aber man ließ sich durch den Spott nicht abhalten. Man war gehorsam und glaubte dem Wort Gottes, das er durch Mose geredet hatte. Keiner blieb zurück. Keiner zweifelte. Keiner ließ sich beirren. Niemand dachte: Was kann uns das Blut helfen? Sie waren gehorsam. Sie glaubten an die Kraft des Blutes – und wurden errettet. So kam es, daß die Hütten Israels in tiefem Frieden lagen, während in den Häusern der Ägypter der Tod seine Ernte hielt.

Da forderte Pharao Mose und Aaron in der Nacht zu sich und sprach: »Macht euch auf und zieht aus von meinem Volk, ihr und die Kinder Israel.« Und die Ägypter drangen das Volk, daß sie es eilend aus dem Lande trieben, denn sie sprachen: »Wir sind alle des Todes.« Es war eine so wunderbare Errettung aus der Knechtschaft Ägyptenlands, daß Gott gebot, zur Erinnerung an diesen Auszug Jahr um Jahr das Fest des Auszugs, das Passahfest zu feiern. Und so ist es geschehen. Immer wieder wurde in jedem Haus das fehlerlose Lamm geschlachtet zur Erinnerung an die Errettung durch das Blut des Lammes.

Das geschah so lange, bis das Vorbild von dem Urbild abgelöst wurde, bis Jesus sich als das Lamm Gottes opferte, um uns durch sein Blut von dem Fürsten der Finsternis zu befreien. Jetzt können wir mit dem Apostel rühmen: »Wir haben auch ein Osterlamm, für uns geopfert, das ist Christus.«

Große Wunder hat Jesus getan, Kranke geheilt und Tote erweckt; aber durch seine Wunder hat er uns nicht errettet. Wunderbare Worte hat er geredet; er predigte gewaltig und nicht wie die Schriftgelehrten; doch durch seine Predigten hat er uns nicht errettet. Um uns zu erretten, wurde er das Lamm Gottes, vergoß er sein Blut. Darum mahnt der Dichter mit Recht: »Rühmt alle Wunder, die er tut; doch über alles rühmt sein Blut!«

»Wo ich das Blut sehe«, sagte Gott im Alten Bund. Das Wort gilt auch im Neuen Bund.

Es ist zwar nicht modern, davon zu sprechen. Die Blut- und Wundentheologie ist niemals beliebt und modern gewesen. Aber es ist die Theologie der Bibel! Wer nicht durch das Blut des Lammes gerettet wird, der wird es auf keine Weise.

Wir sind durch das Blut erkauft und erlöst! Wir wissen auch, was Petrus schreibt, nämlich daß wir nicht mit Silber oder Gold erlöst sind von unserem eitlen Wandel nach väterlicher Weise, sondern mit dem teuren Blut Christi als eines unschuldigen und unbefleckten Lammes.

Welche Sicherheit verleiht es, sich durch das Blut des Lammes geborgen zu wissen! Da mag der Tod seinen Boten schicken, wann er will, man ist bereit.

Am Meer

Durch den Glauben gingen sie durchs Rote Meer wie durch trockenes Land; was die Ägypter auch versuchten, und ersoffen. Vers 29

Das war eine wunderbare Errettung, welche das Volk Israel am Roten Meer erfuhr! Wie oft begegnen wir in den Psalmen der Erinnerung an diese Großtat Jahwes. Zum Beispiel im 66. Psalm: »Kommet her und sehet an die Werke Gottes, der so wunderbar ist mit seinem Tun unter den Menschenkindern! Er verwandelte das Meer ins Trockene, daß man zu Fuß über das Wasser ging; dort freuten wir uns sein.« Asaph singt von dieser Tat im 78. Psalm mit den Worten: »Er zerteilte das Meer und ließ sie hindurchgehen und stellte das Wasser wie eine Mauer.«

Immer wieder klingt die Erinnerung an diese Tat Gottes durch die Lieder der nachfolgenden Geschlechter. Keine andere Tat der Vergangenheit hat sich so dem Gedächtnis eingeprägt wie gerade diese. Wie kommt das? Hatte denn dieses Wunder Gottes eine so ganz besondere Bedeutung? Wir wollen diese Geschichte doch einmal etwas näher anschauen!

Gott hatte dem Volk den Weg gezeigt, den es ziehen sollte. Mit welcher Freude gingen sie ihn! Endlich lag die Knechtschaft hinter ihnen. Sie waren frei. Sie waren froh, der Sklaverei und den Fronvögten entronnen zu sein. Aber – was ist das? Sie biegen in ein Felsental ein. Rechts Felsen, links Felsen. Und da vorne, vor ihnen, rauscht das Meer. Da ist kein Ausweg! Kein Durchkommen! Und nun steigt eine Staubwolke hinter ihnen auf, die näher und näher kommt. Aus dieser Wolke tönt das Rasseln von Streitwagen, das Klirren von Waffen. Da zieht Pharao heran mit seinem Heer! Welch eine Lage! Vor ihnen das Meer, zur Seite die starren Felsen, hinter ihnen das Heer der Ägypter. Kein Entrinnen.

»Und sie fürchteten sich sehr und schrien zum Herrn.«

Recht so! Wenn man keinen Weg mehr sieht, den man gehen kann, wenn man von allen Seiten eingeschlossen und gefangen ist – ein Weg kann uns nicht versperrt werden: der Weg nach oben. Und den Weg gingen sie. Sie schrien zu Gott, dem Herrn! Aber leider nicht alle. Viele wandten sich mit ihrem Geschrei nicht an Jahwe, sondern an Mose. »Waren nicht Gräber in Ägypten, daß du uns wegführen mußtest, daß wir in der Wüste sterben? Warum hast du uns das angetan, daß du uns aus Ägypten geführt hast?«

Mose blickte auf den Herrn und antwortete: »Fürchtet euch nicht, stehet fest und sehet zu, was für ein Heil der Herr heute an euch tun wird. Denn diese Ägypter, die ihr heute seht, werdet ihr nimmermehr sehen ewiglich. Der Herr wird für euch streiten, und ihr werdet stille sein!«

Wie der Herr ihnen aus dieser Not helfen würde, das wußte er nicht. Er war nur überzeugt: Gott wird eintreten! Er hat uns nicht dazu aus der Gewalt Pharaos befreit, um uns hier am Meer umkommen zu lassen. Aber weil er nicht wußte, wie Gott helfen würde, schrie er in seinem Herzen zum Herrn. Wohl hat kein Menschenohr dieses Schreien gehört. Aber doch hat es all das Getümmel des Volkes übertönt und den Weg zum Ohr und zum Herzen Gottes gefunden. Denn wir lesen: »Der Herr sprach zu Mose: Was schreist du zu mir? Sage den Kindern Israel, daß sie ziehen!«

Und dann kommt der wunderbare Befehl: »Du aber hebe deinen Stab auf und recke deine Hand über das Meer und teile es voneinander, daß die Kinder Israel hineingehen, mitten hindurch auf dem Trockenen.« Wie gnädig, wie barmherzig und von großer Güte ist doch der Herr! All das Murren und Hadern der Unzufriedenen hat er überhört. Nur das Schreien, das zu ihm emporstieg, hat er beachtet.

Israel gehorchte. Das Volk brach auf und marschierte geraden Weges auf das Meer zu. Kaum hatte das Volk sich in Bewegung gesetzt, dem Befehl Gottes gehorsam, da fing die Hilfe an. Nicht eher. Erst will Gott Glaubensschritte sehen, dann tritt er auf den Plan. Die Wolkensäule, die bisher vor ihnen hergezogen war, machte sich hinter sie, zwischen die Kinder Israel und die Ägypter. Nun konnten sie den nachsetzenden Feind nicht mehr sehen. Zwischen ihnen und den Feinden ruhte die Wolke, der Schutz Gottes.

Und dann, als sie an das Meer gekommen waren, da geschah das Wunderbare: Als Mose seine Hand über das Meer ausreckte, ließ es der Herr hinwegfahren durch einen starken Ostwind die ganze Nacht und machte das Meer trocken; und die Wasser teilten sich voneinander. Und die Kinder Israel gingen hinein, mitten ins Meer auf dem Trockenen und das Wasser war ihnen wie Mauern zur Rechten und zur Linken. – Ein trockener Weg durchs Meer! Ist das möglich? Da erhebt sich die Kritik; da tut der Unglaube den Mund auf; da fängt der Spott an zu lästern: »Das ist gegen die Naturgesetze!«

Aber wer hat denn die sogenannten Naturgesetze gemacht? Sind die Naturgesetze denn nicht die Ordnungen, nach denen Gott die Welt regiert und in denen er sie erhält? Ist Gott denn nicht ihr Gesetzgeber gewesen? Und da sollte er nicht Macht haben, in das Werk seiner Schöpfung einzugreifen? Was für eine Vorstellung haben doch viele Menschen von Gott! Der Gott der meisten Menschen kann nicht mehr als wir auch. Wunder wirken kann er nicht. Wenn das wahr ist, dann verzichte ich. Ein Gott, der nicht mehr kann als ich, der kann mir nicht helfen. Zu dem könnte ich kein Zutrauen haben. Aber nun bin ich so froh, daß ich weiß: Unser Gott ist allmächtig, er kann machen, was er will! Nun bin ich so froh zu wissen: So er spricht, so geschieht's, und so er gebietet, so steht es da!

Trockenen Fußes zieht Israel durch das Meer. Rechts und links stehen die Wasserwogen aufgetürmt wie Mauern, zwischen denen der Weg hindurchgeht. Aber als das die Ägypter sehen, daß Israel durchs Meer zieht, daß sich eine Furt im Meer aufgetan hat, da folgen sie dem Volk nach ins Meer. Als sich aber das ganze Heer im Meer befindet, da erhebt sich Gott, gegen sie zu streiten. Er stößt die Räder von ihren Wagen und stürzt sie mit Ungestüm. Da sprechen die Ägypter: »Laßt uns fliehen vor Israel; der Herr streitet für sie wider die Ägypter!« Aber es ist zu spät. Mose reckt im Namen Gottes seine Hand wieder über das Meer und die aufgestauten Fluten bedecken rauschend die Furt, die so lange trocken gewesen war. Das ganze ägyptische Heer findet seinen Tod in den Wellen, daß nicht einer entrinnt.

Das war ein Sieg! Da sah das Volk Israel, was Gott tun kann!

Als der Tag anbrach, sah man die Ägypter tot am Ufer des Meeres. Da stimmte Mose einen Dankpsalm an, um Gott für diese wunderbare Hilfe in der Not zu preisen. »Ich will dem Herrn singen, denn er hat eine herrliche Tat getan, Roß und Mann hat er ins Meer gestürzt. Der Herr ist meine Stärke und mein Lobgesang und ist mein Heil. Das ist mein Gott, ich will ihn preisen, er ist meines Vaters Gott, ich will ihn erheben. Der Herr ist der rechte Kriegsmann, Herr ist sein Name. Des Pharaos Wagen und seine Macht warf er ins Meer, seine auserwählten Hauptleute versanken im Schilfmeer...« Was für ein Jauchzen wird durch das Volk gegangen sein, als es sich auf dem Boden der Sicherheit sah, als zwischen ihm und Ägyptenland das Meer flutete! Nun erst waren sie ganz geborgen. Nun erst hatten sie von Pharao und seinem Heer nichts mehr zu fürchten. Nun gehörte Ägypten für immer der Vergangenheit an. Jetzt fing ein Neues an in ihrem Leben, ein Leben mit Gott.

Daß Israel diese Großtat Gottes im Gedächtnis behalten hat, daß in den geistlichen Liedern immer wieder der Lobpreis dieses Wunders laut wird, das können wir wohl verstehen. Aber hat diese Geschichte auch für uns etwas zu bedeuten? Können auch wir etwas daraus lernen? Ganz gewiß. Die Geschichte Israels ist uns doch aufbewahrt worden, um uns Anschauungsunterricht zu geben. Die Geschichte, wie Israel auszieht aus der Knechtschaft in Ägyptenland, um nach Kanaan zu gelangen, ist ein Vorbild für die Geschichte eines Menschen, der das Leben in der Sünde aufgibt, um fortan ein Leben mit Gott zu führen.

So können auch wir aus dieser Geschichte etwas lernen. Israel war ausgezogen, nachdem es die Errettung durch das Blut des Lammes erfahren hatte. Aber so leichten Kaufes gab Pharao das Volk nicht frei. Kaum waren sie fort, da setzte er hinterher, um sie zurückzuholen. So geht es auch einem Menschen, der die erlösende Kraft des Blutes Jesu erfahren hat. Wenn er nun fröhlich »ausziehen« will, dann kommen Schwierigkeiten. Der Feind tut, was er kann, um ihn zurückzugewinnen, er macht seine ganze Meute mobil. Oft fangen die Schwierigkeiten und die Verfolgungen unmittelbar nach der Umkehr an.

Laß dich durch nichts und durch niemanden aufhalten, mit der Sünde und dem alten Leben zu brechen! Zieh getrost aus! Du wirst sehen: Gott macht Bahn! Ganz gewiß, das tut er. Sei nur gehorsam!

Und was hatte der erfahren, der den Mut hatte, auszuziehen?

Der hat erlebt, daß auch durch ein Meer von Schwierigkeiten und Unmöglichkeiten ein Weg führte, ein ganz trockener Weg.

Der Herr wird für dich streiten, und du wirst stille sein! Wie wird dein Herz jubeln, wie wird dein Mund loben, wenn du die Hilfe des Herrn erfahren hast, wenn du siehst, wie er dich sicher und wunderbar führt! Ja, das tut er.

Vor Jericho

Durch den Glauben fielen die Mauern Jerichos, da sie sieben Tage um sie herumgegangen waren.   *Vers 30*

Das Volk Israel war ins Land Kanaan gekommen. Nach der langen Wüstenreise war man endlich am Ziel, im Lande der Verheißung. Nun galt es, das Land einzunehmen. Die erste feste Stadt, vor die man kam, war Jericho. Mit ihren hohen und dicken Mauern schien sie ganz uneinnehmbar zu sein. Was sollte nun Josua tun? Nach den Regeln der Kriegskunst mußte er jetzt Belagerungswälle aufwerfen lassen, gewaltige Wurfmaschinen bauen, um Felsblöcke gegen die Mauern und Tore der Stadt zu schleudern. Und dann mußte man warten, bis die Stadt, von Hunger geschwächt, endlich kapitulierte. Aber das konnte Monate oder gar Jahre dauern!

Hat Josua die Stadt nach diesen Grundsätzen der Belagerungskunst belagert? Nein, er hat nach ganz anderen Grundsätzen gehandelt. Gott hatte ihm geboten, das Volk solle sechs Tage lang jeden Tag einmal um die Stadt ziehen. In feierlichem Zuge sollte die Lade des Bundes getragen werden, vor ihr sollten sieben Priester mit Posaunen gehen, davor alle waffenfähige Mannschaft. Hinter der Lade sollte dann das ganze Volk kommen. Niemand sollte bei diesen Umzügen ein Wort sprechen. Nur die sieben Priester sollten die Posaunen blasen. Am siebenten Tage sollte das Volk dann siebenmal um die Stadt ziehen. Darauf sollten die Priester die Posaunen blasen, das Volk sollte ein Feldgeschrei machen, und dann würde Gott die Mauern der Stadt umstürzen.

War das nicht ein sonderbarer Befehl für einen Heerführer, der eine Stadt erobern wollte? Was sollte denn dieses Umherziehen für einen Zweck haben? Und von dem Blasen und dem Feldgeschrei würden doch die Mauern nicht einfallen! So hätte der nüchterne, kritische Verstand gesagt. Aber Josua sprach nicht so. Er war gehorsam und führte den Befehl aus.

Es stehen drei Worte von ihm in der Bibel, die bezeichnen den Schlüssel zu den wunderbaren Siegen und Erfolgen seines Lebens. Es sind die drei Worte am Schluß des 5. Kapitels: »Josua tat also.« Was Gott auch für Aufträge und Befehle gab – Josua war gehorsam. Kaum war Israel in Kanaan angekommen, da gebot Gott, die in der Wüste versäumte Beschneidung nachzuholen. Josua tat also, ohne sich darüber Sorgen zu machen, daß dadurch seine waffenfähige Mannschaft kriegsuntauglich gemacht wurde. Dann gebot Gott, das Passah zu feiern. Und auch das tat Josua, obwohl mit dem mehrtägigen Fest wieder eine tagelange Unterbrechung der kriegerischen Unternehmungen verbunden war. Was Gott ihm auch gebot – Josua tat also.

So ging es auch vor Jericho. Was Gott ihm aufgetragen hatte, das führte Josua gehorsam und gläubig aus. Die Bewohner von Jericho standen auf der Mauer und sahen verwundert zu, wie das Volk in tiefem Schweigen einen Umzug um die Stadt machte. Was mochte das zu bedeuten haben? Am zweiten Tag waren sie das Schauspiel schon gewöhnt. Da fingen sie an zu lachen und zu spotten. Aber keine Stimme antwortete.

So ging es Tag für Tag. Die Zahl der Spötter auf der Mauer wuchs. Immer lauter wurde der Hohn der Belagerten. Aber es antwortete niemand darauf. Nur die Töne der Posaunen klangen schauerlich zu den Spöttern hinauf. Am siebenten Tag machte man sich in aller Frühe auf, um ganz früh mit den Umzügen zu beginnen. Einmal ums anderemal zog man um die Stadt. Immer lauter wurde der Spott. Das Gelächter auf den Mauern kannte keine Grenzen. Da, als das Volk zum siebtenmal die Stadt umzog, gebot Josua, ein Feldgeschrei zu machen. Die Posaunen schmetterten, das Feldgeschrei ertönte aus viel tausend Kehlen, und die Mauern fielen um. So drang man unmittelbar in die Stadt ein.

Wie war es gekommen, daß die Mauern umstürzten? Hatten die Posaunen das bewirkt? Nein, die Posaunen hatten das nicht bewirkt. Hatte das Feldgeschrei sie umgeworfen? So laut es geklungen haben mag – von den Schallwellen dieses Feldgeschreis wurden die starken Mauern auch nicht erschüttert. Wie kam es denn?

Das Volk Israel tat das Seine, im Glauben, im Gehorsam, in Geduld. Da tat Gott das Seine. Er war es, der die Mauern umstürzte und die Stadt in die Hand Israels gab. Er hätte die Posaunen und das Geschrei nicht nötig gehabt. Er konnte die Mauern auch ohne diese Zeremonie umstürzen. Aber er hatte es so befohlen. Darum gehorchte man. Und Gott bekannte sich zu dem Glaubensgehorsam des Volkes. »Durch den Glauben fielen die Mauern von Jericho, da sie sieben Tage um sie herumgegangen waren.«

Aber was können wir aus dieser Geschichte lernen? Ist darin auch für uns eine Lektion enthalten? Ganz gewiß. Und zwar eine sehr wichtige. Es gibt auch heute noch solche Satansburgen mit dicken Mauern: Menschenherzen, die man für unverbesserlich halten möchte, die ganz und gar uneinnehmbar zu sein scheinen. Alle Beredsamkeit ist bei ihnen umsonst. Alle Überredungskünste helfen nicht. Sie bleiben hart, kalt, verstockt. Das mag wohl sein, daß all deine Überredungskünste nichts ausrichten. Die Mauern Jerichos fielen durch den Glauben!

Wenn da so ein Herz ist, mit Mauern verwahrt, mit Bollwerken umgeben, dann mache es wie Josua. Belagere es nicht auf menschliche Weise, sondern durch den Glauben. Es kann sein, daß der Mensch mit einem solchen Herzen anfängt zu spotten, wenn du deine Belagerung anfängst. Laß dich nicht zu scharfen Worten, zu lieblosen Urteilen hinreißen. Die Israeliten zogen schweigend um die Stadt.

Vielleicht ist das Herz, das du zu erobern wünschest, das Herz deines Mannes. Dann denke nicht, daß du ihn durch Vorwürfe und Strafpredigten gewinnen würdest, durch Ermahnen und Schelten. Nein! Die Männer sollen durch das Verhalten der Frauen ohne Wort gewonnen werden. Predige mit deinem stillen, sanften Wesen, nicht mit vielen Worten. Nur sieben im Volk hatten die Aufgabe, die Posaune zu blasen. Die anderen hatten die Aufgabe zu schweigen.

So sind auch heute die Aufgaben verschieden. Es kann sein, daß du den Auftrag hast zu schweigen. Es kann auch sein, daß du den Auftrag hast, »die Posaune zu blasen«. Du mußt deinen Gott fragen, was du zu tun hast. Vielleicht bist du ein Pastor, ein Lehrer, eine Lehrerin, eine Mutter – dann hast du den Auftrag, »die Posaune zu blasen«. Dann blase auch! Dann tu deine Schuldigkeit. Du bist am Ende schon mutlos und verzagt geworden und hast gedacht: Was kommt denn bei all meinem Predigen und Lehren und Unterrichten heraus? Wirke nur weiter! Gott hat gesagt: Den

Erfolg überlaß dem Herrn. Das ist gar nicht deine, sondern seine Sache.

Die Mauern Jerichos fielen auch nicht am ersten Tag. Sieben Tage zog man herum. Und am siebten Tag sogar siebenmal. Die Zahl Sieben hat in der Heiligen Schrift die Bedeutung der unbegrenzten Fülle. So will uns das siebentägige und das siebenmalige Umherziehen sagen: Es kann viele Jahre dauern, bis Jericho fällt, es kann eine Fülle von Tagen währen; aber Jericho wird fallen. Habe nur Geduld!

Und du, Mutter, laß dich nicht beirren, wenn deine Kinder noch so manches tun, was dich betrübt. Erzähle ihnen nur weiter die schönen Geschichten der Bibel. Und wenn sie sich auch unmittelbar nach so einer Geschichte zanken und streiten – gib die Hoffnung nicht auf. Von Georg Müller, diesem Helden des Gebets, ist bekannt, daß er drei ungläubige Freunde hatte, für die er betete. Für den einen betete er Monate, für den zweiten Jahre, für den dritten Jahrzehnte, bis etwas geschah. Aber wenn es auch Jahrzehnte dauert, laß dich nicht entmutigen!

Wie groß wird die Freude sein, wenn du die Wirkung deiner Gebete erlebst! Wenn endlich der Mann die Waffen streckt und dem Gekreuzigten huldigt! Wenn endlich dein Kollege überwunden wird! Es lohnt sich, auszuharren – der Erfolg ist der Mühe wert! Unser Leben kann so werden, wie es im 84. Psalm heißt: Sie erhalten einen Sieg nach dem anderen, daß man sehen muß, der rechte Gott sei zu Zion!

Hinter dem roten Seil

Durch den Glauben ward die Hure Rahab nicht verloren mit den Ungläubigen, da sie die Kundschafter freundlich aufnahm.   *Vers 31*

Wie? In der Ruhmeshalle von Hebräer 11 begegnen wir einer Person, die aus der Sünde und Schande ein Gewerbe gemacht hat? Wie kommt die denn da hinein? Ja, das ist eine ganz sonderbare Geschichte, die uns von der großen Barmherzigkeit Gottes erzählt, die uns sagt, daß für Gott niemand zu verkommen und zu tief gesunken ist.

Wie war Rahab wohl zum Glauben gekommen? Sie war nicht in einem gläubigen Elternhaus aufgewachsen. Sie war ja eine Heidin; sie gehörte zum Volk der Kanaaniter, bei denen die Sittenlosigkeit ganz besonders groß war. Sie war in einer Stadt aufgewachsen, in der die Sündhaftigkeit so groß und allgemein war, daß Gott sie zum Gericht für reif hielt. In einer solchen Umgebung aufgewachsen, war sie früh auf den Abweg der Sünde gekommen, hatte sie – vielleicht von Vater und Mutter dazu angeleitet – sich der Schande und dem Laster ergeben.

Sie hatte keine Bibel, kein Gesangbuch; sie hörte keine Predigt, sie kannte keine Bibelstunde. Nichts hatte sie von alledem, was uns so selbstverständlich vorkommt. Keine Mutter leitete sie an zu beten. Kein Vorbild und kein Beispiel hatte sie, um davon zu lernen, wie man leben muß. Woher hatte sie denn ihren Glauben? Sie hatte ihn sozusagen von der Straße aufgelesen. Wenn sie mit anderen Frauen am Marktbrunnen zusammentraf, dann redeten diese von einem seltsamen Volk, das aus Ägypten ausgezogen sei, das seinen Weg mitten durch das Rote Meer genommen habe, das am Tage von einer Wolkensäule und nachts von einer Feuersäule geführt werde. Der König von Ägypten habe mit seinem ganzen Heer den Tod gefunden, als er dieses Volk verfolgte. Ebenso seien auch Sihon, der König der Amoriter, und Og von Basan überwunden worden. Bald würde dieses unheimliche Volk auch an die Tore Jerichos klopfen. Und es sei wenig Aussicht, diesem Volk

Widerstand zu leisten, weil der Gott des Himmels und der Erde es selber anführe.

Aus diesen Erzählungen hatte Rahab ihre Kenntnis von dem lebendigen Gott geschöpft. Dadurch war in ihrem Herzen ein Sehnen, ein Verlangen wach geworden, herauszukommen aus ihrem Sündenleben, um diesen wunderbaren Gott kennenzulernen, der Wunder tun könne. Wie beschämt Rahab so viele, die sich Christen nennen! Wie leicht wird es heutzutage gemacht! Schon in der Schule gibt es Religionsstunden; für wenig Geld kann man eine Bibel kaufen. In jeder christlichen Kirche wird vom Kreuz von Golgatha und von dem Heil gepredigt, das uns am Kreuz erworben wurde. Und wie gehen so viele mit diesen kostbaren Gelegenheiten um?!

Der Herr Jesus hat dem ungläubigen Volk seiner Zeit die Worte gesagt: »Die Leute von Ninive werden auftreten am Jüngsten Gericht mit diesem Geschlecht und werden es verdammen; denn sie taten Buße nach der Predigt des Jona. Und siehe, hier ist mehr denn Jona. Die Königin von Mittag wird auftreten am Jüngsten Gericht mit diesem Geschlecht und wird es verdammen; denn sie kam vom Ende der Erde, Salomos Weisheit zu hören. Und siehe, hier ist mehr denn Salomo.« Wir könnten fortfahren: Diese arme, in Sünden geknechtete Frau aus Jericho wird auftreten am Jüngsten Gericht mit dem Geschlecht unserer Tage und es verdammen, denn sie kam aus heidnischer Finsternis und Unwissenheit zum Glauben an den lebendigen Gott, während so viele heutzutage, denen das Licht des Wortes Gottes leuchtet, in Finsternis der Sünde des modernen Heidentums geraten! –

Auf ihrer Streife durch Kanaan kamen ein paar Kundschafter auch nach Jericho. Da freute sich Rahab, als sie dieselben aufnehmen durfte. Nun konnte sie doch mehr hören von dem Gott Israels, der solche Wunder tat! Was für eine Erquickung war das für die Kundschafter, einem solchen verlangenden Menschen zu begegnen, der so begierig war nach dem Wort des Lebens! Wie Rahab gar nicht genug hören konnte, so wurden sie gar nicht müde, ihr von den großen Taten Gottes in vergangenen Zeiten zu erzählen.

Ob da nicht wieder manche Christen von Rahab etwas lernen könnten? Wie viele kommen nie mehr unter das Wort oder doch nur höchst selten! Es interessiert sie nicht mehr! Sie sind gleichgültig und kalt. Und wie steht es mit denen, die kommen? Wie viele kommen aus Gewohnheit, ohne eigentliches Herzensverlangen?

Der König von Jericho bekam Kunde davon, daß fremde Männer in die Stadt gekommen seien. Da versteckte Rahab sie erst unter den Flachsstengeln auf dem Dach, und dann ließ sie die Männer an einem Seil über die Stadtmauer herab. Denn ihr Haus stand an der Mauer.

Die Kundschafter wollten sich ihr gern erkenntlich zeigen, darum verabredeten sie mit ihr ein Erkennungszeichen. Sie sagten ihr: »Wir wollen aber des Eides los sein, den du von uns genommen hast, wenn wir kommen ins Land und du nicht dies rote Seil in das Fenster knüpftest, damit du uns herniedergelassen hast, und zu dir ins Haus versammelst deinen Vater, deine Mutter, deine Brüder und deines Vaters ganzes Haus« (Jos 2,17.18).

Das war praktisch gedacht; nun brauchte Josua nur einen Befehl zu erlassen: Das Haus, aus dessen Fenster ein rotes Seil heraushängt, wird beim Sturm verschont. So wie ein Blitzableiter auf dem Dach den Bewohnern des Hauses Sicherheit und Ruhe verleiht, wenn sich Gewitterwolken am Himmel zusammenziehen, so war auch Rahab ganz ruhig in ihrem Haus mit dem roten Seil.

Als Rahab das rote Seil ins Fenster geknüpft hatte, ging sie alsbald zu ihren Verwandten, um sie zu bewegen, sich auch in Sicherheit zu bringen. Und sie trat mit einer so zuversichtlichen Gewißheit auf, daß sie ihre nächsten Angehörigen wirklich dazu brachte, in ihr Haus zu ziehen.

Ob alle ihre Verwandten zu ihr kamen? Wohl kaum. Gewiß waren auch solche darunter, die ihre dringliche Einladung ablehnten.

Endlich kam der Tag des Gerichts. Bei dem Posaunengeschmetter der Priester, bei dem Feldgeschrei des Volkes fielen die Mauern von Jericho um. Die Stadt wurde eingenommen. Angst und Entsetzen, Verwirrung und Getümmel machten sich überall breit.

Tagelang, wochenlang hatte Rahabs Haus offengestanden. Dringlich und herzlich hatte Rahab gebeten, hereinzukommen. Da hatte man die Einladung abgelehnt. Nun – war es zu spät! Wie furchtbar! In dem allgemeinen Getümmel der Eroberung, in all dem Jammergeschrei war nur ein Haus in tiefem Frieden – im Fenster wehte ein rotes Seil. Das war das Haus der Rahab.

»Durch Glauben ward die Hure Rahab nicht verloren mit den Ungläubigen, da sie die Kundschafter freundlich aufnahm.« Gerettet! Mit ihren Eltern und Brüdern und sonstigen Angehörigen gerettet! Durch das rote Seil! Als sie Gott für ihre wunderbare Errettung dankten, da kamen die Kundschafter und führten Rahab mit all den Ihrigen heraus, um auch ihr Haus wie alle anderen dem Erdboden gleichmachen zu können. Danach wurde Rahab mit Salma, einem Fürsten aus dem Stamm Juda, verheiratet. Aus dieser Verbindung ging Boas hervor, der Mann der frommen Ruth. So wurde Rahab die Urgroßmutter Isais, des Vaters des Königs David. So wurde Rahab eine der Ahnmütter von Jesus.

Wie wunderbar! Auch tief gefallene Sünder nimmt Jesus in seine Familie auf! Ihm ist niemand zu schlecht. Er hat eine Gnade, die alle umfaßt. Er stößt niemand hinaus. Die Geschichte der Rahab lehrt uns, daß wir niemand aufzugeben brauchen, daß wir jeden einladen dürfen, daß niemand ausgeschlossen ist.

Die Gestalt der Rahab in der Ruhmeshalle von Hebräer 11, ihr Name im Stammbaum Jesu, das ist eine gewaltige Predigt von der Macht der Barmherzigkeit und Gnade Gottes!

Ganze Leute

Und was soll ich mehr sagen? Die Zeit würde mir zu kurz, wenn ich sollte erzählen von Gideon und Barak und Simson und Jephthah und David und Samuel und den Propheten, welche haben durch den Glauben Königreiche bezwungen, Gerechtigkeit gewirkt, Verheißungen erlangt, der Löwen Rachen verstopft, des Feuers Kraft ausgelöscht, sind des Schwertes Schärfe entronnen, sind kräftig geworden aus der Schwachheit, sind stark geworden im Streit, haben der Fremden Heere darniedergelegt.   *Vers 32–34*

In der Aufzählung der Helden und Heldinnen des Glaubens bricht der Apostel ab. Wo sollte er aufhören, wenn er alle die Männer und Frauen auch nur nennen wollte, welche einen Platz in der Ruhmeshalle dieses Kapitels verdient haben, weil sie Gott durch Glauben geehrt haben? Darum nennt er nur noch einige Namen und einige Taten aus der Vergangenheit. Aber wenn der Apostel nicht Raum und Zeit hatte, in dem Rahmen eines Briefes eingehender von den Glaubenshelden der Vergangenheit und von ihren Taten zu reden – so steht uns doch nichts im Wege, daß wir uns die Zeit dazu nehmen und auch den von dem Apostel hier nur kurz genannten Namen und Taten unsere Aufmerksamkeit widmen.

Heute wollen wir uns dem ersten Namen zuwenden, den der Apostel hier nennt: Gideon. Wie kommt er in diese Reihe hinein? Es war eine trübe Zeit in Israel. Auf die glorreiche Zeit der Einnahme des Landes war ein trauriger Niedergang gefolgt. Gott hatte geboten, die Kanaaniter auszurotten. Ihre Gnadenfrist war um. Sie waren reif zum Gericht. Aber Israel wußte es besser. Es ließ die Kanaaniter neben sich im Land wohnen. Wieviel Schwierigkeiten hat Israel sich dadurch bereitet!

Dem Wort Gottes zuwider ging man eheliche Verbindungen mit den Völkern Kanaans ein. Und daraus folgte dann, daß man auch in den Götzendienst der Heidenvölker verstrickt wurde. Zur Strafe für solchen Abfall gab Gott dann das Volk in die Hand seiner

Feinde. So war es auch in den Tagen Gideons. Die Midianiter hatten Israel unterjocht. Schwer lag die Faust der Eroberer auf dem Nacken des Volkes. Wenn Israel säte, kamen die Midianiter und schnitten die Ernte ab. In Höhlen und Klüften mußte man sich verbergen, um vor den räuberischen Überfällen der Feinde sicher zu sein.

Da berief Gott den jungen Gideon zum Befreier des Volkes aus der Hand der Feinde. Wo fand er ihn? Er war gerade am Dreschen. Das gefiel Gott, daß er in seinem irdischen, täglichen Beruf treu war. Hätte er dagesessen und nach großen Taten ausgeschaut, dann hätte Gott ihn gewiß nicht berufen. Gott kann Aufträge in seinem Reich nur solchen geben, die im Kleinen und Geringen treu sind. Elisa war beim Pflügen, als Elia ihn in seine Nachfolge berief. Mose hütete die Schafe. Die Jünger wuschen ihre Netze. Da kam der Ruf des Herrn.

Gott weiß seine Knechte zu finden. Man braucht sich ihm gar nicht anzubieten und aufzudrängen. Er vergißt keinen. Er übersieht niemand. Heutzutage tun manche so, als ob Gott sie vergessen würde, wenn sie sich nicht anböten. Gott hat soviel Arbeit. Und es gibt so wenig Arbeiter. Da ruft Gott in seinen Dienst, wen er nur irgend kann. Verlaß dich darauf! Darum brauchst du dich nicht vorzudrängen. Bleib ruhig beim Pflügen und beim Dreschen, am Schraubstock und an der Hobelbank, bis Gott dich ruft! Er weiß, wo du wohnst. Er kennt deine Adresse.

Die Haupttat Gideons war die wunderbare Midianiterschlacht, von der wir im 7. Kapitel des Richterbuches lesen. Gideon hatte ein Heer zusammengebracht, 32 000 Mann stark. Das war zwar wenig genug gegen die überlegene Macht des Feindes; aber Gott war es zu groß. Er sprach zu Gideon: »Des Volks ist zu viel, das mit dir ist. Israel möchte sich rühmen wider mich und sagen: Meine Hand hat mich erlöst! So laß nun ausrufen: Wer blöde und verzagt ist, der kehre um und hebe sich alsbald vom Gebirge Gilead!«

Da kehrten 22 000 Mann des Volkes um, so daß nur 10 000 übrigblieben. Sollte er es wagen, mit diesem zusammengeschmolzenen Heer die Midianiter anzugreifen? Und der Herr sprach zu Gideon: »Des Volks ist noch zu viel! Führe sie hinab ans Wasser, daselbst will ich sie dir prüfen; und von welchem ich dir sagen werde, daß er mit dir ziehen soll, der soll mit dir ziehen; von welchem aber ich sagen werde, daß er nicht mit dir ziehen soll, der soll nicht ziehen.«

Und Gideon führte das Volk hinab ans Wasser. Da sprach der Herr: »Wer mit seiner Zunge Wasser leckt, wie ein Hund leckt, den stelle besonders; desgleichen, wer auf seine Knie fällt, zu trinken.« Bei dieser Probe war die Zahl derer, die geleckt hatten aus der Hand zum Mund, dreihundert Mann; das andere Volk hatte alles kniend getrunken. Da wurden die 9700 nach Hause geschickt, und nur die 300 blieben zurück.

Warum wurden gerade sie für tauglich befunden, in die Schlacht zu ziehen und des Herrn Krieg zu führen? Die meisten waren gemächlich zum Trinken hingekniet. Sie hatten sich zum Trinken Zeit genommen. Die dreihundert aber hatten im Marschieren nur eine Handvoll Wasser aus dem Bach geschöpft, um davon zu schlürfen. Sie nahmen sich nicht Zeit, erst behaglich hinzuknien, um dann in Gemächlichkeit zu trinken. Sie wollten ohne Zeitverlust gegen die Midianiter aufbrechen. Solche Leute kann Gott gebrauchen. Es kommt ihm nicht auf große Zahlen an. Im Reich Gottes gilt nicht die Quantität, sondern die Qualität; da wird nicht gezählt, sondern gewogen. Gott braucht Leute, die das, was sie sind, ganz sind.

Dreihundert Mann, das war nun das ganze Heer Gideons – und unten im Tal lagerte das Heer Midians. Wenn Gideon daran dachte, dann klopfte ihm doch wohl etwas das Herz. Schilt Gott mit ihm darüber? Gewiß hätte ihn mancher Gottesmann heutzutage deswegen verurteilt. Aber Gott schalt nicht. Er sagte vielmehr so freundlich zu Gideon: »Stehe auf und gehe hinab zum Lager, denn ich habe es in deine Hände gegeben. Fürchtest du dich aber, hinabzugehen, so laß deinen Knaben Pura mit dir hinabgehen zum Lager, daß du hörest, was sie reden.«

Offenbar hat sich Gideon gefürchtet, denn er nahm den Knaben Pura mit. Was konnte ihm denn der Knabe helfen? Eine wirkliche Hilfe konnte ihm der Begleiter doch nicht bringen. Wenn es sogar ein Mann gewesen wäre, was hätte der ihm helfen können, wenn die Midianiter ihn bemerkt hätten? Und doch war ihm der Knabe eine Hilfe. Was für eine Beruhigung liegt doch in dem Gefühl, nicht allein zu sein! In der Stille der Nacht macht manches einen so erschreckenden Eindruck, was ganz harmlos und ungefährlich ist. Wenn der eine denkt: Horch, da sprach jemand! – dann sagt der andere: Nein, da rauscht nur der Wind in den Blättern. Wenn der eine denkt: Ich höre Schritte – dann sagt der andere: Nein, es war nur ein Stein, gegen den ich stieß und der den Berg hinunterkollerte. Vier Augen sehen mehr als zwei, und vier Ohren hören mehr als zwei. So ist eine Begleitung, mit der man seine Eindrücke austauschen kann, eine große Beruhigung und Erleichterung.

Gott kennt uns. Er weiß: Es ist nicht gut, daß der Mensch allein sei. Darum gibt er Gideon den Diener Pura als Begleiter mit. So freundlich, so väterlich geht er auf unsere Bedürfnisse ein. So hat auch der Heiland seine Jünger gesandt je zwei und zwei, damit der eine dem andern zur Stütze sei.

Namentlich, wenn wir in irgendwelche Schwierigkeiten und Gefahren hinein sollen, brauchen wir ein Herz, das mit uns fühlt. David hatte einen Jonathan nötig, der mit ihm weinte, Luther brauchte einen Melanchthon, der neben ihm stand. Was brachte den Elia dahin, daß er zusammenbrach und verzagte? Es war das lähmende Bewußtsein: Ich bin allein übriggeblieben! Er mußte einen Elisa haben, der ihn verstand, der seine niedergebrannte Hoffnung wieder neu entfachte. Es ist etwas unbeschreiblich Köstliches um ein treues Herz, das uns zur Seite steht.

So ging Gideon mit Pura zum Lager der Midianiter. Als sie sich ganz nahe herangeschlichen hatten, hörten sie, wie einer einem anderen einen Traum erzählte: »Mich deuchte, ein geröstetes Gerstenbrot wälzte sich zum Heer der Midianiter; und da es kam an die Gezelte, schlug es dieselbigen und warf sie nieder und kehrte sie um, das Oberste zuunterst, daß das Gezelt lag.« Da antwortete der andere: »Das ist nichts anderes denn das Schwert Gideons, des Sohnes Joas, des Israeliten. Gott hat die Midianiter in seine Hände gegeben mit dem ganzen Heer!«

Gideon hatte genug gehört. Er betete Gott an, der ihn diesen Traum und seine Auslegung hatte hören lassen; dann kehrte er eilig zu seinen dreihundert Mann zurück und rief sie zum Kampf auf. Aber was waren das für merkwürdige Waffen, die er ihnen gab! Jeder bekam eine Posaune, einen irdenen Krug und eine Fackel, die zunächst im Krug verborgen gehalten wurde.

Dann griffen die dreihundert das Lager der Feinde von drei Seiten her an. Sie stießen auf das Signal Gideons in die Posaune, zerbrachen klirrend und krachend die Krüge und schwangen die Fackeln. Da bemächtigte sich ein furchtbarer Schrecken des Midianiterheeres. Einer kehrte sich gegen den andern, denn sie dachten, durch die Fackeln geblendet, der Feind sei mitten in ihrem Lager. So errang Gideon einen glänzenden Sieg und brachte den Midianitern eine entscheidende Niederlage bei – mit dreihundert Mann ohne Waffen.

Da zeigte Gott, was er ausrichten kann, wenn er Leute findet, die ihm vertrauen. Da braucht es kein großes Heer, da werden keine Waffen benötigt. Es braucht nur Vertrauen auf den Herrn. Und das hatten diese dreihundert, die mit Gideon durch dick und dünn gingen. Dreihundert Mann! Da sollen wir lernen, daß es nicht auf uns und unsere Gaben und Fähigkeiten ankommt, sondern allein auf Gott. Er schlug die Schlacht, er errang den Sieg. Die dreihundert waren nur Werkzeuge, deren er sich bediente. So will er uns haben. Werkzeuge will er haben, mit denen er machen kann, was er will, die sich von ihm gebrauchen lassen nach seinem Belieben. Willst du dich ihm dazu hingeben, so ein Werkzeug zu sein?

Auf einer Konferenz sagte einmal ein Redner ein Wort, das mir geradezu ins Herz schnitt. Er sagte: »Unser Gott ist in Not.« Er meinte: Unser Gott braucht Leute, deren er sich bedienen kann, wo und wie und wann er will, die ihm zur Verfügung stehen. Seine Augen durchlaufen die Lande, um solche Leute, die ganz zu seinen Diensten stehen, zu finden, und er kann keine finden, oder doch nur wenige.

Unser Gott ist in Not. Ein furchtbares Wort! Eine traurige Tatsache. Willst du mit dazu beitragen, daß diese »Not Gottes« ein Ende bekommt? Willst du dich ihm hingeben als ein ganzer Mensch für Gott? Wenn du es doch tätest! Dann könnte Gott auch mit dir seine Schlachten schlagen und seine Siege erringen in dieser letzten ernsten Zeit. Laß es dir sagen: Gott sucht ganze Leute!

Was uns Barak zeigt

Die Zeit würde mir zu kurz, wenn ich sollte erzählen von Gideon und Barak und Simson und Jephthah und David und Samuel und den Propheten. Vers 32

Es geht dem Apostel nicht darum, eine chronologisch richtige Reihenfolge der Helden des Glaubens zu geben. Er nennt die Namen, so wie sie ihm gerade in Erinnerung treten. Wollte er die Männer, die er hier nannte, in geschichtlicher Folge aufzählen, so müßte er Barak vor Gideon nennen, Jephthah vor Simson und Samuel vor David. Aber er will hier keinen Abriß der Geschichte schreiben, sondern aus der »Wolke von Zeugen« nur ein paar Namen herausgreifen, um an ihnen zu beweisen, daß der wahre Glaube eine gewisse Überzeugung von zukünftigen und unsichtbaren Dingen ist.

Wir wenden uns – der Aufzählung des Apostels folgend – dem Richter Barak zu und fragen: Wie kommt Barak in die Ruhmeshalle von Hebräer 11? Die Zeit Gideons, von der wir schon miteinander sprachen, war dunkel genug. Aber die Zeit Baraks war doch noch viel dunkler. Denn in den Tagen Gideons gab es doch wenigstens 300 ganze Leute, die für die Sache Gottes durch dick und dünn gingen. Aber in den Zeiten, von denen wir im 4. Kapitel des Richterbuches lesen, gab es überhaupt keinen Mann, der so war, wie Gott ihn suchte.

Eine Frau war Richterin und Prophetin. Zwischen Rama und Bethel saß Debora unter ihrer Palme, und die Kinder Israel kamen zu ihr hinauf vor Gericht. Das war doch ein unnatürlicher Zustand, daß es keinen Mann gab, der so viel Ansehen besaß, daß er hätte Recht sprechen und Gericht halten können.

In einer Predigt hörte ich einmal das Wort: »Unser Gott ist in Not.« Der Redner wollte sagen: Gott sucht Leute, deren er sich bedienen kann als Werkzeuge, und er kann keine finden. So eine Zeit der Not Gottes war auch in den Tagen der Debora. Gott suchte Männer, und da war keiner. Doch ja, einen gab es noch. Aber der war so furchtsam und so verzagt, daß er sich nicht hervorwagte.

Gott hatte ihm schon einmal gesagt, er solle ein Heer von 10 000 Mann sammeln und damit gegen das Heer Jabins ziehen. Aber Barak blickte auf die überlegene Macht des Königs Jabin, auf den kriegsgeübten Feldhauptmann Sisera, auf die 900 eisernen Kriegswagen. Und dann blickte er auf sich: was soll ich gegen eine solche Macht und gegen so viele des Krieges kundige Männer ausrichten?

Gott hatte ihn berufen – aber er leistete dem Ruf keine Folge. Er fürchtete sich. Da sandte Debora ihm eine Botschaft und ließ ihm sagen: »Hat dir nicht der Herr, der Gott Israels, geboten: Gehe hin und zieh auf den Berg Tabor und nimm 10 000 Mann mit dir von den Kindern Naphtali und Sebulon? Denn ich will Sisera, den Feldhauptmann Jabins, zu dir ziehen an das Wasser Kison mit seinen Wagen und mit seiner Menge und will ihn in deine Hände geben!«

Es gibt Leute, die stehen in der ersten Reihe, die sind zum Führen und Regieren geboren. Sie drücken einer ganzen Zeit ihr Gepräge auf wie Luther und Bismarck. Auch in kleinen Verhältnissen gibt es solche führenden Geister, die ihrer ganzen Art und Anlage nach den ersten Platz einnehmen müssen. Aber es gibt auch andere, die ganz treu ihre Schuldigkeit tun, sofern sie von anderen geschoben werden. Sie können nicht führen; sie brauchen einen Führer. Zu den Menschen dieser Art gehörte Barak.

Ich bin so froh, daß auch Barak seinen Platz in Hebräer 11 gefunden hat. Wenn nur – wie man jetzt zu sagen pflegt – »erstklassige« Menschen in diese Ruhmeshalle hinein könnten, dann würde für viele Christen kein Platz darin sein! Aber wie tröstlich, wie köstlich ist es, daß auch Barak in Hebräer 11 steht! Vielleicht bist du auch so ein Barak. Gott hat schon mit dir geredet. Er hat dir Aufträge gegeben, aber du hast sie nicht ausgeführt. Du warst zu feige. Nun gut. So war es. Aber so soll es nicht bleiben! Wenn Gott dir nun wieder sagen läßt, daß er Aufträge für dich hat, dann werde jetzt gehorsam!

Als Barak Deboras Aufforderung, seine Aufgabe zu erkennen, erhielt, antwortete er: »Wenn du mit mir ziehst, so will auch ich ziehen; ziehst du aber nicht mit mir, so will ich auch nicht ziehen.« Das klingt zunächst recht unmännlich, nicht wahr? Aber wir müssen das Wort recht verstehen! Debora war die Prophetin, durch die

Gott redete, zu der sich Gott bekannte. Darum dachte Barak: Wenn Debora mitgeht, so ist das eine Gewähr, daß Gott mitzieht. Die Gegenwart Deboras verbürgte ihm die Gegenwart Jahwes. Gibt es nicht auch unter den Christen unserer Tage viele, die sind, wie Barak war? Es ist so schwer, sich an den unsichtbaren Gott zu halten, man möchte doch etwas sehen!

So war es in Israel, so ist es in der katholischen Kirche, und in der evangelischen ist es auch nicht viel besser. Man möchte so gern etwas Sichtbares haben, woran man sich hängen, worauf man sich stützen kann. Entweder sind es ragende Dome und gotische Kirchen oder kunstvoller Gesang und weihevolle Gottesdienste, oder es ist »ein beliebter Kanzelredner« oder ein Bruder, »der einem so viel gibt«. Man will etwas Sichtbares haben, gerade wie Barak.

Er bekommt seinen Wunsch erfüllt. Wenn er einen Menschen nötig hat, der ihn antreibt und ihm sagt: Nun auf, nun ist es Zeit, nun handle! – dann soll er diesen Menschen auch bekommen. Debora antwortet: »Ich will mit dir ziehen.« Aber dann fügt sie hinzu: »Aber der Preis wird nicht dein sein auf dieser Reise, die du tust, sondern der Herr wird Sisera in eines Weibes Hand übergeben.« Hat Barak sich so an Debora gehängt, dann wird sie den Ruhm haben, Israel von dem gefürchteten Sisera befreit zu haben.

Nachdem Debora sich bereit erklärt hatte, mitzuziehen, rief Barak ein Heer zusammen. Es kamen – wie Gott vorher gesagt hatte – 10 000 Mann zusammen auf dem Tabor. Als Sisera das erfuhr, zog er mit seiner ganzen Streitmacht an den Bach Kison. Welch ein gewaltiges Heer! Wie furchtbar waren die eisernen Kriegswagen anzusehen! An den Rädern befanden sich scharfe Sicheln, welche alles zerschnitten, was ihnen zu nahe kam. So ein Wagen, in die Scharen der Feinde fahrend, verbreitete Tod und Verderben um sich her. Gegen diese Macht sollte Barak kämpfen? Nein, *Gott* wollte gegen Sisera kämpfen. Barak sollte nur sein Werkzeug dabei sein. So kam es auch.

An einem bestimmten Tage sprach Debora zu Barak: »Auf! Das ist der Tag, da dir der Herr Sisera hat in deine Hand gegeben; denn der Herr wird vor dir her ausziehen.« Da zog Barak aus mit seinen 10 000 Mann. Vor ihm her aber zog der Herr, und richtete im Heere Siseras einen solchen Schrecken an, daß es ein ungeheures

Getümmel gab. Die eisernen Kriegswagen, worauf sie so besonders vertraut hatten, die waren gerade ihr Verderben. Denn sie mähten im eigenen Heere unerbittlich alles nieder, was in dem Getümmel, das entstanden war, in ihre Nähe kam.

Da hatten die 10 000 Mann Baraks leichte Arbeit. Sie errangen einen solchen Sieg, daß von dem ganzen großen Heer Siseras nicht einer übrigblieb. Und Sisera selber, der aus der Schlacht geflohen war, wurde von einer Frau getötet, in deren Hütte er eingekehrt war. So vernichtend war diese Niederlage, so groß war die Achtung, welche die Feinde vor Israels Waffen bekommen hatten, daß das Land 40 Jahre lang Ruhe und Frieden gefunden hatte.

So freundlich hatte Gott sich zu Barak bekannt. Sein Glaube war ja kein großer Glaube, aber es war doch immerhin Glaube! Und das belohnte Gott in einer Zeit des Abfalls. Ist es nicht köstlich, daß wir einem Mann wie Barak in Hebräer 11 begegnen? Wenn für ihn in dieser Heldenreihe Platz war, dann ist gewiß auch für dich noch ein Platz frei. Willst du ihn nicht einnehmen? Wenn du auch kein Führer bist, wenn du auch nicht das Zeug hast, in der ersten Reihe zu stehen – du sollst auch einen Platz in der Reihe derer haben, die Gott vertraut haben! Wenn du auch erst von Menschen aufgefordert und angetrieben werden mußt, so will dich Gott trotzdem gebrauchen!

Was für ein Segen kann auch von dir ausgehen, für weite Kreise, für viele Jahre, wenn du dich aufmachst zu wirken! Willst du es nicht tun? Gott braucht dich! Gott ruft dich!

Simson

Die Zeit würde mir zu kurz, wenn ich sollte erzählen von Gideon und Barak und Simson und Jephthah und David und Samuel und den Propheten. Vers 32

Simson! Wenn wir diesen Namen hören, dann stehen große, kühne Heldentaten vor unseren Augen. Aber dann erinnern wir uns auch an einen tiefen, tiefen Fall, durch den Gott verunehrt wurde. Der Apostel zeigt uns ein ernstes Bild, wenn er den Namen Simson nennt.

Große Dinge hatte Gott mit Simson vor. Nicht vielen Menschen wurde es zuteil, daß ihre Geburt vorher durch eine Engelsbotschaft angekündigt wurde. Aber bei Simson geschah das. Er sollte vom Mutterleib an ein Geweihter Gottes sein. Er sollte anfangen, Israel aus der Philister Hand zu erlösen (Ri 13,5). Was für einen schönen Anfang hat Simson gemacht! Wir lesen von ihm: »Der Geist des Herrn fing an, ihn zu treiben im Lager Dan« (Ri 13,25). Der Geist Gottes war die Kraft, die ihn trieb. Er wußte, daß er ein Geweihter Gottes war, und er handelte demgemäß. Darum bekannte sich Gott zu ihm in wunderbarer Weise, indem er ihm eine große Kraft verlieh.

Auf dem Wege nach Thimnath begegnete ihm ein junger Löwe, der brüllend auf ihn zukam. Aber Simson erschrak nicht. Er vertraute dem Herrn und ging in der Kraft Gottes auf den Löwen los. In dieser Kraft von oben zerriß er den Löwen, »wie man ein Böcklein zerreißt«, obwohl er keine Waffe bei sich hatte. Und noch ein schöner Zug tritt uns hier entgegen. »Er sagte es nicht seinem Vater noch seiner Mutter, was er getan hatte.« Er prahlte nicht mit dieser Heldentat. Er erzählte es nicht allen Leuten, was er vollbracht hat. Er schwieg darüber. Wie viele gibt es heute, die immer von ihren Erfahrungen reden! Sie sagen wohl, sie erzählten es zur Ehre Gottes; aber dabei merkt man doch ganz deutlich, daß das eigene Ich eine Rolle spielt.

Wie freuen wir uns an dem jungen Simson, der so mit einem brüllenden Löwen fertig wird und nicht davon spricht! Berechtigt dieser schöne Anfang nicht zu großen Hoffnungen? – Dann finden wir ihn in der Steinkluft zu Etam. Seine Landsleute, die Bewohner von Lehi, kommen, dreitausend Mann stark, um ihn gefangenzunehmen. Simson hat den Philistern großen Schaden dadurch zugefügt, daß er Füchse mit Feuerbränden in die reifenden Felder geschickt hat. Nun haben die Philister seine Auslieferung verlangt. Die Leute von Lehi sind bereit, ihn den Feinden zu übergeben. Simson läßt sich bloß versprechen, daß sie ihm kein Leid tun wollen, dann will er sich ruhig binden und ausliefern lassen.

So geschieht es. Er wird gebunden und zu den Philistern gebracht. Die jauchzen, als sie ihren Feind gebunden ankommen sehen. Aber Simson tut einen Blick zum Herrn, der ihm geholfen hat, den Löwen zu zerreißen, und der Geist des Herrn kommt über ihn. Er zerreißt die Stricke, mit denen er gebunden ist, als ob es Fäden wären, die das Feuer versengt hat. Aber was sollte er nun ausrichten – ein wehrloser Mann gegen eine tausendfache Übermacht? Da lag ein Eselskinnbacken auf dem Boden. Den hebt er auf und dringt damit auf die Philister ein. So gewaltig schlägt er drein, daß tausend Mann unter seinen Streichen fallen.

Das gab einen Schrecken im Volk der Philister! Zwanzig Jahre wagten sie sich nicht mehr an Israel heran. Zwanzig Jahre hatte Israel Ruhe vor den Feinden. Zwanzig Jahre war Simson Richter des Volkes. Aber auch zwanzigjährige Treue gibt uns keine Erlaubnis, auf den gesammelten Erfahrungen auszuruhen. Man kann schon alt geworden sein im Glauben, man kann schon lange auf dem rechten Weg sein, aber wenn man das Wachen und das Beten vergißt, steht man dicht vor dem Fall.

Auch Simson tat einen tiefen Fall. Die zwanzigjährigen Erfahrungen von der Macht und Treue Gottes konnten ihn vor diesem Sturz in die Tiefe nicht bewahren. Es ist so wahr, was geschrieben ist: »Wer da steht, der sehe wohl zu, daß er nicht falle!« Den brüllenden Löwen hatte Simson besiegt; aber die schleichende Schlange überlistete ihn. Er geriet in die Umstrickung eines verführerischen Weibes. Das wurde sein Verderben. Ach, wie traurig fängt das 16. Kapitel im Buch der Richter an: »Simson ging hin gen Gaza und sah daselbst eine Hure und kam zu ihr.« Der Richter Israels! Der Geweihte Gottes! Er läßt sich ein mit einer heidnischen Dirne, einer Sklavin des Lasters!

Was für ein Sturz in die Tiefe! Als der Löwe ihm entgegenbrüllte, da hat er auf den Herrn geblickt und sich nicht gefürchtet. Als die Philister ihm bei Lehi entgegenstürmten, da hat er auf die Kraft Jahwes vertraut und die Feinde geschlagen. Aber jetzt, nach zwanzigjährigen Glaubenserfahrungen, schlägt ihn ein käufliches Weib in ihre Fesseln!

Simson geht auf dem betretenen Weg weiter. Fester und fester umstrickt ihn die Sünde. Kaum aus Gaza entronnen, gewann er eine Frau lieb am Bach Sorek, die hieß Delila. Eine Frau ohne Herz und ohne Liebe, die sich eine Weile geschmeichelt fühlte, weil der stärkste und berühmteste Held Israels zu ihren Füßen lag, und die ihn dann in die Gewalt seiner Feinde überlieferte und zugrunde richtete.

Wir wollen keinen Stein auf Simson werfen. Er könnte uns selber treffen! Aber wir wollen lernen, wie der Feind es auf alle Weise versucht, die Geweihten Gottes zu Fall zu bringen.

Die deutsche Heldensage erzählt von dem tapferen Siegfried, der einen Drachen erschlug und dann im Blut des Drachen badete. Dadurch wurde er am ganzen Körper mit einer Hornhaut überzogen, so daß er unverwundbar war. Aber beim Baden war ihm ein Lindenblatt zwischen die Schulterblätter gefallen. An diese eine Stelle drang das Blut des Drachen nicht hin. Da war er verwundbar.

Siegfried hatte einen Feind, der hieß Hagen. Der kam mit freundlicher Miene zu Kriemhild, Siegfrieds Gemahlin, und sagte ihr, er wolle Siegfried in dem bevorstehenden Krieg schützen; sie möchte doch die Stelle kenntlich machen, an der er verwundbar wäre. Und sie tat es und nähte ihm ein rotes Kreuzlein aufs Wams. Und dann – im Walde, als Siegfried sich zur Quelle bückte, stieß Hagen ihm den Speer in die Stelle, wo er verwundbar war. Da fiel der starke Held durch die List des verschlagenen Feindes.

Gerade so macht es der Teufel auch. Er späht mit List aus, wo jeder seine schwache Stelle hat. Und da setzt er mit seinen Versuchungen ein. Was ist deine schwache Stelle? Nimm dich in acht! Der Feind kennt sie!

Simson hat er so schmählich überfallen. Er wußte, diesen starken und kühnen Mann kann ich am besten in der Schlinge der Lust fangen. Schon die Geschichte der Werbung und Hochzeit mit der

Frau von Thimnath hatte offenbart, daß Simson hier seine schwache Seite hatte. Auf die besorgten und bekümmerten Worte seiner Eltern: »Ist denn nun kein Weib unter den Töchtern deiner Brüder und in all deinem Volk, daß du hingehst und nimmst ein Weib bei den Philistern?« hatte er nur die Antwort: »Gib mir diese, denn sie gefällt meinen Augen.« Aus diesem Wort sprach schon damals seine Augenlust, die alle Vernunftgründe und Rücksichten aus dem Felde schlug.

Wo finden wir Simson wieder? Im Gefängnis der Philister, wo er Sklavenarbeit tun und den Mühlstein drehen muß! Warum geht er so tappend und tastend? Ach, sie haben ihm die Augen ausgestochen! Das ist der ehemalige Richter Israels, der Mann Gottes! Ein geblendeter Sklave! Was für eine Predigt hält uns dieser geblendete, gefangene Mann! Gott ist ein heiliger Gott, der seinen Kindern nichts durchgehen läßt. Er nimmt es genau mit der Sünde.

Auch wenn Simsons Geschichte uns die Heiligkeit Gottes zeigt, der es unerbittlich genau nimmt mit seinen Kindern – sie zeigt uns ebenso Gottes Treue und Barmherzigkeit. Wenn Simson auch das Wort gebrochen hat, Gott bleibt treu. Er läßt seinen verirrten und tiefgefallenen Knecht nicht. Er läutert ihn im Ofen der Trübsal, um doch noch mit ihm zum Ziel zu kommen.

Im Gefängnis wuchs ihm nicht nur das Haar wieder, das die verräterische Delila ihm abgeschnitten hatte, sondern er fand auch wieder den Rückweg zu seinem Gott. Er fand Gott wieder, und Gott fand ihn wieder. Das alte Verhältnis zu Gott wurde in Buße und Glauben wiederhergestellt.

Ein treuer Gott! Er läßt den armen Simson nicht im Zustand der traurigen Knechtschaft stecken. Die Geschichte Simsons schließt nicht mit den Worten: »...und banden ihn mit zwei ehernen Ketten, und er mußte mahlen im Gefängnis.« Sie hat noch einen ergreifenden Schluß. Ein großes Dagonfest soll gefeiert werden. Ein großes Opfer soll dargebracht werden. Dabei will man sich an dem Anblick des gefangenen Simson weiden, der vor ihnen spielen soll. Simson wird in die große Versammlung hereingebracht. Das ganze Gebäude ist gedrängt voll. Sogar auf dem flachen Dach haben viele einen Platz gefunden, an die dreitausend Männer und Frauen.

Die Aufmerksamkeit aller ist auf Simson gerichtet. Also das ist der Mann, vor dem wir so lange gezittert haben, der solches Unheil unter uns angerichtet hat! Simson läßt sich an die beiden Säulen stellen, die das Gewölbe tragen. Dann hebt er, wie einst in guten Tagen, die Augen seines Glaubens empor zu Jahwe: »Herr, Herr, gedenke mein und stärke mich doch, Gott, diesmal, daß ich für meine beiden Augen mich einmal räche an den Philistern!«

Und Gott bekennt sich zu seinem Knecht wie einst bei Thimnath und bei Lehi. In der Kraft Gottes faßt Simson die beiden Säulen und neigt sich mit aller Macht vornüber. Die Säulen zerbrechen, das ganze Haus stürzt zusammen und begräbt Tausende unter seinen Trümmern. Sein Tod forderte mehr Opfer als sein Leben. »Da kamen seine Brüder hernieder und seines Vaters ganzes Haus und hoben ihn auf und trugen ihn hinauf und begruben ihn in seines Vaters Grab zwischen Zora und Esthaol.«

So knüpft sein Ende an den Anfang an. Das dreizehnte Kapitel schließt mit den Worten: »Und der Geist des Herrn fing an, ihn zu treiben im Lager Dan, zwischen Zora und Esthaol.« Und das sechzehnte Kapitel zeigt uns sein Grab zwischen Zora und Esthaol. Was liegt alles dazwischen! Wieviel Treue und Gnade Gottes! Wieviel menschliche Sünde und Schuld! Aber Gott ist doch auch durch die Tiefen hindurch mit Simson zum Ziel gekommen. Sonst stände sein Name nicht in der Aufzählung der Glaubenshelden von Hebräer 11. Was sollen wir daraus erkennen? Daß unser Gott ein heiliger Gott ist, der es genau nimmt mit seinen Leuten.

Jephthahs Gelübde

Die Zeit würde mir zu kurz, wenn ich sollte erzählen von Gideon und Barak und Simson und Jephthah und David und Samuel und den Propheten.   *Vers 32*

Der Richter Jephthah, dessen Bild wir nun betrachten wollen, hatte eine schwere Jugend. Er war ein uneheliches Kind. Das drückte seiner Kindheit und Jugend einen Makel auf. Als seine Stiefbrüder heranwuchsen, stießen sie ihn aus dem Haus, damit er ihr Erbe nicht schmälere. So lebte er im Lande Tob, nordöstlich von Palästina, in der Verbannung – ein landfremder, heimatloser Mann, um den sich bald eine Schar von Leuten sammelte, die sich in ähnlicher Lage befanden wie er.

Nach etlicher Zeit aber bedrängten die Ammoniter die Kinder Israel, namentlich das Ostjordanland. Und ihrer überlegenen Macht fühlten sich die Gileaditer nicht gewachsen. Da fiel ihnen Jeph-thah ein, den sie so schnöde vertrieben hatten. Das war ein Mann, der imstande war, die Führung zu übernehmen und Israel von dem Joch der Feinde zu befreien. So schickten ihm seine Landsleute eine Gesandtschaft und ließen ihn bitten, er möge doch zurückkehren und ihr Anführer gegen die Ammoniter sein.

Jephthah war bereit. Er dachte nicht: Es geschieht euch recht, daß ihr so bedrückt werdet! Ich denke nicht daran, euch zu helfen. Nein, so sprach er nicht. Sein Volk war in Not. Da war er bereit, zu vergeben und zu vergessen. So kehrte er zurück und wurde Richter des Volkes. Es kam ihm aber nicht darauf an, um jeden Preis Krieg zu führen. Lieber hätte er mit den Feinden Frieden geschlossen. Darum schickte er zwei Gesandtschaften an den König der Ammoniter, um ihm zu sagen, daß sein Vorgehen unrecht sei. Aber der König war für diese Worte taub.

Da griff Jephthah zum Schwert, um die Macht des Feindes zu brechen. Er zog durch Gilead und Manasse und sammelte ein Heer gegen die Ammoniter. Bevor er auszog, tat er dem Herrn ein Gelübde und sprach: »Gibst du die Kinder Ammon in meine Hand, was zu meiner Haustür heraus mir entgegengeht, wenn ich mit Frieden wiederkomme von den Kindern Ammon, das soll des Herrn sein und will's zum Ganzopfer opfern.«

Gott zog mit Jephthahs Heer und gab ihm einen entscheidenden Sieg über die Ammoniter. Es war eine gewaltige Schlacht, die sich von Aroer bis gen Minnith hinzog, ein Gebiet von zwanzig Städten. Triumphierend kehrte das siegreiche Heer zurück, nachdem es so die Feinde gedemütigt hatte. Überall liefen die Leute zusammen, um den Retter des Vaterlandes, den Befreier vom Joch der Fremdherrschaft zu begrüßen. Wie ein Lauffeuer ging die Kunde von dem Herannahen des Heeres voraus.

So kam Jephthah, überall jubelnd begrüßt und gefeiert, nach Mizpa, in seine Stadt. Als er sich seinem Hause nahte, kam seine Tochter heraus ihm entgegen, mit Pauken und Reigen, um ihn festlich willkommen zu heißen. Sie war sein einziges Kind. Da dachte er an das Gelübde, das er beim Auszug getan hatte. Er zerriß seine Kleider und sprach: »Ach, meine Tochter, wie beugst du mich und betrübst mich! Denn ich habe meinen Mund aufgetan gegen den Herrn und kann's nicht widerrufen.«

Und die Tochter, nicht weniger eine Heldin als ihr Vater, antwortete: »Mein Vater, hast du deinen Mund aufgetan gegen den Herrn, so tue mir, wie es aus deinem Munde gegangen ist, nachdem dich der Herr gerächt hat an deinen Feinden, den Kindern Ammon.« Nur bat sie noch um eine Frist von zwei Monaten, um auf den Bergen ihre Jungfrauschaft zu beweinen mit ihren Gespielen. Das erlaubte der Vater, und sie ging hin. Danach kam sie wieder zu ihrem Vater, und er tat ihr, wie er gelobt hatte. Was tat er ihr denn?

Das ist eine strittige Frage unter den Auslegern gewesen. Die einen sagen, er habe sie als ein Brandopfer geopfert, die anderen, er habe sie dem Herrn geweiht für den Dienst am Heiligtum.

Diejenigen, welche sagen, er habe seine Tochter geopfert, die übersehen, daß es in Israel durch Gesetz verboten war, Menschenopfer zu bringen. Ganz klar und bestimmt hatte Gott gesagt: »Wenn du in das Land kommst, das dir der Herr, dein Gott, geben wird, so sollst du nicht lernen tun die Greuel dieser Völker, daß nicht unter dir gefunden werde, der seinen Sohn oder Tochter durchs Feuer gehen lasse...« (5Mo 18,9.10). Ein Mann des Glaubens, wie uns Jephthah geschildert wird, ein Mann, auf dem der Geist des Herrn war (Ri 11,29), konnte sich doch nicht so über das Gesetz hinwegsetzen, daß er seine Tochter opferte.

Wer die Stelle genau ansieht, der ist bald überzeugt, daß er seine Tochter nicht geschlachtet und verbrannt, sondern dem Herrn geweiht hat zu einem Leben der Ehelosigkeit in seinem Dienst. Was tut die Tochter Jephthahs auf den Bergen mit ihren Gespielen? Sie beweint nicht etwa »ihr junges Leben«, das sie so früh verlieren soll; nein, sie beweint ihre »Jungfrauschaft«, oder, wie man es auch übersetzen kann, ihre »Ehelosigkeit«. Sie klagt darüber, daß sie nun alle Hoffnung auf Lebens- und Liebesglück aufgeben soll. Nie wird sie ein Kind an die Brust drücken, nie wird der süße Name »Mutter« an ihr Ohr tönen. Auf Mutterglück und Mutterfreuden soll sie verzichten. Das war ein Opfer, ein Ganzopfer für eine Tochter Israels.

Dieses Opfer der Tochter Jephthahs machte einen solchen Eindruck auf die Töchter des Volkes, daß sie Jahr um Jahr hinausgingen in die Berge, um die Tochter Jephthahs – nicht zu »klagen«, wie Luther übersetzt hat, sondern zu »preisen«. Nämlich weil sie bereitwillig dieses große Opfer gebracht und ihr Leben dem Herrn gegeben hatte. Es war ja doch ein freudloses Leben, das die Frauen führten, die den Dienst am Hause Jahwes versahen, ein Leben der Arbeit und der Entsagung. Welche israelitische Jungfrau hätte sich nicht gewünscht, Gattin und Mutter zu werden? Und darauf galt es nun zu verzichten. Das war ein Opfer!

Und Jephthah? Nun stand er auf der Höhe des Ruhmes, nun war er der Richter Israels – und dabei ein einsamer Mann! Kein Kind und Erbe, dem er seinen Ruhm vererben konnte! Keinen Enkel sollte er je auf seinen Knien schaukeln und ihm von den Taten Gottes in seinem Leben erzählen. Kahl und absterbend stand nun der Baum seines Lebens da, dem Untergang verfallen. Das war ein Opfer! Keine Nachkommenschaft zu haben, keine Kinder und Erben zu haben, das war mit das Schwerste, was es für einen Israeliten geben konnte.

Aber so schwer das Opfer für Jephthah auch war – er hat es gebracht. Er bezahlte dem Höchsten sein Gelübde. Er gab sein einziges Kind hin, die Hoffnung der Zukunft, die Freude seines Alters. Das war ein schwerer Weg; aber er ging ihn. Und gewiß war es so nach Gottes Willen richtig, daß er ihn ging. Er war nach einer schweren Jugendzeit sehr schnell zu hohen Ehren emporgestiegen. Er war der erste Mann in Israel geworden, nachdem er lange einer der verachtetsten gewesen war. Wie leicht war es da möglich, daß seine Ehren und Würden ihm den Sinn vernebelten und ihn hochmütig machten! Da brauchte er ein Gewicht an der Uhr seines Lebens, um in Gang zu bleiben. Wer weiß, er hätte sich sonst vielleicht etwas auf seine Stellung eingebildet, wäre hochmütig geworden, und wir fänden ihn nicht in der Siegesallee von Hebräer 11!

Daß wir ihm nun hier in der Reihe der Glaubenshelden begegnen, das verdankt er sicherlich zum Teil dem Opfer, das er gebracht hatte, auch wenn sein Leben dadurch einsam wurde.

Aber wenn wir ein Gelübde getan haben, dann verlangt Gott, daß wir es halten. Dann fordert er mit großem Ernst in seinem Wort: »Opfere Gott Dank und bezahle dem Höchsten deine Gelübde!« Wie steht es bei dir? Hat es nicht auch in deinem Leben schon feierliche Gelübde gegeben? Vielleicht haben die meisten, die diese Zeilen lesen, einmal in weihevoller Stunde gelobt, Gott und Jesus Christus als ihrem Heiland und Erlöser ihr Leben lang nachzufolgen.

Besinnst du dich noch auf den Tag deiner Konfirmation? Weißt du noch, wie du da deine Hand in die des Pastors legtest, als wäre es die Hand Gottes? Ja, sagst du, das weiß ich wohl noch. Aber damals wußte ich noch gar nicht, was ich versprach. Ich war mir über die Tragweite meines Gelübdes nicht klar. Das mag wohl sein. Aber heute bist du doch alt genug, um zu wissen, was du damals gelobt hast. Und darum frage ich dich heute: Hast du dem Höchsten dein Gelübde bezahlt? Ist Jesus dein König und dein Gebieter geworden? Waren sein Wort und Wille dein oberstes Gesetz? War Jesus der Mittelpunkt, um den sich dein Leben drehte? Wenn du mit nein antworten mußt, dann bezahle dem Höchsten dein Gelübde! Dann mache endlich Ernst mit deinem Versprechen und gib Gott das Verfügungsrecht über dein Leben!

Und da ist noch ein anderes Gelübde gewesen. Das hast du am Traualtar gegeben. Da hast du gelobt: »Ich aber und mein Haus wollen dem Herrn dienen.« Da hast du versprochen, den Bund der Ehe heilig und unverbrüchlich zu halten, bis der Tod die Ehe scheide. Weißt du noch? Wie sieht es in deinem Hause aus? Ist Christus der Herr deines Hauses geworden?

Wie hast du das Gelübde gehalten, das du deinem Lebenspartner gegeben hast? Vielleicht haben viel Streit, Unfrieden und Untreue den Born deines häuslichen Lebens verschüttet. Viel schöne Zeit ist verlorengegangen. Aber noch ist es Zeit, umzukehren und dem Höchsten dein Gelübde zu bezahlen!

Und darf ich dich auch daran erinnern, was du vielleicht im Blick auf deine Kinder gelobt hast, dafür Sorge zu tragen, daß sie christlich und im Glauben erzogen und unterwiesen würden. Hast du das gehalten? Bist du deinen Kindern ein Vorbild im Glauben und ein gutes Beispiel gewesen? Sehen deine Kinder eine Bibel in ihres Vaters Hand? Wird in deinem Haus gebetet? Sehen deine Kinder an dir ein Bild lebendigen, gläubigen Christentums?

Dem Richter Jephthah war es schwer, sein Gelübde zu halten, denn es machte ihn zu einem einsamen, kinderlosen Mann. Und doch hat er es gehalten. Aber wenn du deine Gelübde bezahlst und dein Herz, Haus und Leben Jesus weihst, dann wird dein Leben nicht arm, sondern reich und des Lebens wert. Dann kommen Friede und Freude in dein Herz. Dann erlebst du, wie es in einem Lied heißt:

>»Mein Herr ist unbeschreiblich gut,
>und was er täglich an mir tut,
>kann niemand besser machen!«

Heilig dem Herrn

Die Zeit würde mir zu kurz, wenn ich sollte erzählen von Gideon und Barak und Simson und Jephthah und David und Samuel und den Propheten. Vers 32

Wenn der Apostel auch David vor Samuel nennt, so wollen wir doch das Bild Samuels vor dem Davids betrachten, weil Samuels Leben und Wirken der Zeit Davids unmittelbar vorausgeht. Samuel ist das Bild eines Mannes, dessen ganzes Leben von der Jugendzeit, ja von der Kindheit an bis ins Alter hinein Gott geweiht war. Das Leben Samuels trägt die Überschrift: »Heilig dem Herrn.«

Als er noch ein Kind war, brachte ihn seine Mutter Hanna schon nach Silo zum Tempel, denn sie hatte ihn nicht für sich vom Herrn erbeten, sondern um ihn Gott zu weihen. Es war damals eine traurige Zeit in Israel. Und in Silo, dem Mittelpunkt des religiösen Lebens, war es wohl am traurigsten. Eli, der Priester, war ein alter und schwacher Mann, der nicht einmal in seiner eigenen Familie Ordnung hielt.

In dieser Umgebung wuchs Samuel auf. Aber er wurde von dem Sündengift seiner Umgebung nicht angesteckt, vielmehr trieb ihn die Not seines Volkes schon früh in eine enge Gemeinschaft mit Gott.

Er war noch ein Kind, als Gott ihn schon besonderer Offenbarungen würdigte und ihm schon mitteilte, wie es mit Israel gehen würde, daß er das Haus Elis und das Volk Israel mit Gerichten heimsuchen werde. Als Samuel herangewachsen war, fing er an, dem ganzen Israel zu predigen (1Sam 4,1). Er hatte mit offenen Augen gesehen: Was dem Volk am meisten fehlt, ist das Wort Gottes. »Des Herrn Wort war teuer zu derselben Zeit und war wenig Weissagung«, so heißt es in Kapitel 3, 1 von der Zeit, da Samuel im Tempel zu Silo aufwuchs. Darum hielt er es für das Nötigste, das Wort Gottes unter das Volk zu bringen.

Wohl erkannte man, daß Samuel ein treuer Prophet des Herrn war (1Sam 3,20); aber zu einer eigentlichen Erweckungsbewegung kam es doch nicht. Er predigte, ohne daß seine Arbeit greifbare Resultate gebracht hätte. Aber ob er Erfolge hatte oder nicht – er predigte das Wort in dem Bewußtsein, daß allein im Wort Gottes die Quelle der Kraft zur Neubelebung Israels fließe. Soll einem Volk, auch dem unseren, geholfen werden, dann muß wieder das Wort Gottes in das Volk hineingebracht werden. Wie vielen Tausenden bedeutet es heute nichts mehr. Sie haben es längst als überflüssigen Ballast über Bord geworfen.

Wohl wird noch auf vielen Kanzeln gepredigt – aber wer kommt denn, um zu hören? Es gibt Gegenden, in denen nur noch drei von hundert Erwachsenen zur Kirche kommen. So hat das Wort seine Anziehungskraft verloren. Woher kommt das? Gewiß liegt es an dem materiellen, aufs Irdische gerichteten Sinn des Geschlechts unserer Tage; aber es liegt auch an denen, die das Wort verkündigen. Wie viele predigen statt der christlichen Botschaft ihre eigene Weisheit, die Kritik des Unglaubens und die Fragezeichen des Zweifels! Und wie viele predigen das Christentum lediglich als eine Lehre, eine graue Theorie, ein neues Gesetz. Aber von dem Evangelium, von der vollbrachten Erlösung, von der Kraft des Blutes Jesu und von der Kraft des Lebens mit Christus predigen sie nicht, weil sie es nicht erfahren haben.

Samuel erkannte, daß es nötig ist, nicht nur zu predigen, sondern Brennpunkte, Pflanzstätten geistlichen Lebens in Israel zu schaffen, von denen dann eine Neubelebung des Volkes ausgehen und Unterstützung finden könnte. So gründete er die Prophetenschulen, eine Art von Seminaren, in denen den jungen Leuten das Wort Gottes fundiert nahegebracht wurde. Was für Segnungen sind im Laufe der Zeit von diesen Prophetenschulen ausgegangen! Wie richtig hatte Samuel es erkannt, daß man die Jugend gewinnen muß, wenn man einem Volk aufhelfen will. Wir leben heute unter ganz ähnlichen Verhältnissen. Wie traurig sieht es um unsere Jugend aus! Wie läuft sie dem Feind in die Arme! Da gilt es, zu sammeln, zu werben, zu locken, einzuladen, um die gefährdete Jugend für Jesus zu gewinnen, in christlichen Vereinen und Kirchen Pflanzstätten geistlichen Lebens zu schaffen, in denen Menschen ausgebildet und ausgerüstet werden, um Salz und Licht für ihre Umgebung zu sein. –

In stiller Treue tat Samuel seine Arbeit. Er wartete auf Gott, daß er den ausgestreuten Samen aufgehen lassen möchte. Aber er mußte lange warten. Israel mußte erst tiefe Wege geführt werden, bis endlich ein neues Erwachen durch das Land ging. In der unglücklichen Philisterschlacht ging die Lade des Bundes an die Feinde verloren. Hophni und Pinehas, die Söhne Elis, fielen. Der alte Eli starb, als er die Schreckensnachricht bekam. »Die Lade Gottes ist genommen!« Wohl schickten die Philister die Lade bald zurück; aber sie kam auf ihrem Weg nur bis Kirjath-Jearim. Dort blieb sie zwanzig Jahre lang. Und in all der Zeit stand das Haus Gottes in Silo verödet und verwaist. Da endlich brach das Eis. Da endlich gab es eine Bußbewegung: »Das ganze Haus Israel weinte vor dem Herrn!«

Wer war froher als Samuel? Mit Kraft predigte er dem Volk Buße und verhieß ihm den Sieg über die Feinde, wenn es zu Jahwe zurückkehren werde. »So ihr euch mit ganzem Herzen bekehrt zu dem Herrn, so tut von euch die fremden Götter und die Astharoth und richtet euer Herz zu dem Herrn und dienet ihm allein, so wird er euch erretten aus der Philister Hand.« Und Israel schaffte gehorsam den Götzendienst ab. Alle Götzenaltäre wurden zerstört, alle Götzenbilder niedergehauen.

Die Philister sahen und hörten mit Unruhe von dieser wunderbaren Bewegung im Volk Israel. Sie kamen mit großer Heeresmacht gezogen, um Israel wieder mit Krieg zu überziehen. Aber das Volk Israel fürchtete sich nicht; es vertraute auf Gott, der sein Vertrauen nicht enttäuschte. Er ließ einen großen Donner über die Philister herab und schreckte sie, daß sie von Israel geschlagen wurden.

Da nahm Samuel einen Stein und richtete ihn auf zum Gedächtnis und hieß ihn Eben-Ezer und sprach: »Bis hierher hat uns der Herr geholfen.« Welch eine Zeit! Welch ein Geisteswehen ging durch das Land! Endlich konnte Samuel, was er gesät hatte, anfangen zu ernten. Da kamen die Ältesten in Israel zu ihm nach Rama und sprachen: »Sieh, du bist nun alt geworden – so setze nun einen König über uns, der uns richte, wie alle Heiden haben!«

Das war ein Schlag für den greisen Samuel! Nun wollte er die Frucht von dem Werk seines Lebens einbringen – und man gab ihm den Abschied. Wie schwer, wie schmerzlich mag das für ihn gewesen sein. Sein ganzes Leben hatte er seinem Volk gewidmet, und nun machte man es so mit ihm. Aber ehe er den Ältesten eine Antwort gab, ging er ins Gebet und besprach sich mit Gott. Und der Herr sprach zu ihm: »Gehorche der Stimme des Volks in allem, was sie zu dir gesagt haben; denn sie haben nicht dich, sondern mich verworfen, daß ich nicht soll König über sie sein. Sie tun dir, wie sie immer getan haben von dem Tage an, da ich sie aus Ägypten führte, bis auf diesen Tag.« Da gab Samuel dem Volk nach und gab ihnen einen König. Und er selber trat zurück.

Wieviel Gnade gehörte dazu, vom Schauplatz abzutreten, auf dem er sein ganzes Leben lang dem Volk gedient hatte! Aber die Verbindung, in der er mit Gott stand, gab ihm die Kraft, auch das Schwere zu tun, sich ohne Groll und Bitterkeit zurückzuziehen. Wie groß ist Samuel gerade in diesem Verzicht. Er sitzt nicht verbittert im Schmollwinkel und schilt über die neue Regierung. Wenn Gott noch Aufträge für ihn hat, ist er bereit, sie auszuführen. Aber wenn er unbeachtet in der Verborgenheit sein soll, ist er auch damit zufrieden.

Von Gideon und Barak, von Simson und Jephthah haben wir große Heldentaten gesehen. Die sehen wir bei Samuel nicht. Aber wir sehen bei ihm ein Heldentum, das viel größer ist als jenes dieser Kriegshelden. Den Feind bezwingen in blutiger Schlacht, das ist leichter, als das eigene Ich zu besiegen und alles Verlangen nach Ehre und Anerkennung in den Tod zu geben. Welch ein Held war doch Samuel! Wie konnte er das sein? Durch die innige Gemeinschaft mit Gott, in der er lebte!

Zunächst ging es gut mit dem König, den er dem Volk gegeben hatte; aber dann sah Samuel mit Schmerz, was für eine traurige Wende im Leben Sauls eintrat. Wie schwer war es dem alten Samuel, als er im Namen Gottes dem König verkündigen mußte: »Siehe, Gehorsam ist besser denn Opfer, und Aufmerken besser denn das Fett von Widdern; denn Ungehorsam ist eine Zaubereisünde, und Widerstreben ist Abgötterei und Götzendienst. Weil du nun des Herrn Wort verworfen hast, hat er dich auch verworfen, daß du nicht König seist!«

Wie schwer trug Samuel daran, daß Gott den König Saul verworfen hatte! Er dachte nicht im mindesten: Jetzt wird Israel innewerden, was es an mir gehabt hat. Kein Gefühl der Befriedigung und der Freude ging durch sein Herz. Nein, sondern in heißem

Flehen für Saul lag Samuel vor dem Herrn, bis dieser ihm endlich sagte: »Wie lange trägst du Leid um Saul, den ich verworfen habe, daß er nicht König sei über Israel?«

Und dann soll er im Namen Gottes hingehen, um David an Sauls Statt zum König zu salben. Sofort ist Samuel gehorsam und bereit, auch diesen Auftrag auszuführen. Welch ein waches Empfinden hat Samuel für die Weisungen Gottes! Bei jedem der Söhne Isais, die ihm vorgestellt werden, fragt er den Herrn: Ist's der? Und Gott antwortete seinem Knecht: Der ist's nicht! Bis endlich der Jüngste von der Herde geholt wird und der Geist Gottes dem alten Propheten sagt: »Auf und salbe ihn; denn er ist's!«

Nie finden wir in all den Kapiteln, die von Samuel berichten, eine Sünde oder einen Makel an ihm. Immer war er treu, immer offen für Gott, immer achtete er auf seine Winke. Sein Weg war kein Auf und Ab, kein Hin und Her, sein Weg war ein Leben des Gehorsams, der treuen Nachfolge bis zum Ende.

Schweres hat er noch erlebt. Er hat es noch beobachtet, wie Saul immer mehr ein Spielball finsterer Mächte wurde und wie er sich an den Priestern Gottes vergriff. Über Samuel selbst hielt der Herr seine Hand, so daß Saul ihm nichts antun konnte. In einer Zeit trauriger Zerrissenheit Israels ist er gestorben. Der einzige Hoffnungsstern für die Zukunft war die Berufung Davids zum König. Aber noch weilte der Gesalbte Gottes als ein Flüchtling im Ausland. Wenn auch von Gottes Hilfe und dem endlichen Sieg des Lichts über die Finsternis noch nichts zu sehen war, Samuel vertraute, daß Gott mit seinem Volk doch zum Ziel kommen werde, daß er sein Volk zu sehr liebte, um es in diesem traurigen Zustand zu lassen.

Samuel erlebte es nicht mehr, wie unter David endlich nach langer, langer Winternacht der langersehnte Frühling anbrach. Er erlebte es nicht mehr, daß Israel eine Blütezeit hatte wie nie zuvor und nie nachher. Aber er glaubte, ohne es zu sehen. Er hat seinem Gott vertraut. So steht Samuel vor uns als ein Vorbild ausharrender Treue, ob es durch Erfolge oder Mißerfolge, durch Anerkennung oder Zurücksetzung, durch Ehre oder Undank ging. Er blieb sich immer gleich. Denn er wollte nichts für sich. Er lebte für sein Volk und seinen Gott. Sein ganzes Leben war heilig dem Herrn!

Davids Jugend

Die Zeit würde mir zu kurz, wenn ich sollte erzählen von Gideon und Barak und Simson und Jephthah und David und Samuel und den Propheten.   *Vers 32*

Das Leben Davids, dem wir uns nun zuwenden wollen, ist so reich, daß wir es nicht in einem Kapitel besprechen können. Wir wollen hier nur von Davids Jugendzeit reden. Schon in seinen jungen Jahren steht David als ein Held des Glaubens vor uns. Das erste vielleicht, was wir von ihm wissen, ist dies, daß er den Kampf mit einem Löwen und einem Bären gewagt hat. Er war fast noch ein Kind. Er hütete die Schafe seines Vaters Isai, als eines Tages ein Löwe seine Herde überfiel.

Was war zu tun? Jeder andere hätte wohl sein Heil in der Flucht gesucht und die Herde verlassen. David nicht. Schon hatte der Löwe ein Schaf gefaßt, um es wegzutragen, da lief David ihm nach und schlug ihn und errettete es aus seinem Rachen. Und als der Löwe sich nun über David selber hermachte, ergriff er ihn bei der Mähne, schlug ihn und tötete ihn.

Wie konnte er einen solchen Kampf wagen? Er vertraute Gott. Er rechnete auf Gottes Hilfe. Und Gott half ihm, denn er kann den nicht enttäuschen, der ihm vertraut. Was können wir aus dieser Geschichte schließen? David hatte schon früh ein Verhältnis zu seinem Gott. Wenn er seine Schafe hütete, dann hielt er Zwiesprache mit dem Herrn. Da dichtete er zur Ehre Gottes seine ersten Psalmen.

Und noch ein schöner Zug Davids wird hier deutlich: So herrlich diese Siege über den Löwen und den Bären waren, er hat in der Familie nichts davon erzählt. Er ist nicht gleich nach Hause gelaufen, um sein Abenteuer zu berichten und seine Heldentat bewundern zu lassen – im Gegenteil! Niemand hat von diesen Kämpfen etwas gehört, bis er viel später zum König Saul davon redet, weil dieser nicht erlauben will, daß er mit dem Riesen Goliath kämpft.

Er hat sich nicht selbst die Ehre zugeschrieben, die Gott gebührte. Er hat sie allein dem Herrn gegeben. Er sagt zu Saul: »Der Herr, der mich von dem Löwen und Bären errettet hat, der wird mich auch erretten von diesem Philister.« Er weiß es und bezeugt es: »Der Herr hat mich errettet!«

Es ist ganz gewiß, der Herr würde sich in unseren Tagen noch viel wundervoller offenbaren, wenn er mehr Leute fände, die ihm die Ehre gäben. Wieviel Streben nach eigener Macht und Ehre ist heute zu beobachten, wieviel Sucht, beachtet und anerkannt zu werden, auch bei gläubigen Christen. Da kann Gott ja nicht auf den Plan treten, da wird er gehindert, sich zu offenbaren. Unser Gott will seine Ehre keinem anderen geben, noch seinen Ruhm den Götzen! Das laß dir gesagt sein, wenn du von deinen geistlichen Erfahrungen, von deinen Kämpfen und Siegen redest. Daß du sagst: »Ich erzähle das zur Ehre des Herrn«, hat nicht viel zu bedeuten. Man merkt doch, daß die eigene Ehre beteiligt ist! Mach es lieber wie David und behalte deine Erfahrungen für dich, bis Gott die rechte Stunde gibt, wo du sie erzählen kannst und mußt! –

Zum zweitenmal sehen wir David als einen Helden des Glaubens im Streit mit dem Riesen Goliath. Tagelang hat Goliath die Israeliten herausgefordert; ganz besonders galt wohl seine Herausforderung dem König Saul, der ja eines Hauptes länger war als alles Volk. Aber niemand im Lager Israels hatte den Mut, den Kampf mit ihm zu wagen. Da hörte David von der Spottrede des Feindes, und sogleich war sein Entschluß gefaßt, mit dem Riesen zu kämpfen. Der König Saul wollte ihn zurückhalten; aber er ließ sich nicht von seinem Vorhaben abbringen. Der König Saul wollte ihn mit seiner eigenen Rüstung ausstatten. Aber auch das lehnte David ab. Er ging auf den Riesen los, einen Stab in der Hand und ein paar Steine aus dem Bach in seiner Hirtentasche.

Als Goliath ihn kommen sah, verachtete er ihn und sprach: »Bin ich denn ein Hund, daß du mit einem Stecken zu mir kommst?« Und er fluchte dem David und seinem Gott. Aber David sprach zu dem Philister: »Du kommst zu mir mit Schwert, Spieß und Schild; ich aber komme zu dir im Namen des Herrn Zebaoth, des Gottes des Heeres Israels, das du gehöhnt hast. Heutigestages wird dich der Herr in meine Hand überantworten, daß alles Land innewerde, daß Israel einen Gott hat, und daß alle diese Gemeinde innewerde, daß der Herr nicht durch Schwert oder Spieß hilft: denn der Streit ist des Herrn, und er wird euch geben in unsre Hände.« Damit tat er die Hand in die Tasche, nahm einen Stein daraus, schleuderte und traf den Philister an seine Stirn, daß der Stein in seine Stirn fuhr und Goliath dröhnend zur Erde fiel.

Was für ein Vertrauen auf Gott offenbarte dieser junge Mann! Wieviel können wir da von ihm lernen! Wie kam es ihm darauf an, daß Gottes Ehre groß wurde! Wie empörte es ihn, daß sich in Israel niemand fand, der den Kampf mit dem Riesen wagte!

War es da ein Wunder, daß Gott ihn so sichtbar beglaubigte? Nein, es wäre im Gegenteil unverständlich gewesen, wenn Gott ihn nicht bestätigt hätte! – Was gilt dir die Ehre Gottes? Lerne von David, für die Ehre Gottes zu leben. Und du wirst es erfahren wie er, daß Gott sich zu dir bekennt, daß dein Leben ein Leben des Segens und des Sieges wird!

Dieser wunderbare Sieg brachte dem Kühnen aber viel Schweres ein. Saul konnte es nicht verwinden, daß die Weiber überall sangen: »Saul hat tausend geschlagen, aber David zehntausend.« Immer mehr gewann ein böser Geist Macht über Saul. Einmal wollte er David mit seinem Speer an die Wand spießen. Darum war seines Bleibens nicht länger am Hof. Traurige Jahre begannen. Unstet und flüchtig irrte David umher, von Saul und seinen Häschern gejagt und verfolgt. Vogelfrei mußte er sich in Höhlen und Schluchten verbergen, um sein Leben zu retten.

Zeitweilig mußte er sogar außer Landes gehen, weil die Verfolgung so heftig war. Schließlich finden wir den Besieger des Riesen sogar am Hof des Philisterkönigs Achis, bei dem er Zuflucht gesucht und gefunden hatte. Aber die Großen am Hof mißtrauten ihm. Nun mußte er, um sich zu retten, den Wahnsinnigen spielen. Welch dunkle Zeiten! Welch schwere Wege!

Und was für Proben mußte er durchmachen! Einmal hatte Saul ein ganzes Heer aufgeboten, um ihn zu fangen. Mit dreitausend Mann war er hinter ihm her. Da geschah es, daß Saul in eine Höhle ging, um die Nacht zu verbringen. In derselben Höhle befand sich David mit etlichen Getreuen. Diese sprachen zu ihm: »Siehe, das ist der Tag, davon der Herr gesagt hat: Siehe, ich will deinen Feind in deine Hand geben, daß du ihm tust, was dir gefällt!« Aber David antwortete: »Das lasse der Herr ferne von mir sein, daß ich das tun sollte und meine Hand legen an meinen Herrn, den Gesalbten des Herrn.«

David hatte die Versuchung siegreich bestanden. Er schnitt nur einen Zipfel von Sauls Rock ab, um zu zeigen, daß der König in seiner Gewalt gewesen war. Ein anderes Mal kam David nachts an das Lager Sauls und fand sie alle in tiefem Schlaf. Des Königs Spieß steckte zu seinen Häupten. Abner, sein Feldhauptmann, und sein Volk lagen um ihn her. Da trat der Versucher in der Gestalt des Abisai wieder zu David und sprach zu ihm: »Gott hat deinen Feind heute in deine Hand beschlossen, so will ich ihn nun mit dem Spieß stechen in die Erde einmal, daß er's nicht mehr bedarf!«

Aber David antwortete: »Verderbe ihn nicht, denn wer will die Hand legen an den Gesalbten des Herrn und ungestraft bleiben? Wo der Herr ihn nicht schlägt, oder seine Zeit kommt, daß er sterbe oder in einen Streit ziehe und komme um, so lasse der Herr ferne von mir sein, daß ich meine Hand sollte an den Gesalbten des Herrn legen! So nimm nun den Spieß zu seinen Häupten und den Wasserbecher und laß uns gehen!«

Wie würde das Bild Davids befleckt und besudelt worden sein, wenn er dem Versucher nachgegeben und den König erschlagen hätte! Wie groß war doch die Versuchung! Ein Schlag, ein Stoß – und er wäre von seinem Feind befreit, der ihn so zäh verfolgte, der ihm so nach dem Leben stand. Nur ein Stoß – und er wäre am Ziel all seiner Hoffnungen und Wünsche! Dann winkte eine Krone! Aber über des Königs Leiche zum Thron gelangen – niemals!

Die Losung Josephs war auch die Losung Davids: »Was sollte ich ein so groß Übel tun und wider meinen Gott sündigen?« Lieber noch länger gehetzt und gejagt werden, lieber noch länger geächtet und verbannt sein! *Nur nicht Unrecht tun!* Um keinen Preis wider Gott sündigen! Das war das einzige Übel, das er fürchtete: die Sünde.

Wie! Das einzige Übel? War denn dieses elende Leben in Höhlen und Klüften, vogelfrei und heimatlos, war das denn nicht auch ein Übel? Wohl war für David dieses Leben schwer. Aber als ein eigentliches Übel empfand er es nicht, weil er sich immer und überall in der Hut seines Gottes, in der Gegenwart Jahwes wußte.

Davon legen seine Psalmen ein beredtes Zeugnis ab. Welch tiefe Einblicke lassen sie uns tun in das Leben eines Mannes, der mit Gott lebte!

Von den vielen möchte ich nur einen herausgreifen, den 34. Psalm. Er beginnt mit den Worten: »Ich will den Herrn loben allezeit; sein Lob soll immerdar in meinem Munde sein.« Wann hat er dieses Loblied gedichtet? Der erste Vers sagt es uns: »Da er seine Gebärde verstellte vor Abimelech, als der ihn von sich trieb und er wegging.« Das war wohl die dunkelste Zeit in seinem Leben, als er am Hofe des Königs Achis weilte – »Abimelech« ist sein Amtsname, der seine Würde bezeichnet – und, um sein Leben zu retten, den Wahnsinnigen spielen mußte. Und in dieser Lage fängt er nicht an zu klagen und zu jammern, sondern zu loben und zu danken! Da stimmt er ein Lied an: »Ich will den Herrn loben allezeit; sein Lob soll immerdar in meinem Munde sein.« Wer macht ihm das nach?

Wie schnell lassen oft auch Christen den Kopf hängen, wenn es ihnen nicht ganz nach Wunsch geht, wenn sie durch Prüfungen und Trübsale hindurchzugehen haben! Ja, selbst in guten Tagen sind sie noch nicht einmal immer dankbar und zufrieden! Man braucht nur jemand zu fragen: »Wie geht's?« – Dann merkt man, wie unzufrieden und undankbar das Menschenherz oft ist. Da heißt es: »Na, es geht ja so!« Oder: »Es könnte besser gehen!« Oder: »Man muß zufrieden sein!« Was spricht aus diesen Worten? Man ist im Grunde genommen mit dem Walten Gottes nicht zufrieden.

Einmal habe ich auf die Frage: »Wie geht's?« die Antwort bekommen: »Unverdient gut!« Die hat mir gefallen. Vielleicht gefällt sie dir auch? Wenn manche schon in guten Tagen nicht zufrieden sind, wie wird es erst, wenn sie durch Trübsal oder durch Schwierigkeiten hindurchzugehen haben! Ach, wie wird da geklagt und geseufzt! Jedem, mit dem man zusammenkommt, wird erzählt, was man durchzumachen hat, wie ungerecht man behandelt wird.

Und was sind die Schwierigkeiten, die wir durchzumachen haben, gegenüber den Verfolgungen, die David durchstand! Saul trachtete ihm doch nach dem Leben! Wie oft war David in Gefahr! Und doch konnte er in der Trübsal dieser Zeit singen und sagen:

»Ich will den Herrn loben allezeit; sein Lob soll immerdar in meinem Munde sein.«

Wer kann das genauso wie David machen? Nur wer mit Gott in solcher Gemeinschaft und Verbindung steht wie David. Die Trübsale und die Leiden, die er durchzumachen hatte, haben ihn nicht von Gott getrennt, wie das bei andern so oft der Fall ist, sondern sie haben ihn in immer engere Verbindung mit dem Herrn gebracht. Er hat sich fester an ihn geklammert. Es war so, wie es im 23. Psalm steht. Dort redet David zunächst vom Herrn in der dritten Person: Er ist mein Hirte, er führt mich, er weidet mich. Bei diesem »er« bleibt es, bis das finstere Tal kommt, das Tal der Todesschatten. Da wird auf einmal aus dem »er« ein »du«: »Und ob ich schon wanderte im finstern Tal, fürchte ich kein Unglück; denn du bist bei mir, dein Stecken und Stab trösten mich.« Im finstern Tal, da wird die Verbindung fester als in guten Tagen, wenn es grüne Auen und frisches Wasser gibt. Im finstern Tal, »da lernt man erst erkennen, wie stark und treu du bist«, wie der Dichter sagt.

Jahre vergehen. Da kam der Unglückstag von Gilboa, an dem sich Saul in der Verzweiflung über die verlorene Schlacht in sein Schwert stürzte und an dem auch Jonathan, der Freund, in der Schlacht blieb. Wird jetzt David nicht frohlocken, daß nun die jahrelange Not vorbei ist? Nein, kein Wort von Jubel kommt aus seinem Mund, nur Klage um die gefallenen Helden, denen er in ergreifenden Tönen ein Lied singt.

Auf welch einer Höhe finden wir hier David! Wie vorbildlich steht er vor uns! So hat ihn Gott vorbereitet und ausgebildet, um für den Thron und die Krone geeignet zu sein. Nun ist die Hochschule des Leidens aus, nun kommt seine Erhöhung. David wird König, allerdings zuerst nur über einen kleinen Teil des Volkes. Es dauert noch sieben Jahre, bis das ganze Israel ihm als dem König huldigt. Aber David hat das Warten gelernt. Er hat gelernt, mit Gottes Führung einverstanden und zufrieden zu sein.

Hast du das auch schon gelernt? Oder beschämt dich David, der Mann des Alten Bundes? Dann wünschte ich dir, daß du diese Lektion lernen möchtest, die das Herz frei und froh macht und das Leben zufrieden.

Wachet!

Die Zeit würde mir zu kurz, wenn ich sollte erzählen von Gideon und Barak und Simson und Jephthah und David und Samuel und den Propheten. *Vers 32*

Noch einmal müssen wir von David sprechen. Wir wollen nun die Zeit betrachten, die er auf dem Throne Israels war. Vom Hirtenjungen zum König! Das war ein Gegensatz! Da wäre es wohl leicht möglich gewesen, daß er stolz geworden wäre und sich etwas auf seine hohe Stellung eingebildet hätte. Aber nein, er blieb von Herzen demütig.

Das zeigte sich so recht an dem Tag, als er die Bundeslade aus dem Hause Obed-Edoms holte und in festlichem Zug nach Jerusalem brachte. Da ging das Herz des Königs in Sprüngen; er tanzte im Reigen vor der Lade her. Als ihn deswegen Michal, sein Weib, Sauls Tochter, tadelte, wie unpassend er sich betragen habe, sagte er: »Ich will vor dem Herrn spielen, der mich erwählt hat vor deinem Vater und vor allem seinem Hause, daß er mir befohlen hat, ein Fürst zu sein über das Volk des Herrn, über Israel, und will niedrig sein in meinen Augen.« Er sagt nicht nur: »Ich will noch geringer werden!« Das könnte ja auch eine falsche und gemachte Demut sein. Nein, er sagt: »Ich will niedrig sein in meinen Augen.«

Aber – nichts ist schwerer zu ertragen als eine Reihe von guten Tagen! Immer mehr wächst Davids Macht und auch sein Ruhm. In erfolgreichen Kriegen besiegt er die benachbarten Völker. Aus allen Verwirrungen heraus weiß er sein Land zu einem einigen, geordneten Reich zu machen. Er steht auf der Höhe der Macht. Solange er auf der Flucht vor Saul war und die schwere Schule seiner jungen Jahre durchzumachen hatte, so lange hatte er sich eng und fest an den Herrn gehalten. Aber nun, in den guten Tagen, in den Zeiten der Ruhe und des Glanzes, da vergißt er das Wachen und Beten. Es war schon kein gutes Zeichen, daß er nicht mit ins Feld zog, wie er sonst immer zu tun pflegte. Als es galt, die Ammoniter niederzuwerfen und Rabba zu erobern, blieb er zu Hause, dem Wohlleben und dem Müßiggang ergeben. Das war schon ein Beweis, daß es mit David nicht so stand, wie es sollte.

Und da tritt plötzlich der Versucher an ihn heran und verleitet ihn zur Sünde. David, der Mann nach Gottes Herzen, der Held des Glaubens, der Dichter so köstlicher Psalmen, wird ein Ehebrecher, ein feiger Meuchelmörder. Was für ein Triumph der Hölle! Welch eine Schande für den Herrn bis auf den heutigen Tag! David hätte sich nicht träumen lassen, daß der Brief, den er schrieb, um seinen treuen und ergebenen Knecht Uria dem Tode zu überliefern, noch nach Jahrtausenden in zahllosen Büchern gedruckt stehen würde als ein Beweis, wie tief ein Mann Gottes stürzen kann! Aber noch heute steht er in der Bibel, und immer wieder wird gespottet und gelästert über diesen »Mann nach dem Herzen Gottes«.

Wie traurig, wenn es dem Versucher gelingt, einen glaubenden Menschen so in die Sünde zu verstricken! Da frohlockt die Hölle. Und da hat die Sache Jesu einen schweren Schlag erlitten. Denn wenn ein Christ sündigt, so sündigt er nicht für sich allein, sondern inmitten des ganzen Volkes Gottes. Dann heißt es in der Welt nicht: »Der Soundso hat gesündigt«, sondern man sagt: »So sind die Frommen! So sind sie alle!« Das ganze Volk Gottes hat mitzuleiden und mitzutragen, wenn einer von ihnen sich etwas zuschulden kommen läßt.

Wie war es bei David möglich geworden, daß er so tief fiel? Er hatte das Wachsamsein und Beten vergessen. Er war sicher geworden. Es ist immer gefährlich, wenn man sicher wird, denn solche Zeiten benutzt der Feind.

Du kannst die größten Erfahrungen im Glauben gemacht haben, du kannst die wunderbarste Durchhilfe Gottes erlebt haben, das ist keine Gewähr dafür, daß du heil und unversehrt durchkommst bis zum Ende! Früher empfangene und erfahrene Gnade kann dir gar nichts helfen. Du mußt fortwährend Gottes Gnade empfangen, sonst wirst du trotz all deiner früheren Erfahrungen den Herrn enttäuschen! Vergiß das Wachen und Beten nicht! Denke daran:

>»Auf dem so schmalen Pfade
> gelingt uns ja kein Tritt,
> es geh' denn seine Gnade
> bis an das Ende mit!«

David bricht zusammen. Er bekennt seine Sünde. Und Gott vergibt ihm seine große Schuld. Gott hat Gnade auch für die Abtrünnigen. Gott hat Gnade auch für seine Kinder, wenn sie tief gefallen sind und seinem Namen Schande bereitet haben vor der Welt. Gott vergibt Missetat, Übertretung und Sünde. So lernt auch David, aufgestanden von seinem tiefen Fall, zu jubeln und zu jauchzen: »Wohl dem, dem die Übertretungen vergeben sind, dem die Sünde bedeckt ist!«

Aber wenn auch die Sünde selbst vergeben war, die Folgen seiner Sünde hatte er zu tragen. Das Kind der Bathseba mußte sterben, daran änderten alle Tränen Davids nichts. Und das war nicht alles. Wieviel Kummer und Herzeleid hat David selbst in sein Haus und in sein Leben gebracht! Wie er das Eheleben und Familienglück des treuen Hauptmanns Uria zerstört hatte, so wurde auch sein Familienleben durch die Sünde zerstört. Wieviel Schweres erlebte er in seiner Familie! Das Schwerste von allem bereitete ihm sein Liebling Absalom. Nicht genug damit, daß er seinen Bruder Amnon ermordete. Er stahl auch seinem Vater des Volkes Herz. Er trachtete auch seinem Vater nach dem Thron und nach dem Leben.

Als ein Flüchtling muß David die Stadt verlassen. Barfuß geht er einher, das Haupt verhüllt, das Herz zerrissen vor Gram um den verlorenen Sohn. Diese Stunde hält Simei für geeignet, den gebeugten König zu schmähen. Er wirft mit Steinen und Erdklößen nach ihm. Aber als Abisai hingehen will, um ihn dafür zu züchtigen, da wehrt ihm David: »Laßt ihn fluchen; denn der Herr hat ihn geheißen: Fluche David!« Er sieht in dieser Erfahrung die gerechte Strafe seiner Sünde. Er ist ein Ehebrecher, und der sollte nach dem Gesetz gesteinigt werden! Darum läßt er sich die Steinwürfe gefallen in dem Bewußtsein: Das habe ich verdient!

Was David in jener Zeit empfunden und gelitten hat, das hat er in seinen Psalmen zum Ausdruck gebracht. So schwer diese Zeit für ihn war, sie war doch eine Segenszeit für ihn. Ja, Trübsal bringt auch Segen! Durch die Trübsal dieser Zeit brachte Gott ihn wieder zurecht. Aber hätte er sich diese Trübsal nicht ersparen können? Wieviel Trübsal, wieviel Kummer und Herzeleid bereiten wir uns selber mit unseren Sünden! Würden wir wachen und beten, bliebe uns manches Schwere erspart. Das ist ganz gewiß!

David hatte es aber auch durch diese dunkle Führung noch nicht für die Zukunft gelernt. Als er wieder zu Ehren gekommen war, als er nach dem Tod Absaloms wieder auf dem Thron war, wurde er überheblich. Er sonnte sich in dem Ruhm, ein so mächtiger König zu sein, und wollte gerne wissen, wie groß eigentlich das Volk sei, das er regierte. Joab, sein Feldhauptmann, sonst kein zartbesaiteter Mann, warnte ihn; sogar diesem rauhen Kriegsmann war diese prahlerische Volkszählung unheimlich. Aber David ließ sich von seinem Vorhaben nicht abbringen. Die Strafe Gottes folgte der Volkszählung auf dem Fuße. Er ließ dem König die Wahl: sieben Jahre Teuerung, drei Monate Flucht vor seinen Feinden oder drei Tage Pest.

David beugte sich vor Gott. »Mir ist sehr angst«, spricht er zu dem Propheten Gad, »aber laß uns in die Hand des Herrn fallen, denn seine Barmherzigkeit ist groß, und ich will nicht in der Menschen Hände fallen.« So fiel er denn in Gottes Hand. Weil das Volk selbst durch seine Sünden Jahwes Zorn erweckt hatte, wie wir ausdrücklich lesen, wurden 70 000 Mann durch die Pest hingerafft. Dann aber wandte sich Gott erbarmend wieder David zu, der in Reue und Buße die Strafe vom Volk weg auf sich und sein Haus wenden wollte. Endlich war David geheilt, ganz geheilt. Aber wie lange hatte es doch gedauert, bis es dahin kam!

Bist du bereit, von David zu lernen? Oder behauptest du: Das kann mir nicht widerfahren? Dann sage ich dir: Hüte dich! Hochmut kommt vor dem Fall! Und wer da steht, der sehe wohl zu, daß er nicht falle! Wir können uns nicht bewahren. Das ist unmöglich. Das kann nur die Gnade allein und die Kraft des Blutes Jesu. Darum gehe nie in einen Tag hinein, ohne dich der Deckung und Bewahrung durch das Blut des Erlösers anvertraut zu haben. Erwarte nichts von dir! Du bist ganz unfähig, dich zu bewahren!

Möge das Leben Davids mit seinen tiefen Schatten allen Christen ein mahnendes Beispiel sein, damit sie daraus lernen, sich vor Sicherheit und Trägheit zu hüten, um nicht dem Feind ins Netz zu geraten. Nicht umsonst hat Jesus gesagt: »Was ich euch sage, das sage ich allen: Wachet!

Das Geheimnis der Kraft

Die Zeit würde mir zu kurz, wenn ich sollte erzählen von Gideon und Barak und Simson und Jephthah und David und Samuel und den Propheten. Vers 32

Es ist nicht möglich, hier von allen Propheten eingehender zu sprechen. Ihre Zahl ist zu groß. Außer denen, von welchen es Bücher in der Bibel gibt, hat es ja noch eine große Zahl von Propheten gegeben, von denen wir keine hinterlassenen Schriften haben. Ich denke an die Propheten Nathan und Gad, die im Auftrag Gottes mächtig in das Leben Davids eingegriffen haben, oder an den Propheten Elia und seinen Nachfolger Elisa, die als Vertreter Jahwes und seines heiligen Willens unter einem abgefallenen und götzendienerischen Geschlecht standen.

Es ist nicht möglich, auch nur einigermaßen erschöpfend über die Propheten als Helden des Glaubens zu reden. Ich möchte mich darauf beschränken, nur ein paar Bilder herauszugreifen, um dabei zu verweilen. Das erste Bild, an dem wir nicht vorbeigehen können, ist dasjenige Elias, jenes gewaltigen Eiferers für die Sache des Herrn. Wie ist er das geworden?

Der erste Vers, der uns in der Bibel von ihm erzählt (1Kö 17,1), gibt uns Antwort auf diese Frage. Er lautet: »Und es sprach Elia, der Thisbiter, aus den Bürgern Gileads, zu Ahab: ›So wahr der Herr, der Gott Israels, lebt, vor dem ich stehe, es soll diese Jahre weder Tau noch Regen kommen, ich sage es denn.‹«

Das Geheimnis der Kraft Elias liegt in den wenigen Worten: »vor dem ich stehe«. Diese Worte haben uns etwas zu sagen. In der Stille seines rauhen Berglandes, in der er lebte, beschäftigte sich Elia mit dem Wort Gottes, das seine Speise war. Als er das Wort las, fand er eine Stelle in 5. Mose 11, die hieß: »Hütet euch aber, daß sich euer Herz nicht überreden lasse, daß ihr abweichet und dient andern Göttern und betet sie an, und daß dann der Zorn des Herrn ergrimme über euch und schließe den Himmel zu, daß kein Regen komme und die Erde ihr Gewächs nicht gebe und ihr bald umkommt von dem guten Land, das euch der Herr gegeben hat.«

Und dasselbe las er in 5. Mose 28: »Dein Himmel, der über deinem Haupt ist, wird ehern sein und die Erde unter dir eisern. Der Herr wird deinem Land Staub und Asche für Regen geben vom Himmel auf dich!« Das las Elia. Aber wo war die Erfüllung dieses Wortes? Wo war der verschlossene eherne Himmel? Es war ja ein Wetter wie immer! Dabei war das Volk von Gott abgefallen! Es war nicht nur so, wie auch in früheren Zeiten, daß etliche auch den Göttern anderer Völker dienten, aber daneben immer noch der Dienst des lebendigen Gottes gepflegt wurde; nein, es war doch jetzt viel schlimmer! Der Baalsdienst war als alleinige Staatsreligion eingeführt worden, und der Dienst Jahwes war förmlich abgeschafft. Wer Gott, dem Herrn, diente, der wurde ausgerottet. Nur in Klüften und Höhlen fristeten die Verehrer Jahwes ein kümmerliches Leben. Wohl waren noch 7000 Jahwe-Gläubige im Lande. Aber sie lebten so versteckt und so verborgen, daß man in der Öffentlichkeit nichts von ihnen merkte und wußte. Elia dachte: »Ich bin allein übriggeblieben!« So traurig hatte es bisher nie in Israel ausgesehen, bevor Ahab die phönizische Prinzessin Isebel zur Königin gemacht hatte.

Die Verehrung Jahwes war unter Todesstrafe verboten, der Baalsdienst die alleinige Religion Israels. Konnte der Abfall noch schlimmer werden? Und wo blieb die Erfüllung der göttlichen Drohungen? Davon war nichts zu sehen! Das bewegte Elia im tiefsten Herzen. Was soll man denn sagen, wenn Jahwe sein Wort nicht hält? Da steht doch Gottes Ehre, da steht ja alles auf dem Spiel! Und er fing an zu beten, daß Gott sein Wort halten, den Himmel verschließen, den Himmel ehern und die Erde eisern machen möchte. Das war ein Gebet! Er betete damit Tod und Verderben auf sein Volk und Land herab. Aber lieber das, als ein Volk, das auf diesem Wege des Verderbens weiterging!

Er betete dieses Gebet, das Gott ihm selbst ins Herz gegeben hatte, so lange, bis er wußte: Gott hat es erhört. Dann bekam er den Auftrag, diese Botschaft dem König Ahab mitzuteilen. Welch ein Befehl! Würde nicht der König durch seine Trabanten den Boten verhaften lassen, namentlich wenn die Zeit der Dürre irgendwie mit dem Wort des Propheten verknüpft schien? Wenn Elia sagte: »Es soll diese Jahre weder Tau noch Regen fallen, ich sage es denn!«, so war doch das Aufhören der Dürre mit dem Machtwort des Propheten in Verbindung gebracht. Was lag nun näher, als daß der König den Propheten durch Foltern zur Zurücknahme dieser Botschaft bewegte! Aber nach all den möglichen Folgen fragte Elia nicht. Er bekam den Auftrag von Gott und ging sogleich hin, um ihn auszuführen, auch wenn es ihn das Leben kostete!

Woher hatte Elia diesen Mut? Er sprach zu Ahab: »So wahr der Herr lebt, vor dem ich stehe!« Er hatte in der Stille vor Gott gestanden, ehe er an den Hof des Königs kam. Er hatte im Wort und im Gebet Umgang mit Gott gehabt. Hier liegen die Wurzeln auch unserer Kraft. Es sind nicht viele große Taten, die uns von Elia berichtet werden. Aber jedesmal, wenn er in der Öffentlichkeit erschien, um eine Tat des Glaubens zu vollbringen, sehen wir ihn aus der Stille kommen, wo er mit Gott geredet hatte. Und weil er aus der Stille, aus dem Alleinsein mit Gott kam, darum hatte sein Wort eine so wunderbare Macht, darum offenbarte es solche Kraft.

Erkennen wir jene große Gefahr unserer Zeit? Man sieht, wieviel Arbeit zu tun ist, man möchte hundert Hände haben, um hier und da mit anzufassen. Und man kommt in eine Vielgeschäftigkeit hinein, bei der es nicht auf das Wie der Arbeit ankommt, sondern auf die Menge. Das ist aber ein ganz falscher Gesichtspunkt. Es kommt nicht darauf an, daß man möglichst viel Arbeit leistet, möglichst viele Predigten hält, möglichst viele Blätter verteilt, sondern daß die Arbeit, die man tut, in der Kraft Gottes geschieht!

Möchtest du, daß etwas bei deinem Dienen und Wirken herauskommt, so laß dir erst in der Stille, im Umgang mit dem Herrn, Kraft schenken. Nimm dir Zeit für Gott! Lies deine Bibel! Lebe ein Leben des Gebets! Und wenn du dann aus der Stille heraus, wo du vor Gott gestanden hast, einen Dienst tust, ein Zeugnis ablegst, dann wird die Kraft Gottes sich offenbaren. »So wahr der Herr lebt, vor dem ich stehe.« Das Wort hat einen doppelten Sinn. Zunächst hat Elia in der Stille in Gilead vor seinem Gott gestanden, gewissermaßen Auge in Auge mit ihm redend, im Glauben und im Gebet. Nun tritt er öffentlich hervor in dem Bewußtsein: Gott steht hinter mir.

Das ist der zweite Sinn der Worte: »vor dem ich stehe«. Das dürfen auch wir sagen: Gott steht hinter mir; es gibt Mut, wenn man das weiß. Elia fürchtet den König Ahab nicht, weil er weiß: Gott steht hinter mir. Was ist denn Ahab gegen den lebendigen

Gott? Es gibt Vollmacht, göttliche Vollmacht, wenn man dieses Bewußtsein hat.

Wer so auftritt wie ein Elia, Petrus oder Paulus, der erweckt den Eindruck: Hier redet kein Mensch; hier spricht Gott. Diesen Eindruck hatte der König Ahab, als Elia mit dieser Gerichtsbotschaft vor ihn trat. Er dachte nicht daran, den Propheten gefangennehmen zu lassen. Er wußte: Gott hat mit mir geredet. Er war so erschrocken, daß Elia unangefochten den Palast wieder verlassen konnte. Und die Ereignisse bewiesen es bald, daß er keine leeren Drohworte ausgestoßen hatte. Es kam so, wie er gesagt hatte: Der Himmel blieb von diesem Tag an verschlossen, Monat um Monat, Jahr um Jahr.

Sieh, das gehört zusammen: Erst mußt du vor Gott stehen in der Stille, dann steht er hinter dir in der Öffentlichkeit und beglaubigt dich als seinen Zeugen, als seinen Boten.

So stand Elia vor Gott. Er machte sich keine Gedanken: Was dann? Sondern er wartete auf Gott. Zuerst gab ihm Gott nur den Auftrag: Gehe hin zum König Ahab. Und er ging. Er richtete seine Botschaft aus und ging wieder fort. »Und das Wort des Herrn kam zu ihm und sprach: Gehe weg von hier, wende dich gegen Morgen und verbirg dich am Bach Krith.« Zur rechten Stunde kam der weitere Befehl Gottes. Elia wußte wieder, was er zu tun hatte. Mach es ebenso! Laß es deine Parole sein: »So wahr der Herr lebt, vor dem ich stehe!« Und er wird dich Augenblick um Augenblick leiten. Dein Leben wird die Kraft Gottes offenbaren und das zur Ehre des Herrn! »Vor dem ich stehe«, das ist das Geheimnis der Kraft.

Auf dem Karmel

Die Zeit würde mir zu kurz, wenn ich sollte erzählen von Gideon und Barak und Simson und Jephthah und David und Samuel und den Propheten.   Vers 32

Wie wir sahen, bestand das Geheimnis der Kraft des Elia darin, daß er in der Stille vor Gott stand, bis er in der Öffentlichkeit auftrat. Das war auch der Fall vor dem großen Sieg, den er auf dem Berg Karmel errang. Was hatte er die drei Jahre im Haus der Witwe zu Zarpath getan? Er hatte Gott angefleht, daß die Plage doch endlich vorübergehen möchte, denn er sah, wie das Land vor Hitze und Trockenheit zerriß, wie die Wiesen versengt und verbrannt dalagen. Er erlebte, wie es an Futter gebrach für das Vieh, wie die Menschen verschmachteten in der langen, langen Dürre.

Aber ehe Gott Regen geben konnte, mußte Israel Buße tun und zu Jahwe zurückkehren. Das war die Gebetsarbeit des Propheten durch drei lange Jahre hindurch: daß Gott sein Volk Israel durch die schwere Not der Zeit zur Umkehr, zur Buße bringen möge. Über drei Jahre verweilte er in der Stille vor Gott! Da kam das Wort des Herrn zu Elia und sprach: »Gehe hin und zeige dich Ahab, daß ich regnen lasse auf Erden!« Das Gebet war erhört. Gott würde eine Umkehr Israels schenken.

Elia machte sich auf, um Ahab zu begegnen, obwohl der König einen Preis für seinen Kopf ausgesetzt hatte. Aber als der König ihn sah, wagte er wieder nicht, die Hand an den gefürchteten und gesuchten Mann zu legen, so groß war die Autorität, mit der Gott seinen Knecht ausstattete. Ja, der König ging bereitwilligst auf die Forderung Elias ein, eine große Volksversammlung auf dem Karmel zusammenzurufen. Dann zog sich Elia wieder in die Stille zurück, um vor der Entscheidung mit seinem Gott noch allein zu sein. Der Tag der Entscheidung brach an. Wolkenlos spannte sich der Himmel aus über der Landschaft. Von der Höhe des Karmel sah man, wie das Volk von allen Seiten herzuströmte, um der Einladung des Königs zu folgen. Man wußte nicht, was es eigentlich geben würde. Aber daß etwas Besonderes vorfallen würde, war gewiß. Da wollte jeder dabei sein.

Es gab auch etwas Besonderes zu sehen. Da kamen die 400 Priester Baals mit ihren prächtigen Gewändern, die goldene Sonne an ihrem Turban. Dann kam der König selbst mit seinem ganzen Hofstaat. Und hier stand der so lange ausgesuchte Prophet, frei und kühn, als ob gar kein Preis für seinen Kopf gesetzt wäre.

Zur bestimmten Stunde trat Elia zu allem Volk (1Kö 18,21) und sprach: »Wie lange hinkt ihr auf beiden Seiten? Ist Jahwe Gott, so wandelt ihm nach; ist's aber Baal, so wandelt ihm nach.« Das Volk antwortete nichts. Was hätte es auch sagen sollen? Es mußte dem Propheten recht geben, daß es doch eigentlich töricht und unmöglich sei, den Gottesdienst Jahwes mit dem Götzendienst Baals zu verbinden. Man mußte doch zugestehen, daß Jahwe und Baal unvereinbare Gegensätze sind. Dennoch versuchte man, den Dienst Jahwes und den Baals miteinander zu verbinden.

Dann machte Elia den Vorschlag, ein Gottesgericht zu halten. »Welcher Gott mit Feuer antworten wird, der sei Gott.« Das ganze Volk antwortete: »Das ist recht.« Ein guter Vorschlag! War doch Baal der Sonnengott, der Gott der belebenden Kraft des Feuers. Hatte doch Jahwe sich auch in vergangenen Tagen manchmal im Feuer geoffenbart, im brennenden Busch am Horeb in den Tagen Moses, in der Feuersäule in der Wüste und andernorts. Der Vorschlag Elias fand einstimmige Annahme.

Zuerst sollten die Priester Baals zeigen, was sie konnten. Sie nahmen einen Stier, schlachteten ihn und legten ihn auf den Altar. Aber weil so viele Augen zuschauten, konnten sie keinen heimlichen Funken an das Holz heranbringen, um es zu entzünden. Sie waren darauf angewiesen, Baal selber anzurufen. Das taten sie denn auch. Sie umzogen in feierlichem Zuge den Altar und riefen: »Baal, erhöre uns! Baal, erhöre uns!« Aber es kam keine Antwort.

Stunde um Stunde verging. Längst war kein feierlicher Zug mehr. Sie hinkten erschöpft und ermattet um den Altar. Ihr Flehen wurde heiser, als sie ohne Aufhören riefen: »Baal, erhöre uns! Baal, erhöre uns!« Es wurde Mittag. Die Sonne stand im Zenit. Glühend brannten ihre Strahlen herab auf die versammelte Menge und auf die keuchende Priesterschaft.

Elia spottete ihrer Bemühungen mit grimmiger Ironie. »Ruft

laut!« rief er ihnen zu, »denn er ist ein Gott; er dichtet oder hat zu schaffen oder ist über Feld oder schläft vielleicht, daß er aufwache!« Immer verzweifelter, immer angstvoller wurde das Schreien der Priester. Sie ritzten sich mit Messern, daß das Blut herabfloß, um so endlich ihren Gott zum Antworten zu bringen. Aber Baal schwieg. Sie waren dem Zusammenbrechen nahe, da gebot Elia Einhalt. Er rief: »Kommet her, alles Volk, zu mir!« Und da alles Volk zu ihm trat, baute er den Altar Jahwes wieder auf, der zerbrochen war, und richtete das Holz zu, zerstückelte den Farren und legte ihn aufs Holz. Und dann gab er einen merkwürdigen Befehl: »Holt vier Kad Wasser!« Es geschah. Er goß das Wasser auf das Holz und gebot: »Tut's noch einmal!« Es geschah. Zum drittenmal wurden vier Eimer Wasser auf das Holz gegossen. Zwölf Eimer Wasser! Da war das Holz ganz und gar durchnäßt. Sogar die Grube um den Altar her stand voll Wasser.

Nun konnte alles Volk sehen, daß ein Betrug unmöglich war. Niemand konnte sagen: Ja, das Holz war auch sehr trocken, und die Hitze war so sehr groß, daß die Gefahr der Selbstentzündung vorlag. Atemlos stand die Menge. War das die Tat eines Wahnsinnigen, das Holz zu begießen, das doch brennen sollte? Oder war das der felsenfeste Glaube an den Herrn Zebaoth, wie die Väter vorzeiten an ihn geglaubt hatten? Jetzt gab es entweder eine große Niederlage oder einen großen Sieg.

Horch, Elia betet! »Jahwe, Gott Abrahams, Isaaks und Israels, laß heute kundwerden, daß du Gott in Israel bist und ich dein Knecht, und daß ich solches alles nach deinem Wort getan habe. Erhöre mich, Herr, erhöre mich, daß dies Volk wisse, daß du, Jahwe, Gott bist, daß du ihr Herz darnach bekehrst!« Wie klar, wie bestimmt, wie einfach! Und als er so betete, fiel das Feuer des Herrn herab und fraß Brandopfer, Holz, Steine und Erde und leckte sogar das Wasser in der Grube auf.

War es da zu verwundern, daß Gott so machtvoll antwortete? Konnte es überhaupt anders geschehen? Wäre es möglich gewesen, daß Gott sich in diesem Augenblick zurückgehalten hätte? Alles hing doch davon ab, daß Gott sich jetzt offenbarte. Wenn Gott jetzt nicht durch Feuer redete, dann triumphierte der Götzendienst. Dann war es mit dem Glauben an Jahwe aus. Dann wurde Israel ein heidnisches Volk. Gott mußte sich an diesem Tag offenbaren. Das wußte Elia. Das erwartete Elia. »Der Glaube ist eine gewisse Zuversicht des, das man hofft, und ein Nichtzweifeln an dem, das man nicht sieht.« Es geschah nach seinem Glauben.

Das Opfer war verzehrt. Die Menge war ergriffen von heiliger Scheu. Niedergeschlagen standen die Baalspriester da. Einen Augenblick herrschte atemlose Stille, dann fiel alles Volk nieder auf sein Angesicht. »Jahwe ist Gott! Jahwe ist Gott!« Nun fuhr ein Befehl, scharf wie ein Messer, durch die Versammlung: »Greift die Propheten Baals, daß ihrer keiner entrinne!« Das Volk gehorchte. Das waren die Männer, die sie auf den Irrweg geführt hatten, das waren die Verführer und Verderber des Volkes. Gott hat im Gesetz geboten, solche Verführer zu töten. Er hat gesagt (5Mo 13,6): »Der Prophet aber und Träumer soll sterben, darum daß er euch von dem Herrn, eurem Gott, der euch aus Ägyptenland geführt und dich dem Diensthause erlöst hat, abzufallen gelehrt und dich aus dem Weg verführt hat, den der Herr, dein Gott, geboten hat, darin zu wandeln; auf daß du das Böse von dir tust.« Und wiederum (Vers 9): »Auch soll dein Auge nicht schonen und sollst dich seiner nicht erbarmen, noch ihn verbergen, sondern sollst ihn erwürgen. Deine Hand soll die erste über ihm sein, daß man ihn töte, und darnach die Hand des ganzen Volkes.«

Nach diesem Wort handelte Elia. Er führte die Priester Baals hinab an den Bach Kison und schlachtete sie daselbst. Der König war machtlos, ihnen zu helfen; eine solche Erregung hatte sich des Volkes bemächtigt. Er mußte zusehen, wie der Baalsdienst sich verblutete. Jahwe hatte den Sieg behalten.

Was lehrt uns diese ergreifende Geschichte? Sie enthält eine wichtige Lehre für Glaubenslose und auch eine für Kinder Gottes. Ungläubige können daraus lernen, daß es ein törichtes Beginnen ist, den Dienst Gottes mit dem Sündendienst zu verbinden. Das sind Gegensätze, die sich nicht verbinden lassen. Wie viele Menschen versuchen das! Des Morgens gehen sie zur Kirche und sind »fromm«, wie sie sagen, und am Abend oder schon am Nachmittag leben sie gegen Gottes Gebote. Dabei glaubt man, ein ganz guter Christ zu sein!

Wenn du bisher auch versucht hast, Gottesdienst und Götzendienst miteinander zu verbinden, wenn du dachtest, »ein guter

Christ« sein zu können, ohne daß du mit der Welt brichst und dich konsequent Christus hingibst, dann stellt dich diese Geschichte vor ein scharfes Entweder-Oder! »Wie lange hinket ihr auf beiden Seiten? Ist Jahwe Gott, so wandelt ihm nach; ist's aber Baal, so wandelt ihm nach!«

Eine wichtige Lehre enthält diese Geschichte sodann auch noch für glaubende Christen. Wie tritt uns hier Elia als ein Held des Glaubens entgegen! Man kann hier so recht lernen, daß dem, der glaubt, alle Dinge möglich sind. Als ein einzelner Mann steht Elia einem ganzen Volk gegenüber.

Ja, was kann denn ein Mann einer solchen Übermacht gegenüber ausrichten? Viel, denn dieser eine Mann ist ein Mann mit Gott! Und ein Mann mit Gott ist immer in der Mehrzahl. Wie gewiß ist Elia seiner Sache! Er rechnet mit Gott. Gott wird heute mit Feuer antworten. Denn seine Ehre steht auf dem Spiel. Sieh, wie er die Schwierigkeiten häuft, um es Gott so schwer wie möglich zu machen, sein Gebet zu erhören! Elia tut, was er kann, um es vor dem ganzen Volk deutlich zu machen: Er ist ein lebendiger Gott! Wie gewaltig ist es doch, daß er die zwölf Eimer Wasser bringen läßt, um das Opfer naß zu gießen! Welche Kühnheit des Glaubens! Welche Glaubensdreistigkeit!

Wahrer Glaube räumt nicht erst selber die Schwierigkeiten aus dem Wege, um dann zu sagen: Herr, wenn es nicht dein Wille ist, dann laß etwas dazwischenkommen! Nein, wir brauchen Gott nicht den Weg zu ebnen. Wir brauchen es ihm nicht leicht zu machen. Er ist ein allmächtiger Gott; für ihn gibt es keine Schwierigkeiten und keine Hindernisse.

Auf jedem Weg gibt es Schwierigkeiten. Aber wie verschieden wirken diese! Kommen sie auf dem eigenen, selbsterwählten Weg, dann fängt man an, zu klagen und zu sprechen: »Ach, hätte ich doch nicht!« Dann kommt die Reue, dann macht man sich selber Vorwürfe. Wenn aber die Schwierigkeiten auf dem Wege Gottes kommen, dann sieht man sie nämlich als Gelegenheiten, daß unser Glaube bewährt, gestärkt und gestählt wird.

Sieh dir den Propheten Elia recht an, wie er das Opfer naß gießt! Präg dir das Bild recht ein! Und dann sieh, wie er mit der Hand des Glaubens in den Himmel hineingreift und das Feuer herunterholt! »Der Glaube bricht durch Stahl und Stein und kann die

Allmacht fassen.« Der Glaube rechnet nicht mit Möglichkeiten und Wahrscheinlichkeiten; der Glaube rechnet mit dem lebendigen Gott.

Der Gott Elias ist auch unser Gott. Er ist noch nicht alt geworden in den Jahrtausenden, die seither vergangen sind. Er ist noch heute derselbe wie vor alters, ein Gott, der Wunder tut. Es fragt sich nur, ob wir ihm dasselbe zutrauen, was Elia ihm zutraute. Elia war ein Mensch wie wir, sagt die Schrift. Er war nicht aus anderm Holz als du und ich. Aber er vertraute Gott. Elia erwartete Großes von ihm. Und Gott handelte nach seinem Glauben.

Möchten doch die glaubenden Christen von heute von Elia lernen, Großes von Gott zu erbitten und zu erwarten! Ganz gewiß, sie würden noch heute dasselbe erleben und erfahren, was Elia erlebte.

Unter den Löwen

Welche haben durch den Glauben Königreiche bezwungen, Gerechtigkeit gewirkt, Verheißungen erlangt, der Löwen Rachen verstopft.
                                              Vers 33

Diesen Vers haben wir schon besprochen, als wir den vorhergehenden behandelt haben. Wenn es hier heißt: »Durch den Glauben haben sie Königreiche bezwungen«, dann erinnern wir uns an die Kriegstaten eines Gideon und Barak, eines Jephthah und David. Bei den Worten: »Gerechtigkeit gewirkt!« denken wir an Samuel, der in einer dunklen Zeit Recht und Gerechtigkeit vertrat. Die Worte: »Verheißungen erlangt«, weisen zurück auf all die Verheißungen, welche Gott diesen Männern gab, daß er mit ihnen sein und ihnen Sieg gegen die Feinde geben wolle.

Dann kommen wir an die Worte: »Der Löwen Rachen verstopft.« Da tritt alsbald die Geschichte Daniels im Löwengraben, die wir in Daniel 6 lesen, vor unsere Augen. Wie war Daniel in den Löwengraben gekommen? Der König Darius hatte sein Land in 120 Bezirke geteilt, über die er Landvögte gesetzt hatte. Über diesen Landvögten standen drei Fürsten. Einer von diesen war Daniel, den der König seiner Zuverlässigkeit wegen ganz besonders schätzte. Er hatte sogar vor, ihn zum Kanzler zu machen und über das ganze Reich zu setzen.

Es verdroß die persischen Großen, daß ihnen ein Jude vorgezogen werden sollte. Sie suchten ihn zu stürzen. Aber wie sehr sie auch seinen Dienst untersuchten, sie fanden keine Übeltat an ihm. »Denn er war treu.« Was für ein schönes Zeugnis! Es hat um so mehr Wert und Gewicht, als es seine erbittertsten Feinde waren, die es ihm gaben. Wenn seine Freunde Hananja, Misael und Asarja ihm dieses Zeugnis ausgestellt hätten, dann hätte es bei weitem nicht diese Bedeutung gehabt.

Daniel war treu. Das wollte etwas bedeuten. Große Summen gingen durch seine Hand. Die Vögte hatten die Steuern an die drei Fürsten des Landes abzugeben. Wie leicht hätte es da sein können, daß etwas von diesen Riesensummen in Daniels Tasche geglitten wäre! Wie viele erliegen in solcher Lage! Aber Daniel nicht. Seine Hände waren rein. »Denn er war treu.«

Bekommst du auch ein solches Zeugnis von deiner Umgebung? Von deinen Feinden? Das ist das einzige, was Gott von seinen Haushaltern erwartet, daß wir treu erfunden werden. Er erwartet nicht große Leistungen, nur Treue. Man kann hierüber oft falsch reden hören. Man hört oft sagen: Ein Christ müsse in seinem Beruf das Zeugnis hervorragender Tüchtigkeit haben. Das ist aber nicht richtig. Die Bekehrung verleiht doch keine besondere Tüchtigkeit im irdischen Beruf, sondern sie verändert das Verhältnis zum Herrn. Ein bekehrter Sportler bekommt durch die Bekehrung keine stärkeren Muskeln. Ein gläubiger Lehrer bekommt durch seine Umkehr kein besonderes pädagogisches Geschick. Ein glaubender Pastor hat darum noch keine besondere Redegabe, weil er bekehrt ist. Alle diese Dinge haben mit der Bekehrung gar nichts zu tun. Es kann sein, daß ein gläubiger Soldat ein schlechter Turner ist, daß ein gläubiger Lehrer mehr Mühe hat, die Disziplin in seiner Klasse aufrechtzuerhalten als ein glaubensloser Kollege, daß ein ungläubiger Pastor eher die Gabe der Rede hat als sein frommer Amtsbruder. Es ist ein ganz unberechtigtes Verlangen, wenn man fordert, daß jeder Gläubige ganz besondere Glanzleistungen in seinem Beruf aufzuweisen habe. Nein, das fordert Gott nicht. Gott fordert nur eins, nämlich Treue.

Bist du treu? Das ist die Frage. Tust du auch die weniger wichtigen Arbeiten in deinem Beruf mit großer Treue? Viele unterschätzen die kleinen Dinge des täglichen Lebens. Sie meinen, darauf komme es nicht so sehr an. Aber darauf kommt es gerade an. Wer im Geringsten nicht treu ist, dem kann Gott keine Aufträge und Aufgaben in seinem Reich geben. Darum frage ich dich: Bist du treu? Geben dir deine Freunde und deine Feinde das Zeugnis, wie Daniel es von seinen Feinden bekam: »Denn er war treu!«?

Was sollten sie denn nun tun, um ihn zu stürzen? Es blieb ihnen nichts anderes übrig, als die »Sache seines Gottesdienstes« aufzugreifen. Sie gingen zum König und beredeten ihn, ein Gebot ausgehen zu lassen: Wer in dreißig Tagen etwas bitten werde von irgendeinem Gott oder Menschen außer von dem König allein, der solle zu den Löwen in den Graben geworfen werden.

Der König ließ sich überreden und erließ das Gebot. Es war für einen morgenländischen König nichts Besonderes, göttliche Ehre für sich zu beanspruchen. Nun hatten die Feinde Daniels gewonnen. Sie rechneten damit, daß Daniel in seiner Treue gegen Gott das Gebot nicht beachten würde. Dann hatten sie ihn gefangen. Sie hatten sich auch nicht verrechnet. Als Daniel erfuhr, daß so ein Gebot unterschrieben war, ging er hinein in sein Haus (er hatte aber an seinem Söller offene Fenster gegen Jerusalem); und er fiel des Tages dreimal auf seine Knie, betete, lobte und dankte seinem Gott, wie er denn vorhin zu tun pflegte (Dan 6,11).

Er betete nicht öfter als zuvor. Er wollte nicht dem König Trotz bieten. Er betete auch nicht weniger als zuvor. Denn er ließ sich vom König nicht einschüchtern. Er machte auch nicht einmal die Fenster zu, die er nach Jerusalem hin offen hatte. Das wäre für sein Empfinden schon eine Verleugnung gewesen. Er betete nicht mehr und nicht weniger als früher. Er blieb seiner Gewohnheit treu.

Wenn er dem Gebot zum Trotz doch betete, dann mußte er sterben. Aber dann starb nur der Leib! Wenn es sich darum handelte, ob seine Seele sterben sollte oder der Leib, dann war seine Wahl nicht schwer. Lieber sterben, als Gott verleugnen und auf das Gebet verzichten!

Hättest du dich auch so entschieden? Das ist gewiß, wenn heute so ein Gebot erlassen würde, dann würden viele darüber lachen. Einen Monat lang nicht beten? Ich bete ja schon jahrelang nicht mehr! Aber gewiß gäbe es solche, die sich entschuldigen würden: Wenn der König das verlangt, muß man doch gehorchen! Die dreißig Tage gehen ja auch um!

Würdest du es auch so gemacht haben wie Daniel? Hättest du auch gesagt: Lieber tot als ungetreu? Das Beten hat im Leben vieler Gläubigen bei weitem nicht den Raum, den es haben sollte. Daher so viel Kraftlosigkeit bei den Christen. Hier liegen viele und schwere Versäumnisse!

Daniel hielt seinem Gott auch in dieser gefährlichen Lage die Treue. Das wußten seine Feinde. Sie stürmten zu ihm hinein und fanden ihn auf den Knien. Dann gingen sie zum König und teilten ihm mit frohlockendem Herzen (wenn auch mit bekümmerter Miene und mit teilnahmsvoll klingenden Worten) mit, was sie gesehen hatten.

Der König wurde sehr traurig bei dieser Anzeige. Er ließ

Daniel rufen und bemühte sich stundenlang, ihn zu bewegen, das Gebot, das er gegeben hatte, zu beachten. Aber Daniel blieb fest, allen Bitten und Versprechungen des Königs zum Trotz. Da erinnerten Daniels Feinde den König daran, daß es im Perserreiche so gehalten werde, daß ein königlicher Befehl unbedingt ausgeführt werden müsse. So blieb dem König denn nichts anderes übrig, als Daniel in den Löwengraben werfen zu lassen. »Dein Gott, dem du ohne Unterlaß dienst, der helfe dir!« Das war sein Abschiedswort an seinen treuen Beamten.

So wurde Daniel in den Löwengraben geworfen. Vor die Tür wurde ein Stein gelegt; der wurde vom König mit einem Siegel versehen, damit niemand Daniel aus dem Graben befreien könne. Das war eine traurige Nacht für den König. Das Essen schmeckte ihm nicht. Der Schlaf floh sein Lager. Immer mußte er an Daniel denken. Was wohl mit Daniel geschehen war? Ob wohl der Gott Israels ihn errettet hatte?

Kaum graute der Tag, da stand der König auf und eilte zum Graben der Löwen. Mit kläglicher Stimme rief er hinein: »Daniel, du Knecht des lebendigen Gottes, hat dich auch dein Gott, dem du ohne Unterlaß dienst, mögen von den Löwen erlösen?«

Horch! Frisch und fröhlich kommt die Antwort: »Der König lebe ewiglich! Mein Gott hat seinen Engel gesandt, der den Löwen den Rachen zugehalten hat, daß sie mir kein Leid getan haben.« Da wurde der König sehr froh und ließ Daniel aus dem Graben ziehen. Und er kam heraus, ohne daß ein Schaden an ihm zu spüren war; »denn er hatte Gott vertraut«. Darum hatte Gott sich zu ihm bekannt und ihm seinen Engel gesandt.

Der Gott Daniels lebt noch! Es gibt auch heute Fälle, wo Kinder Gottes unter die Löwen geraten. Aber da kann Gott heute geradeso wie in den Tagen Daniels den Löwen den Rachen zuhalten, daß sie nicht beißen können. Was wollen wir aus der Geschichte Daniels lernen? Vertrauen haben! Unbedingtes Vertrauen haben, auch in den schwersten Lagen, auch in den größten Gefahren. Vertrauen haben, daß Gott imstande ist, zu bewahren und zu erretten.

Daß doch die Christen lernen möchten, ihrem Gott in jeder Lage und Frage völlig zu vertrauen! Tust du das? Wirst du einmal von Gott das Zeugnis bekommen, das Daniel bekam: »Er hatte

Gott vertraut«? Es mögen schwierige Lagen in deinem Leben kommen, kritische Tage erster Ordnung. Aber das eine ist gewiß: es gibt keine Lage, in der die Macht Gottes nicht ausreichte, in der Gott nicht helfen könnte. Vertraue dem Herrn, sei getrost und unverzagt. Er kann dich bewahren und erretten, auch unter den Löwen!

Im Feuer

Welche haben... des Feuers Kraft ausgelöscht, sind des Schwertes Schärfe entronnen, sind kräftig geworden aus der Schwachheit, sind stark geworden im Streit, haben der Fremden Heere darniedergelegt. Vers 34

Fast alle Geschichten, an welche der Apostel hier erinnert, haben wir schon besprochen, als wir den 32. Vers besprachen. »Des Schwertes Schärfe entronnen« ist David, als er vor Saul floh oder vor seinem Sohn Absalom weichen mußte. »Kräftig geworden aus der Schwachheit« ist Gideon mit seinen dreihundert Mann, mit denen er die Midianiter schlug; »kräftig geworden aus der Schwachheit« ist auch David, als er den Löwen bezwang und den Riesen Goliath besiegte. »Stark geworden im Streit«, das trifft auf Barak und Simson und Jephthah zu. »Der Fremden Heere darniedergelegt«, das haben all die Kriegshelden, die hier genannt sind.

So bleibt uns nur noch übrig, bei den Worten zu verweilen: »Sie haben des Feuers Kraft ausgelöscht.« Wem fiele bei diesen Worten nicht sofort die Geschichte von den drei Männern im feurigen Ofen ein, die uns im dritten Kapitel des Propheten Daniel erzählt ist? Im Tale Dura hatte der König Nebukadnezar ein gewaltiges Nationaldenkmal errichten lassen, sechzig Ellen hoch und sechs Ellen breit, ganz aus Gold. An einem bestimmten Tage sollte das Denkmal anläßlich einer großen Festversammlung in Gegenwart des Königs feierlich enthüllt und geweiht werden.

Der Tag war gekommen. Eine unübersehbare Menschenmenge füllte das breite Tal. Da machte der Herold einen königlichen Befehl bekannt: Wenn mit den Trompeten und Posaunen und den anderen Musikinstrumenten das Zeichen zur Enthüllung des Denkmals gegeben werde, dann sollte – bei Todesstrafe! – alles Volk aufs Angesicht fallen, um das Bild anzubeten.

Die Fanfare erscholl. Die Trompeten schmetterten, die Posaunen ertönten, die Zymbeln und Pauken erklangen dazu. Und alles Volk fiel aufs Angesicht, um sich vor dem goldenen Götzenbild zu beugen. Nur drei Männer standen da, inmitten des anbetend niedergefallenen Volkes: Sadrach, Mesach und Abed-Nego, wie man die drei jüdischen Geiseln Hananja, Misael und Asarja genannt hatte.

Hatten sie die Bekanntmachung nicht gehört? Doch. Wußten sie nicht, daß Todesstrafe darauf stand, wenn man dem Bild die Huldigung verweigerte? Doch. Aber sie waren ihrem Gott treu. Es wäre eine Verleugnung Jahwes gewesen, sich vor dem Bild zu beugen. Und dafür waren sie unter keinen Umständen zu haben. Lieber sterben als den lebendigen Gott verleugnen!

Sofort wurde dem König gemeldet, daß sie sein Gebot nicht beachtet hätten. Er ließ sie zu sich kommen und herrschte sie an: »Wie? Wollt ihr meinen Gott nicht ehren und das goldene Bild nicht anbeten, das ich habe setzen lassen? Wohlan, schickt euch! Sobald ihr hören werdet den Schall der Posaunen, Trompeten und allerlei Saitenspiel, so fallet nieder und betet das Bild an, das ich habe machen lassen! Werdet ihr's nicht anbeten, so sollt ihr zur Stunde in den glühenden Ofen geworfen werden. Laßt sehen, wer der Gott sei, der euch aus meiner Hand erretten werde!«

Was machten die drei Männer nun? Beugten sie sich? Überlegten sie, was sie tun sollten? Nein, da war nichts zu überlegen. Sie antworteten dem König Nebukadnezar: »Es ist nicht not, daß wir dir darauf antworten. Siehe, unser Gott, den wir ehren, kann uns wohl erretten aus dem glühenden Ofen, dazu auch von deiner Hand erretten. Und wo er es nicht tun will, so sollst du dennoch wissen, daß wir deine Götter nicht ehren, noch das goldene Bild, das du hast setzen lassen, anbeten wollen!«

Was für eine ruhige Bestimmtheit spricht aus diesen Worten, was für ein unbegrenztes Vertrauen auf Jahwe! Hatte Gott schon jemals Menschen im Feuer bewahrt und aus dem Feuer errettet? Nein, noch nie! Hatten sie schon etwas gehört oder erlebt, daß sie daraus schließen konnten, er werde auch sie im Feuer bewahren? Nein, so etwas war noch nie geschehen. Wie kamen sie denn darauf, so etwas zu denken? Sie hatten ein unbegrenztes Vertrauen auf Gott. Sie vertrauten ihm so völlig, daß sie es auch für möglich hielten, daß er sie im Feuerofen bewahren werde. Sie sprachen getrost das kühne Wort aus: »Gott kann uns erretten!«

Aber ob er es tun will? Das ist nicht unsere, das ist sein Sache! Es kann sein, daß wir im Feuer bewahrt bleiben, es kann auch sein, daß wir im Feuer verbrennen. Aber was tut das? Dann geht es durch die Flammen des Ofens in die Herrlichkeit hinein. Was Gott mit uns machen will, das steht bei ihm. Wir haben Leben und Sterben in seine Hand gelegt. Wird er uns erhalten, so sind wir dankbar, und will er uns durch die Feuerflammen aus dieser Zeit wegnehmen, so sind wir damit auch einverstanden. Wir vertrauen unserem Gott. Er macht keine Fehler! So dachten die drei Männer.

Hast du auch schon gelernt, Gott so zu vertrauen, daß du ihm deine Zukunft getrost anbefehlen konntest? Wie wird der so ruhig und getrost, der es gelernt hat, seinem Gott völlig zu vertrauen! Unser Gott macht keinen Fehler. Er weiß ja, was für uns gut ist. Weißt du das? Bedenkst du das?

Wer Gott seine Zukunft anvertraut hat, der spricht: »Lieber Herr, du weißt, ich hätte gern, daß dies geschähe. Aber nur, wenn es dein Wille ist! Nur, wenn es für mich gut ist! Wenn du es anders bestimmt und beschlossen hast, bin ich damit zufrieden und dafür dankbar!« Wer seinem Gott vertraut, der legt seine Wünsche und Hoffnungen kindlich und einfältig in Gottes Hand und läßt Gott seinen Weg bestimmen. So kommt man zur Ruhe. So wird man wahrhaft zufrieden.

Bist du schon zu dieser Ruhe gekommen, die aus dem völligen Vertrauen kommt? Oder beschämen dich diese drei Männer aus dem Alten Bunde? Wenn sie so ihren Gott durch Vertrauen ehrten, wenn sie so ihren Willen ihrem Gott ergaben, sollten wir das nicht vielmehr tun, die wir Kinder des Neuen Bundes sind?

Gott kann! Glaubst du das? Glaubst du, daß Gottes Macht keine Schranken und keine Grenzen hat? Wirklich? Nun, dann übergib ihm deine Zukunft getrost. Er hat nicht nur die Fülle der Macht; sein Herz ist auch voll Liebe! Vertraue ihm getrost! Vertraue ihm völlig! Aber erzwinge und ertrotze nichts, sondern sage ihm in tiefer Ruhe des Herzens: »Herr, wie du willst, so schicke es mit mir, im Leben und im Sterben!« »Dein Wille geschehe!«

Als der König Nebukadnezar dieses Zeugnis unerschrockenen Glaubens hörte, wurde er voll Grimms und befahl, den Ofen noch siebenmal heißer zu machen, als er schon war. Dann ließ er die drei treuen Zeugen binden und so, wie sie waren, in den Ofen stürzen. Der Ofen war so heiß, daß die Diener, welche die drei Helden hineinstürzten, von der Hitze versengt wurden und verbrannten.

Und die drei Männer? Der König Nebukadnezar trat an eine kleine Öffnung, wo man in den Höllenschlund hineinblicken konnte. Ganz entsetzt prallte er zurück. »Haben wir nicht drei Männer gebunden in das Feuer lassen werfen?« Sie antworteten: »Ja, Herr König!« Da sprach der König weiter: »Sehe ich doch vier Männer los im Feuer gehen und sind unversehrt, und der vierte ist gleich, als wäre er ein Sohn der Götter!«

Ganz recht! Die drei Männer waren auch nicht allein im Feuer. Da war noch ein Vierter. Nur hat der König nicht klar gesehen. Es war nicht »ein Sohn der Götter«, sondern »der Sohn Gottes«, der bei den Seinen war und die Flammen von ihnen abwehrte. Gott erfüllte seinen drei Getreuen die Zusage, die er durch den Propheten Jesaja gegeben hat: »So du durch Wasser gehst, will ich bei dir sein, daß dich die Ströme nicht sollen ersäufen; und so du ins Feuer gehst, sollst du nicht brennen, und die Flamme soll dich nicht versengen« (Jes 43,2).

Da rief Nebukadnezar die drei Männer aus dem Ofen. Sie kamen heraus, wie sie hineingeworfen waren: ihr Haupthaar war nicht versengt, ihre Mäntel waren nicht versehrt, ja, man konnte keinen Brand an ihnen riechen. Nur etwas war im Feuer versengt: Die Fesseln, mit denen sie gebunden waren. Gebunden waren sie hineingeworfen worden, los und ledig kamen sie wieder heraus. Wie treu Gott sich zu ihnen bekannte! Wie er ihre Treue lohnte mit wunderbarer Durchhilfe und Errettung!

Aber so macht es Gott nicht immer. Man kann nicht so folgern: Wer bewahrt und errettet wird, der hat einen größeren Glauben. Und wer in den Flammen umkommt, der hat einen geringeren Glauben. Nein, das wäre ganz falsch! Die Märtyrer, die auf dem Scheiterhaufen ihr Leben ließen, sind nicht weniger Helden des Glaubens gewesen als Sadrach, Mesach und Abed-Nego, die der Herr bewahrte. Den einen führt Gott so, den anderen führt er anders. Wie er uns führt, das ist seine Sache. Es kommt nicht darauf an, daß wir leben und errettet werden. Es kommt nur darauf an, daß der Herr geehrt wird und daß wir ihm treu bleiben!

Darum lege deine Zukunft mit ihren Freuden und Leiden in Gottes Hand. Gib dein Leben und dein Sterben in seine Hand. Wie er es macht, ist es für dich heilsam.

Leben aus dem Tod

Weiber haben ihre Toten durch Auferstehung wieder bekommen. *Vers 35*

Bei diesen Worten des Apostels treten sogleich zwei Geschichten aus den Tagen des Elia und des Elisa vor unsere Augen. Als Elia sich in Zarpath im Hause der Witwe aufhielt, da wurde der Sohn derselben sehr krank. Und die Krankheit war so hart, daß kein Odem mehr in ihm blieb (1Kö 17,17). Da kam die Mutter zu Elia und sprach: »Was habe ich mit dir zu schaffen, du Mann Gottes? Du bist zu mir hereingekommen, daß meiner Missetat gedacht und mein Sohn getötet würde.«

Er antwortete nur: »Gib mir her deinen Sohn!« Und dann nahm er ihn, ging mit der Leiche auf den Söller, wo er wohnte, und legte ihn auf sein Bett. Dann rief er den Herrn an und sprach: »Herr, mein Gott, hast du auch der Witwe, bei der ich ein Gast bin, so übel getan, daß du ihren Sohn tötest?« Er betonte es besonders, daß er ein Gast bei der Witwe ist. Bereitwillig hat sie ihm gegeben, was sie hatte. Sie hat alles mit ihm geteilt. Nun ist er ihr zu Dank verpflichtet. Ja, Jahwe ist ihr in gewissem Sinn, so denkt Elia, auch zu Dank verpflichtet, denn sie hat seinen Knecht so lange bei sich aufgenommen und beherbergt. Und nun hat Gott ihr den Sohn genommen? Das geht doch nicht! Was soll denn die Heidin davon denken?

Da sehen wir schon, wozu Gott diesen Todesfall hatte eintreten lassen. Gott wollte den Propheten dazu gebrauchen, auf dem Karmel die große Entscheidung herbeizuführen, um das Volk aus den Fesseln des Baalsdienstes zu befreien. Da brauchte er einen Mann, der von Gott alles erwartete, der auch Wunder, ein direktes, persönliches Eingreifen Gottes erwartete. Er wollte durch Feuer vom Himmel dem Volk zeigen, wer Gott sei, Jahwe oder Baal. Nun mußte er sich seinen Knecht dazu erziehen. Elia mußte es lernen, damit zu rechnen, daß Gott nichts unmöglich sei. Und dazu gebrauchte er diesen Todesfall.

Noch nie war es geschehen, daß der Tod seine Beute herausgegeben hatte. Elia konnte sich nicht darauf berufen: Das hat der und der auch schon erlebt. Nein. So etwas war noch nie dagewesen. Darum hatte Gott es so geschehen lassen, daß Elia ihm mit einem gewissen Recht Vorhaltungen machen konnte. Gott hatte es mit Absicht so gefügt, um diesen Glauben im Herzen des Propheten zu erwecken: Hier muß Gott ein Wunder tun und den Knaben erwecken – um seiner Ehre und um seines Namens willen!

Und Elia steigt auf diese Höhe, auf der Gott ihn haben wollte. Er erbittet und erwartet von Gott, daß er den Knaben wieder lebendig machen solle. Das war es, was Gott gewollt hatte. Er wollte Elia dahin bringen, alles von ihm zu erwarten. Das tat nun Elia. Der Prophet maß sich über dem Kinde dreimal, rief den Herrn an und sprach: »Herr, mein Gott, laß die Seele dieses Kindes wieder zu ihm kommen!« Und der Herr erhörte die Stimme Elias; und die Seele des Kindes kam wieder zu ihm, und es ward lebendig.

Nicht gleich beim ersten Flehen wachte das Kind auf. Dreimal mußte Elia darum Gott anrufen. Aber so bestimmt erwartete Elia die Erhörung, so sicher rechnete er mit der Macht Gottes, daß er sich dadurch nicht abschrecken ließ, als der Knabe nach dem ersten heißen Flehen nicht aufwachte. Er betete zum zweitenmal. Ja, er mußte zum drittenmal beten, bis Gott ihn erhörte.

So hat Gott ihn erzogen, um einen Beter aus ihm zu machen, der es verstände, was so wenige heute verstehen: durchzuhalten. Als die Entscheidung auf dem Karmel gefallen war, betete Elia um den Regen, den nun Gott zu senden verpflichtet war. Er betete bestimmt, erwartungsvoll, zuversichtlich; aber der Regen kam nicht. Sein Diener – war es vielleicht dieser Sohn der Witwe? – kam zu ihm und sagte: »Nichts zu sehen!« Da dachte Elia an die Stunde auf dem Söller in Zarpath. Er betete zum zweitenmal um Regen. Und als auch jetzt dieselbe Botschaft gebracht wurde, ließ er sich nicht abschrecken; er betete weiter. Ja, er flehte siebenmal um Regen, bis endlich die Kunde kam: »Es geht eine kleine Wolke auf aus dem Meer wie eines Mannes Hand.«

Dieses Weiterbeten hat Elia auf dem Söller in Zarpath gelernt. Dieses bestimmte, gläubige Erwarten wollte Gott ihn dort lehren. Aber warum legte er sich denn auf das Kind? Er legte sich über das Kind, um es mit der eigenen Körperwärme zu erwärmen. Er wollte sein Leben für das Leben des Kindes geben. Lieber sterben, als daß die Ehre Jahwes Schaden litte! Leben um Leben! Diese große Wahrheit will uns diese Geschichte lehren. Wer ein Leben retten will, muß das eigene wagen. Als Jesus einer in der Sünde dahinlebenden und dahinsterbenden Menschheit Leben erwerben wollte, mußte er sein Leben in den Tod geben. Anders war das große Werk nicht zu tun.

Der Gott des Elia ist auch unser Gott. Seine Kraft ist noch nicht geschwunden. Sein Arm ist noch nicht verkürzt. Er ist derselbe! Es kommt nur darauf an, ob wir dasselbe von ihm erwarten wie Elia! Wenn wir es doch lernten, Gott so zu vertrauen und alles von ihm zu erwarten!

Aber wir möchten nun noch einen Blick auf die andere Geschichte werfen, an die der Apostel hier denkt. Er redet ja nicht von einer Frau, die ihren Toten wieder bekam, sondern von mehreren. Die andere Geschichte steht in 2. Könige 4. Sie geschah in Sunem. Dort lebte eine wohlhabende Frau, welche den Propheten Elisa gastlich aufnahm. Sie ließ ihm sogar eine Kammer machen, damit er dort bleiben könne, wenn er durchwanderte.

Gott läßt keinen Dienst unbelohnt, der den Seinen getan wird. Darum erfüllte er der Frau den großen Wunsch ihres Herzens, nachdem sie ihn schon aufgegeben hatte: Er gab ihr einen Sohn. Und dieser Sohn bekam eines Tages – nach etlichen Jahren – auf dem Felde einen Sonnenstich und starb auf dem Schoß der Mutter. Aber die Frau dachte nicht: »Nun ist alles aus!«

Sie machte sich auf und zog zum Karmel, wo sich Elisa aufhielt. Der mußte kommen und ihren Jungen wiedererwecken. Wie kam sie zu diesem kühnen Gedanken? Sie sprach es nachher gegen den Propheten aus, als sie sagte: »Wann habe ich einen Sohn gebeten von meinem Herrn? Sagte ich nicht, du solltest mich nicht täuschen?« Sie berief sich darauf, daß sie ihren Wunsch, einen Sohn zu bekommen, bereits zum Opfer gebracht hatte, als Gott ihr, ohne daß sie es erbeten und gewünscht hätte, sagen ließ durch den Propheten: »Um diese Zeit über ein Jahr sollst du einen Sohn herzen!«

Nun folgerte sie ganz einfach: Wenn Gott mir den Jungen gegeben hat, dann muß er ihn mir auch bewahren oder ihn mir jetzt, da er gestorben ist, zurückgeben. So kam sie zu Elisa und teilte ihm mit, was sie von ihm erwartete. Sie erwartete es so zuversichtlich und selbstverständlich von ihm, daß sie ihn gar nicht besonders darum bat. Wenn er nur den Sachverhalt erführe, würde und müßte er ja kommen, dachte sie.

Elisa sagte nicht: Aber was denkst du von mir! oder: Das kann ich doch nicht! Sondern er gab ihrem Gedankengang innerlich recht und hielt es für eine Notwendigkeit, hier zu helfen. Wenn ich so sagen darf: Elisa hatte es leichter als Elia. Elia hatte noch keine Totenerweckung erlebt, hatte noch nie gehört, daß so etwas möglich sei. Aber Elisa wußte: Elia hat das Kind der Witwe in Zarpath auferweckt.

Vielleicht kam es daher, daß er, wie es scheint, diese Aufgabe unterschätzte. Denn er dachte zuerst nicht daran, selbst zu gehen; er schickte nur seinen Diener Gehasi. Die bekümmerte Mutter aber gab sich nicht damit zufrieden. Sie bestand darauf, daß Elisa selber mitgehe. Und es war gut, daß Elisa selber kam, denn Gehasi richtete nichts aus. Sein Herz war nicht lauter, wie wir nachher sehen, als er dem geheilten Marschall Naeman nacheilte und ihn unter Vorspiegelung falscher Tatsachen um Geld und Gut ansprach. Mit so einem unreinen und gebundenen Herzen kann man keine Wunder von Gott erwarten. Wenn Gott auf seine Bemühungen und Zeremonien hin das Kind auferweckt hätte – wie hochmütig und eingebildet wäre der innerlich faule Gehasi wohl geworden! Nein, zu dem Dienst Gehasis konnte sich Gott nicht bekennen.

Elisa kam selber. Es ging ganz ähnlich, wie es in Zarpath ging. Er schloß die Tür zu, stieg dann auf das Lager und legte sich auf das Kind, seinen Mund auf des Kindes Mund, seine Augen auf des Kindes Augen, seine Hände auf des Kindes Hände. Und das tat er so lange, bis des Kindes Leib warm wurde.

Aber in dem Maße, wie er der Leiche von seiner Wärme mitteilte, teilte ihm die Leiche von ihrer Kälte mit. Kalt griff ihm der Tod nach dem Herzen. Er fing an zu frieren und zu ersterben. Leben um Leben! So ging es auch hier. Endlich stand er auf von der Leiche und ging im Hause hin und her. Warum? Um wieder warm zu werden, um wieder zu sich selber zu kommen. Dann legte er sich wieder über die kleine Leiche. Und da plötzlich »schnaubte der Knabe siebenmal«. Tiefe, lange Atemzüge, so tief und lang wie die sind, wenn das Leben entflieht, zeigten an, daß es wieder zurückkehrte. Dann tat der Junge seine Augen auf.

Elisa war zum Tode erschöpft. Er konnte das Kind nicht selbst zu seiner Mutter bringen, wie Elia das getan hatte; er war zu sehr mitgenommen von diesem Kampf mit dem Tod. Er konnte nur dem Gehasi sagen: »Ruf die Samariterin!« Und als sie gekommen war, sagte er ihr: »Da nimm hin deinen Sohn!« – Leben aus dem Tod!

Wir haben vielleicht nicht den Auftrag, leibliche Tote zu erwecken. Der Herr hat uns beauftragt, seine Zeugen zu sein und geistlich Toten zum Leben zu helfen. Ist es nicht derselbe Fürst der Finsternis, der auch der Machthaber des Todes ist?

Wenn du ein glaubender Christ bist, weißt du, daß es deine Aufgabe ist, Leben weiterzugeben? Das ist keine Kleinigkeit. Das kostet einen Kampf mit dem Fürsten der Finsternis, geradeso wie dort in Zarpath und in Sunem. Der Feind gibt seine Beute nicht freiwillig heraus. Da muß man das Durchbeten gelernt haben wie Elia; da muß man das eigene Leben hingeben können wie Elisa! Kannst du das? Mit einem Gehasi ist da nichts anzufangen! Den kann Gott zu solchem Dienst nicht gebrauchen. Da braucht es Gott hingegebene Leute, die nicht ihre eigene Ehre im Auge haben, sondern denen, wie dem Elia und dem Elisa, die Ehre Gottes über alles geht.

Kann Gott dich gebrauchen, um durch dich Seelen aus dem Gefängnis des ewigen Todes zu befreien? Reicht dein Glaube so weit, auch das Gott zuzutrauen, und ist dein Herz und Leben so dem Herrn hingegeben, daß er dich zu solchem Dienst gebrauchen kann? Denke nicht, das sei nur die Aufgabe der Evangelisten und Prediger! Nein, das ist die Aufgabe aller gläubigen Christen, auch deine! Darum, gib dich deinem Gott hin – völlig und ganz! Stell dich ihm zur Verfügung, daß er auch dich gebrauchen kann, um durch dich zu wirken.

Bis in den Tod

Andere aber sind zerschlagen und haben keine Erlösung angenommen, auf daß sie die Auferstehung, die besser ist, erlangten.
Vers 35

Bis zu diesem Vers lesen wir, wie Gott sich zu dem Glauben der Seinen bekannt und sie errettet hat. Von großen Siegen und wunderbaren Bewahrungen hat der Apostel bis zu diesen Worten berichtet. Nun aber denkt er daran, daß nicht alle Helden des Glaubens siegreich endeten und errettet wurden aus dem Rachen der Löwen oder dem Ofen des Elends. Es hat auch solche gegeben, die nicht gerettet wurden, die ihren Glauben mit ihrem Blut bezahlten. Sind sie deshalb weniger Glaubenshelden als die anderen? Sind nur diejenigen Glaubenshelden, welche der Herr siegreich und als Überwinder durch Leiden und Nöte hindurchbringt? Dann wären ja all die Blutzeugen, die auf dem Scheiterhaufen oder in Gefangenenlagern ihr Leben gelassen haben, keine Glaubenshelden gewesen! Nein, so darf man nicht urteilen! Man würde sehr irregehen, wenn man sagen wollte: Zu wem sich der Herr durch Errettung und Bewahrung bekennt, der ist dadurch als ein Mann des Glaubens erwiesen; aber wer in der Trübsal umkommt und sein Leben verliert, der hat Gott nicht so gefallen. Das wäre ganz falsch!

Darum sagt der Apostel, nachdem er so lange von Siegern und Überwindern gesprochen hat, daß es auch andere Glaubenshelden gegeben hat, die keine Errettung aus den Nöten erfuhren, die ihre Treue mit ihrem Leben bezahlten. »Andere aber sind zerschlagen und haben keine Erlösung angenommen, auf daß sie die Auferstehung, die besser ist, erlangten.« Als Parallelstelle steht in den meisten Bibeln eine apokryphische Aussage angegeben: 2Makkabäer 6,18 – 7,42. Und in der Tat gibt es keine Geschichte in der Bibel, auf welche die Worte des Apostels so genau paßten, wie gerade diese. Wenn man diese Geschichte liest, dann wird es ganz deutlich, daß wohl sie dem Apostel vorschwebte, als er die Worte schrieb: »Andere aber sind zerschlagen und haben keine Erlösung angenommen, auf daß sie die Auferstehung, die besser ist, erlangten.«

Wohl hat Luther recht, daß die Apokryphen der Heiligen Schrift nicht gleich zu achten sind; aber ebenso recht ist auch seine Meinung, daß sie nützlich und gut zu lesen sind, weil sich auch in ihnen manche ergreifende Stelle befindet. Hier begegnen wir einer solchen Geschichte.

Als Antiochus, der Antichrist des Alten Bundes, Jerusalem eingenommen hatte, gab es furchtbare Verfolgungen für das Volk Israel. Unter anderen wurde auch ein alter Schriftgelehrter, Eleasar, aufgefordert, seinen Glauben zu verleugnen oder sich hinrichten zu lassen. Um seine Verleugnung zum Ausdruck zu bringen, sollte er Schweinefleisch essen. Er weigerte sich aber und sagte: »Lieber ehrlich sterben als schändlich leben!«

Da suchte man ihn mit List zu fangen. Man sagte ihm, man wolle ihm Fleisch bringen, welches er ganz ruhig essen dürfe; er sollte nur so tun, als ob er dem König zu Willen wäre und Opferfleisch äße. Aber er lehnte auch dieses Anerbieten ab und sagte: »Schickt mich immer unter die Erde hin ins Grab. Denn es will meinem Alter übel anstehen, daß ich auch so heuchle, daß die Jugend denken muß, Eleasar, der nun neunzig Jahre alt ist, sei auch zum Heiden geworden, und sie also durch meine Heuchelei verführt werden, daß ich mich so vor den Leuten stelle und mein Leben so eine kleine Zeit, die ich noch zu leben habe, also friste. Das wäre mir eine ewige Schande! Darum will ich jetzt fröhlich sterben, wie es mir altem Mann wohl ansteht.«

Nach diesen Worten wurde er gefoltert und gemartert. Als sie ihn aber geschlagen hatten, daß er jetzt sterben sollte, seufzte er und sprach: »Der Herr, dem nichts verborgen ist, der weiß es, daß ich die Schläge und großen Schmerzen, die ich an meinem Leibe trage, wohl hätte mögen umgehen, wo ich gewollt hätte; aber der Seele nach leide ich es gern um Gottes willen.« So starb er als ein Held des Glaubens. Er hat keine Erlösung und Befreiung angenommen. »Lieber ehrlich sterben als schändlich leben.«

Es wurden auch sieben Brüder samt ihrer Mutter gefangen und mit Geißeln und Riemen gestäupt. Dann forderte sie der König zum Abfall von ihrem Glauben auf. Da sagte der Älteste unter ihnen: »Was willst du fragen und von uns wissen? Wir wollen eher sterben, denn etwas wider unser väterlich Gesetz handeln.«

Wenn durch die Christenheit unseres Landes so eine Verfolgung ginge wie in den Zeiten der Makkabäer oder wie in den Tagen der römischen Kaiser oder zur Zeit der Inquisition – wie würde es wohl aussehen im Volk Gottes? Ob dann nicht doch manche um ihres Lebens willen den Herrn verleugneten? Ob nicht manche ihre ewige Krone verscherzen würden, um dem qualvollen Märtyrertod zu entgehen?

Es braucht Glauben, um dem Herrn treu zu bleiben! Dennoch, es würde auch heute viele geben, die in der Kraft Gottes überwänden. Wir wissen nicht, was unser noch wartet. Ob wir vielleicht die Vorauswehen der großen Trübsal erleben werden, die in den Tagen des Antichristen hereinbrechen wird? Da gilt es, sein Herz und Leben ganz in Gottes Hand zu geben, in guten Tagen ihm zu vertrauen, um gerüstet und gewappnet zu sein für die Tage der Trübsal. Nur der kommt durch in solchen Nöten, der jetzt schon mit Jesus verbunden lebt. Mit unserer Macht ist nichts getan den Leiden und Trübsalen gegenüber. Wir sind gar bald verloren. Nur Jesus kann bewahren. Nur er kann uns durchbringen. Nur er ist unsere Sicherheit, daß wir ausharren bis ans Ende und ihm die Treue bewahren.

Fürchte dich nicht vor der Zukunft! Zage nicht in dem Gedanken: Werde ich wohl durchkommen? Werde ich allem gewachsen sein, was noch kommen mag? Blicke nicht auf dich und deine Ohnmacht. Schaue auf Jesus, den Gekreuzigten und Auferstandenen! Er trägt dich hindurch!

Jeremia

Etliche haben Spott und Geißeln erlitten, dazu Bande und Gefängnis.   Vers 36

Das ist immer so gewesen, und es wird immer so bleiben: wer Ernst macht mit seinem Glauben, wer nicht nur dem Namen nach, sondern in Wirklichkeit Christ ist, der wird verspottet, der bekommt etwas zu leiden um seines Glaubens willen.

Ja, so notwendig gehören Spott und Hohn zur Nachfolge Jesu, daß man sich ernstlich fragen muß, ob man überhaupt ein wirklicher Christ ist, wenn man von der Schmach Christi nichts weiß. Jesus hat den Seinen vorausgesagt: »Hat die Welt mich gehaßt, so wird sie auch euch hassen; der Jünger ist nicht über seinen Meister.« Weißt du etwas von diesem Spott um Jesu willen? Und wenn du etwas davon erlebst, wie trägst du die Schmach Christi? Mit Seufzen und Klagen?

Wir wollen heute das Bild eines Mannes betrachten, der in ganz besonderer Weise durch Spott und Verachtung, durch Leiden und Trübsale gegangen ist. Das ist der Prophet Jeremia. Es trifft auf ihn ganz besonders zu, was der Apostel hier schreibt: »Etliche haben Spott und Geißeln erlitten, dazu Bande und Gefängnis.«

Wer von Christus in einen besonderen Dienst gerufen wird, der tritt damit auch in eine besondere Leidensschule ein. Als der Herr den Jünger Ananias in Damaskus zu Saul von Tarsus schickte, um ihm die Hände aufzulegen, daß er wieder sehend werde, da sagte er ihm: »Ich will ihm zeigen, wieviel er leiden muß um meines Namens willen.« Auch Jeremia wußte, als Gott ihn zum Propheten berief, daß er durch viel Schweres zu gehen haben würde. Zwar sah in den Tagen seiner Berufung äußerlich alles sehr verheißungsvoll aus. Der junge König Josia regierte damals. Acht Jahre war er alt, als er König wurde. Mit sechzehn fing er an, Gott zu suchen, und mit zwanzig Jahren begann er ein schönes Reformationswerk im Volk. Die Altäre Baals wurden abgebrochen, die Sonnensäulen gestürzt, die Ascherabilder und was es sonst noch gab, wurden zerbrochen und zu Staub verbrannt. Es schien ein ganz neues Leben im Volk zu beginnen. Aber es schien nur so. Wer genauer zusah, der merkte, daß die meisten nur einen »königlich jüdischen« Glauben hatten. Der König wollte es nun einmal so haben, da machte man so mit. Man wollte es doch mit der Regierung nicht verderben.

Aber eine solche »königliche« Religion hat keinen Wert. Sie ist nur eine Tünche, um das vorhandene Elend zu verdecken. Das sah Jeremia. Und darum erschrak er, als Gott ihn zum Propheten aussah. Er wußte, daß es schwer sein würde, dieser »königlich jüdischen« Frömmigkeit gegenüber den Willen Gottes zur Geltung und zur Anerkennung zu bringen. »Ach, Herr Herr, ich tauge nicht zu predigen; denn ich bin zu jung.«

Aber gerade weil er so denkt, ist er der rechte Mann. Weil er kein Selbstvertrauen hat, ist er genötigt, sein Vertrauen auf den Herrn zu setzen. Weil er nichts in sich hat, darum muß er alles von Gott erwarten. Das sind gerade die rechten Leute für den Dienst Gottes, die sagen: »Ich tauge nicht.« Die kann Gott gebrauchen. Aber wer denkt: »Das werde ich schon machen; was ist denn weiter dabei«, mit dem kann Gott nichts anfangen. Der muß erst von seinem zu großen Selbstbewußtsein geheilt und zu der Erkenntnis gebracht werden: »Ich tauge nicht zu predigen.«

Wer so denkt und spricht, dem sagt der Herr, wie dort dem Jeremia: »Sage nicht: ›Ich bin zu jung‹, sondern du sollst gehen, wohin ich dich sende, und predigen, was ich dich heiße. Fürchte dich nicht vor ihnen; denn ich bin bei dir und will dich erretten!« Auch sagt er im voraus, worin sein Dienst bestehen wird: »Ich setze dich heute dieses Tages über die Völker und Königreiche, daß du ausreißen, zerbrechen, zerstören und verderben sollst und bauen und pflanzen.«

Kein leichter Auftrag! Mit Ausreißen und Zerbrechen soll er anfangen, mit Zerstören und Verderben soll er fortfahren. Alsdann kommt er erst zum Bauen und Pflanzen. Da konnte sich Jeremia wohl denken, was seiner warten würde in diesem Dienst. Aber er war gehorsam und übernahm den schweren Auftrag. Was hat ihm sein Dienst eingebracht? Viel Spott und Hohn, ja Schläge und Gefängnis. Und zwar nicht nur von solchen, die ganz fern von Gott lebten, sondern auch von denen, die berufen waren, Hüter des väterlichen Glaubens zu sein, wie der Priester Pashur, der im Hause des Herrn zum Obersten gesetzt war. Als er Jeremias Botschaften hörte, ergrimmte er so, daß er ihn schlug und in den Stock legte.

In jener Nacht im Gefängnis tat Jeremia einen Rückblick auf seinen bisherigen Dienst. Was hatte er ihm eingebracht? Er sagt: »Herr, du hast mich überredet, und ich habe mich überreden lassen; du bist mir zu stark gewesen und hast gewonnen; aber ich bin darüber zum Spott geworden täglich, und jedermann verlacht mich. Denn seit ich geredet, gerufen und gepredigt habe von der Plage und Zerstörung, ist mir des Herrn Wort zum Hohn und Spott geworden täglich.«

Ja, er hat so viel durchzumachen gehabt um seiner Botschaft willen, daß er sich einmal vornahm: »Ich will sein nicht mehr gedenken und nicht mehr in seinem Namen predigen.« Aber das ging nicht. Es wurde in seinem Herzen wie ein brennendes Feuer. Er mußte die Botschaften Gottes aussprechen, mochte daraus werden, was wollte! Freilich wurde die Verfolgung manchmal so arg, daß er einmal sogar den Tag seiner Geburt verwünschte.

Ja, sein Dienst war schwer. Von niemandem verstanden, von allen verspottet und verachtet zu werden, von Feinden rings umgeben zu sein, das ist nicht leicht. Und es kam noch schwerer. Der unglückliche König Zedekia saß auf dem Thron. Vor der Stadt lagen die Chaldäer, um sie zu belagern. Es folgten ein paar gewitterschwüle Tage bangen Wartens. Die Chaldäer hatten Nachricht bekommen, der König Hophra von Ägypten ziehe heran, um Jerusalem zu Hilfe zu kommen. Daraufhin hatten sie die Belagerung abgebrochen, um erst diesem Feind entgegenzutreten. Nun frohlockte man in Jerusalem über den Abzug der Feinde. Aber Jeremia verkündigte: »Die Chaldäer werden wiederkommen und wider diese Stadt streiten und sie gewinnen und mit Feuer verbrennen!« Da ergrimmten die Großen in der Stadt über den Unglücksprophetenn. Als er eines Tages die Stadt verließ, um im Lande Benjamin eine geschäftliche Angelegenheit zu besorgen, wurde er am Tor verhaftet unter der Anschuldigung: »Du willst zu den Chaldäern fallen!«

Jeremia ein Verräter! Wenn es je einen Vaterlandsfreund gegeben hat, dann ist Jeremia einer gewesen. Wie glühend hat er sein Volk geliebt! Wie heiß hat er über das Unglück seines Volkes geweint! »Ach, daß ich Wasser genug hätte in meinem Haupt und meine Augen Tränenquellen wären, daß ich Tag und Nacht beweinen möchte die Erschlagenen in meinem Volk!« Dieser Mann soll ein Verräter sein?

Was für törichte und widersinnige Gerüchte der Feind oft über Christen zu verbreiten versteht. Und ganz besonders über Pfarrer und Prediger. Was wird doch heute zusammengelogen über solche, die im Dienst für Gott stehen!

Wenn du so ein böses Gerücht hörst, dann glaube es nicht ohne weiteres! Dann sage doch jedesmal: »Ich werde den Betreffenden selbst danach fragen!« Weißt du, was du dann zu hören bekommst? »Aber bitte, sagen Sie ihm nicht, daß ich es Ihnen gesagt habe!« Welch schändliche Feigheit! Hinter dem Rücken zu reden, dazu hat man den Mut, aber ins Angesicht hinein wagt man dem Bruder nichts zu sagen. Wenn dir jemand sagt: »Bitte, sagen Sie nicht, daß ich es Ihnen gesagt habe«, dann kannst du ziemlich sicher sein, daß das Gerede eine Lüge ist! Nimm dich in acht, auf so etwas hereinzufallen. Du wirst mitschuldig.

So töricht der Vorwurf, Jeremia sei ein Verräter, auch war – Jeremia wurde dafür jämmerlich geschlagen und ins Gefängnis geworfen. Und als das seinen Feinden noch nicht genügte, warfen sie ihn in eine Grube, die voll Schlamm war. Jeremia sank in den Schlamm. So ging die Stadt mit ihrem besten Bürger, mit ihrem treusten Freund um. Der Mund, der von Einnahme und Zerstörung Jerusalems predigte, sollte stumm gemacht, im Schlamm erstickt werden. Und es war doch nur das Wort Gottes, was Jeremia brachte!

Aber wenn sich im ganzen Volk niemand über den Propheten erbarmte, der im Schlamm versank und zu ersticken drohte, dann hatte Gott einen Mohren, einen Äthiopier, Ebed-Melech, der dem König Mitteilung davon machte, was man dem Propheten getan hatte. Und mit Erlaubnis des Königs zog Ebed-Melech den Propheten behutsam und vorsichtig wieder aus der Grube.

Hat nun Jeremia andere Töne angeschlagen? Hat er nach all diesen Leiden und Trübsalen endlich etwas Watte um das Schwert des Wortes Gottes gewickelt? So machen es manche. Sie denken: Warum alle Menschen zu Feinden machen? Damit nutze ich der Sache Gottes ja nicht!

Nein, Jeremia ließ nichts aus von dem, was Gott ihm auftrug.

Er blieb dabei, auch dem König Zedekia gegenüber, der ihn heimlich hatte rufen lassen: »Wirst du hinausgehen zu den Fürsten des Königs zu Babel, so sollst du leben bleiben, und diese Stadt soll nicht verbrannt werden, sondern du und dein Haus sollen am Leben bleiben; wirst du aber nicht hinausgehen zu den Fürsten des Königs zu Babel, so wird diese Stadt den Chaldäern in die Hände gegeben, und sie werden sie mit Feuer verbrennen, und du wirst auch nicht ihren Händen entrinnen.«

Er blieb seinem Gott treu. Kein Spott und keine Verfolgung brachten ihn davon ab. Und Gott bekannte sich zu seinem Knecht. Es kam so, wie Jeremia vorausgesagt hatte. Die Stadt wurde erobert und verbrannt. Ein entsetzliches Blutbad wurde unter ihren Einwohnern angerichtet. Der Tempel ging in Flammen auf. Zedekia wurde auf der Flucht gefangengenommen. Seine Kinder wurden vor seinen Augen getötet. Das war das letzte, was er sah. Danach wurden ihm die Augen ausgestochen. So schleppte man ihn gefangen nach Babel.

Gott hält Wort, seine Drohungen ebenso wie seine Verheißungen erfüllen sich. Was für ein Schmerz für den Propheten Jeremia, das mitzuerleben! Immer wieder traten die Bilder der Belagerung und Eroberung vor seine Seele. Er sah, wie die Kinder in den Straßen der Stadt verschmachteten und in den Armen ihrer Mütter starben.

»Ich habe schier meine Augen ausgeweint, daß mir mein Leib davon weh tut«, so klagt der einsam übriggebliebene Knecht Gottes. Ach, da ist niemand, der mit ihm klagt! Alles ist tot und erschlagen. Niemand, der mit ihm weint. Alles ist stumm und still. Da ruft er die Mauer an, die noch steht: »O du Mauer der Tochter Zion, laß Tag und Nacht Tränen herabfließen wie ein Bach! Höre auch nicht auf, und dein Augapfel lasse nicht ab!« Was für ein Jammer!

Jeremia weint nicht nur über den Untergang seines Volkes und der geliebten Stadt Jerusalem; er weint über den Untergang der Ehre Jahwes. Die Heiden haben die heilige Stadt zertreten. Der Tempel Jahwes ist ein rauchender Trümmerhaufen. Schwarze Mauern stehen da, wo sich das Haus Gottes erhob. Gottes Ehre ist dahin! Das ist der Jammer des Propheten.

Und doch brach er nicht zusammen. Ob auch nichts zu sehen

war von einer Möglichkeit, daß diese Ruinen zu neuem Leben erstehen würden – Jeremia verzagte nicht; er klagte und weinte wohl, aber er verzagte nicht.

»Ich hoffe noch«, sagt er (Kla 3,21). »Die Güte des Herrn ist's, daß wir nicht gar aus sind; seine Barmherzigkeit hat noch kein Ende, sondern sie ist alle Morgen neu. Der Herr ist mein Teil, spricht meine Seele, darum will ich auf ihn hoffen! Es ist ein köstlich Ding, geduldig sein und auf die Hilfe des Herrn hoffen!« So dunkel und hoffnungslos es auch aussah – Jeremia wartete auf die Zeit, da Gott seine Ehre wieder aufrichten, da er sich über sein Volk erbarmen und die Zeit des Heils anbrechen lassen werde.

Was er auch zu leiden hatte in seinem Leben, an Schmerzen des Leibes und an Nöten der Seele, an Spott und Verachtung, an Kummer und Gram, er hielt treu zum Herrn. So steht er vor uns als das Bild eines alles überdauernden Glaubens, eines geduldigen Leidens und Tragens bis zum Ende. Und wir?

Man wagt ja kaum in einem Atemzug die Worte auszusprechen: Jeremia und – wir! Wie wenig ist das, was wir um unseres Glaubens willen zu erleiden haben, und wie klagt man schon darüber! Wieviel Verleugnung Gottes geschieht aus Feigheit und Furcht vor Menschen!

Gehen wir in die Stille mit dem Bild des Propheten Jeremia, der trotz Spott und Hohn fest geglaubt hat, der durch Kummer und Schmerz hindurch treu geblieben ist! Betrachten wir sein Bild lange, nachdenklich, vor Gott, und dann legen wir uns die Frage vor: Und ich?

Einbildung oder Wirklichkeit?

Sie wurden gesteinigt, zerhackt, zerstochen, durchs Schwert getötet; sie sind umhergegangen in Schafpelzen und Ziegenfellen, mit Mangel, mit Trübsal, mit Ungemach (deren die Welt nicht wert war), und sind im Elend umhergeirrt in den Wüsten, auf den Bergen und in den Klüften und Löchern der Erde. Vers 37 und 38

Es gibt eine weitverbreitete Ansicht in der Welt, diejenigen seien Schwärmer und Phantasten, die mit ihrem Christentum Ernst machen, die sagen, sie hätten Vergebung der Sünden und sie seien ihres Heils gewiß. Man bezeichnet sie als Heuchler, die nur so redeten. Wenn man mit der Nachfolge Jesu äußere Vorteile bekommen könnte, dann wäre es zu verstehen, daß sich etliche dazu drängten.

Aber nun ist es doch so, daß die Nachfolge Jesu keine Vorteile mit sich bringt, sondern im Gegenteil große Anforderungen stellt und manche Opfer kostet. Die Verse, die uns hier zur Betrachtung vorliegen, sind ein schlagender Beweis dafür, daß dieses Gerede von Schwärmerei und Heuchelei falsch ist. Wer läßt sich denn steinigen, zerhacken, zerstechen oder durchs Schwert töten, wer geht denn in Mangel und Trübsal und Elend einher, wenn er es besser haben kann? Wenn man nur ein Wort zu sprechen braucht, um diesem Elend zu entgehen, um einem schrecklichen Tod zu entrinnen – wer wird es dann nicht sprechen? Für eine Einbildung gibt man doch sein Leben nicht hin! Und vollends nicht für eine Heuchelei!

Nein, wenn es Leute gegeben hat – und die hat es immer gegeben, von altersher bis auf diesen Tag –, die um ihres Glaubens willen gelitten haben und die getrost gelitten haben, dann ist das ein durchschlagender Beweis: Es ist keine Einbildung, sondern Wirklichkeit, wenn man von Gemeinschaft mit Gott redet. Es ist ein Beweis, daß diese Gemeinschaft mit dem Herrn ein Herz so beglückt und zufrieden macht, daß man sich um seinetwillen auch

Armut, Not und Tod gefallen läßt, ja sogar das Sterben um seinetwillen für Ehre hält.

»Sie wurden gesteinigt«, sagt der Apostel. Erinnern wir uns an den Propheten Sacharja, den Sohn des Priesters Jojada. Solange der Priester Jojada lebte, tat der schwache König Joas, was dem Herrn wohlgefiel. Aber als Jojada gestorben war, hatte der König keinen Halt mehr. Da hörte er auf die Obersten in Juda, die sich vor ihm bückten und ihm schmeichelten. »Und sie verließen das Haus des Herrn, des Gottes ihrer Väter, und dienten den Ascherabildern und Götzen. Wegen ihrer Schuld kam der Zorn über Juda und Jerusalem. Und Gott sandte Propheten zu ihnen, daß sie sich zum Herrn bekehren sollten, die wider sie zeugten; aber sie nahmen es nicht zu Ohren. Und der Geist Gottes erfüllte Sacharja, den Sohn Jojadas, des Priesters. Der trat auf und sprach: So spricht Gott: Warum übertretet ihr die Gebote des Herrn und wollt kein Gelingen haben? Denn ihr habt den Herrn verlassen, so wird er euch wieder verlassen!«

War das zuviel gesagt? Gewiß nicht. Es war die Wahrheit, die er sprach, und zwar die Wahrheit im Namen Gottes. Aber diese Wahrheit wollte man nicht hören. Als Sohn des Priesters Jojada, als Vetter des Königs Joas, war Sacharja ein einflußreicher Mann. Darum hatte seine Botschaft besonderes Gewicht. Aber darum gerade mußte dieser unbequeme Mahner beseitigt werden. »Sie machten einen Bund wider ihn und steinigten ihn, nach dem Gebot des Königs, im Hofe am Hause des Herrn. Und der König Joas gedachte nicht an die Barmherzigkeit, die Jojada, sein Vater, an ihm getan hatte, da er ihn errettete aus den mörderischen Händen der Königin Athalja, da er ihn versteckte und aufzog und zum König machte, da er ihm diente und sein Ratgeber war viele, viele Jahre lang, sondern erwürgte seinen Sohn. Da er aber starb, sprach er: ›Der Herr wird's sehen und heimsuchen!‹«

Und so geschah es auch. Joas wurde bald darauf von den Syrern geschlagen. Seine bösen Ratgeber fielen. Der König selbst wurde von schwerer Krankheit befallen; es bildete sich eine Verschwörung gegen ihn, und er wurde im Bett erwürgt. Gewiß stand das Bild Sacharjas auch Jesus vor der Seele, als er die Wehklage über Jerusalem aussprach: »Jerusalem, Jerusalem, die du tötest die Propheten und steinigst, die zu dir gesandt sind! Wie oft habe ich deine Kinder versammeln wollen, wie eine Henne ihre Küchlein unter ihre Flügel; und ihr habt nicht gewollt!« Warum wurde Sacharja gesteinigt? Weil er den Willen Gottes getan und die göttliche Botschaft ausgerichtet hatte. Sein Gehorsam gegen den Herrn hat ihn das Leben gekostet. Für Gott hat er sein Leben hingegeben. Er hat sein Leben nicht geliebt bis an den Tod, wie es in der Offenbarung heißt.

»Sie wurden zerhackt, zerstochen, durchs Schwert getötet«, so schreibt der Apostel weiter. Unter den ausgesuchtesten Martern hat man die tapferen und treuen Bekenner hingemordet. Wie die Überlieferung erzählt, ist der Prophet Jesaja sogar zersägt worden. Es war nicht nur in den Tagen der gottlosen und grausamen Königin Isebel so, daß die Propheten Jahwes verfolgt und ausgerottet wurden; das geschah öfter. Sonst hätte Jesus ja nicht sagen können, daß es die Gewohnheit Jerusalems sei, die Propheten zu töten, die von Gott zur Warnung gesandt wurden.

In den Tagen des Königs Jojakim zum Beispiel trat ein Prophet mit Namen Uria auf, ein Sohn Semajas, von Kirjath-Jearim. Der predigte Buße und verkündete den Untergang Jerusalems, wenn man nicht Buße tue. Als der König und seine Großen das hörten, wollte ihn der König töten lassen. Uria erfuhr das. Er fürchtete sich und floh nach Ägypten. Aber der König war damit noch nicht zufrieden. Er schickte Leute nach Ägypten, die ihn von dort zurückholten und zum König Jojakim brachten; der ließ ihn mit dem Schwert töten (Jer 26,20–23).

Andere haben wegen ihres Glaubens nicht ihr Leben verloren, sondern nur ihre Heimat, Haus und Hof, Hab und Gut aufgegeben. »Sie sind umhergegangen in Schafpelzen und Ziegenfellen, mit Mangel, mit Trübsal, mit Ungemach (deren die Welt nicht wert war), und sind im Elend umhergeirrt in den Wüsten, auf den Bergen und in den Klüften und Löchern der Erde.«

Ja, was haben die Bekenner Gottes alles aufgegeben um ihres Glaubens willen! Wieviel Schweres haben sie erlitten! Und wie gern taten sie das! Es muß doch etwas daran sein, mit dem lebendigen Gott in Verbindung und Gemeinschaft zu stehen! Es muß doch eine Wirklichkeit, und zwar eine selige Wirklichkeit sein, ihm zu gehören; sonst würde man doch nicht solche Opfer bringen, nicht alles aufgeben um seinetwillen. Die Menschen lieben ihr Leben. Sie freuen sich an ihrem Besitz. Wenn sie das alles darangeben und sagen:

> »Nehmen sie den Leib,
> Gut, Ehr, Kind und Weib:
> laß fahren dahin,
> Sie haben's kein' Gewinn!« –

dann muß doch die Gemeinschaft mit dem Herrn das Herz so mit Frieden und Freude erfüllen, daß man die Leiden für nichts achtet. Sonst wären die Märtyrer der ersten Zeit, die Hugenotten und die Salzburger, die Armenier und die Rußlanddeutschen ja gar nicht zu begreifen. Die Leiden, welche Christen seinetwegen getrost erdulden, sind ein Beweis, daß es keine Schwärmerei, keine Einbildung, sondern eine selige Wirklichkeit ist: Es gibt eine Gemeinschaft mit Gott durch Christus, eine Gemeinschaft, von der die Welt nichts weiß und versteht, eine Gemeinschaft durch den Glauben.

Im Neuen Bund gehören diese Leiden noch viel mehr dazu als im Alten Bund. Im Alten Bund wurden Wohlergehen, langes Leben und zeitliches Glück in Aussicht gestellt. Im Neuen Bund werden Bedrückungen und Verfolgungen verheißen. Aber gerade in diesen Leiden erstarkt das Glaubensleben. Gerade in diesen Verfolgungen wächst man in die Gnade hinein und klammert sich fester und fester an Jesus Christus.

Wer etwas um Jesu willen zu leiden bekommt, der erfährt, wie wahr das Wort Jesu ist: »Selig seid ihr, wenn euch die Menschen um meinetwillen schmähen und verfolgen und reden allerlei Übles wider euch, so sie daran lügen.« Es ist sogar ein Vorrecht, wenn man gewürdigt wird, etwas von seiner Schmach zu tragen; es ist Ehre und Freude für einen an Christus Glaubenden.

In guten Tagen und in dunklen Stunden dürfen wir erfahren: »Es ist etwas, des Heilands sein!« Es ist nicht Einbildung, sondern Wirklichkeit!

Vollendet

Diese alle haben durch den Glauben Zeugnis überkommen und nicht empfangen die Verheißung, darum daß Gott etwas Besseres für uns zuvor ersehen hat, daß sie nicht ohne uns vollendet würden. Vers 39 und 40

»Diese alle haben durch den Glauben Zeugnis überkommen und nicht empfangen die Verheißung.« In dem ersten Stück sind wir den Glaubenshelden des Alten Bundes gleich; in dem anderen haben wir ihnen etwas voraus. Sie alle haben ein Zeugnis bekommen. Wer Ernst macht mit seiner Hingabe an Gott, wer gehorsam seinen Willen tut und sich seinem Wort beugt, der bekommt ein Zeugnis wie Abel, daß er gerecht sei, wie Henoch, daß er Gott gefallen habe, wie Abraham: Abraham glaubte Gott, und das rechnete er ihm zur Gerechtigkeit. So haben all die Männer und Frauen des Alten Bundes, von denen uns der Apostel erzählt hat, und noch viele andere mit ihnen, das Zeugnis bekommen, daß Gott ihren Glauben angesehen und ihnen diesen zur Gerechtigkeit gerechnet habe.

In diesem Stück sind wir den Glaubenshelden des Alten Bundes gleich. Auch heute gibt Gott jedem, der glaubend das Opfer Jesu Christi für sich in Besitz nimmt, ein Zeugnis durch den Heiligen Geist. Das Zeugnis lautet: ein Kind Gottes, ein Erbe der Herrlichkeit – aufgrund des Glaubens an Christus. Welch ein herrliches Zeugnis! Was für eine Gnade, ein Kind des großen, lebendigen, allmächtigen Gottes sein zu dürfen! Hast du dieses Zeugnis?

Wie viele leben in der Christenheit, die dieses Zeugnis nicht haben und sogar darüber lachen und lästern! Wenn jemand sagt, er sei im Besitz dieses Zeugnisses, er sei seiner Annahme bei Gott gewiß, er sei sicher, ein Kind und ein Erbe Gottes zu sein, dann wird er ausgelacht und verspottet als ein überspannter Kopf. Dann heißt es, das könne kein Mensch wissen. Wer so etwas sage, der betrüge entweder sich selbst oder andere. Und das sagen nicht nur sogenannte Laien, sondern auch solche, die von Berufs wegen mit dem Wort Gottes umgehen. Das ist ein Jammer! Die Heilsgewißheit der Gläubigen ist eine Hauptlehre der Reformation. Aber wir sind in Gefahr, dieses kostbare Erbgut, das die Reformatoren uns aus dem Schutt von Menschensatzungen und Lehren, unter denen die Bibel verschüttet lag, ausgegraben haben, in unserer Zeit wieder zu verlieren.

Nein, wir wollen nichts verlieren, was unsere Väter uns errungen haben, was unser Heiland uns durch sein Leiden und Sterben erworben hat! Es gibt Heilsgewißheit für den Glaubenden. Es gibt ein Zeugnis der Gotteskindschaft und der Himmelserbschaft durch den Heiligen Geist aufgrund des Glaubens an den Gekreuzigten. Hast du dieses Zeugnis?

Wie beschämen die Frommen des Alten Bundes viele, die sich evangelisch nennen. Sollten wir das nicht erst recht haben, was jene hatten? Wir haben doch viel mehr als sie! Vor uns liegt doch das Leben, Leiden und Sterben Christi wie ein aufgeschlagenes Buch! Das alles haben jene doch nur von ferne geschaut. »Sie haben nicht empfangen die Verheißung.« Wohl haben sie einzelne Verheißungen bekommen und erfüllt gesehen. Wenn Gott ihnen Sieg über ihre Feinde verhieß, das haben sie erfüllt gesehen. Aber *die* Verheißung haben sie nicht erfüllt gesehen. Damit meint der Apostel die eine große Verheißung, die den Mittelpunkt des ganzen Alten Bundes bildet: Die Verheißung des Messias der Juden, des Heilands der Welt.

Das haben wir ihnen voraus. Was für eine Gnade ist es, zum Neuen Bund zu gehören, in der Zeit der Erfüllung leben zu dürfen! Wir dürfen es bezeugen: »Was der alten Väter Schar höchster Wunsch und Sehnen war und was sie geprophezeit, ist erfüllt in Herrlichkeit.« Wir dürfen im Geist an die Krippe in Bethlehem treten und dem Kind Gold, Weihrauch und Myrrhen bringen. Wir dürfen dem Wanderprediger von Nazareth durchs Land folgen und seinen wunderbaren Reden lauschen, in denen die ewige Weisheit zu uns spricht.

Wir dürfen schauen, wie der große Arzt Kranke heilt und Tote erweckt, wodurch Gott sein Zeugnis beglaubigt und legitimiert. Wir dürfen unter das Kreuz treten, an dem er leidet, blutet und stirbt, und es glauben und erfahren: Er starb für mich.

Wir dürfen am leeren Grab in Josephs Garten etwas schauen von der Kraft Gottes, mit der er ihn auferweckt hat von den Toten.

Wir dürfen zu den Jüngern treten, die sich auf dem Ölberg um ihn versammelt haben und seinem Vermächtnis lauschen, das er beim Scheiden hinterläßt. Wir dürfen uns zu der Urgemeinde an Pfingsten gesellen, über die er seinen Geist ausgießt, die Verheißung des Vaters.

Und über all diesen wunderbaren Tatsachen und Geschichten unseres Heils steht die Überschrift: »Für euch! Für euch!« Das alles dürfen wir uns zu eigen machen, das alles dürfen wir glaubend in Besitz nehmen! Was für eine Gnade!

So eine herrliche Gabe bringt auch eine Aufgabe mit sich. So ein großes Vorrecht legt auch eine große Verantwortung auf.

Denke daran, jene Männer und Frauen haben ihm in Schwierigkeiten und Nöten glaubend vertraut, im Leiden und Sterben die Treue gehalten, und »sie haben nicht empfangen die Verheißung«. Warum denn nicht? »Darum, daß Gott etwas Besseres für uns zuvor ersehen hat.« Die Zeit war noch nicht erfüllt, die Stunde Gottes war noch nicht gekommen. Die hatte er zuvor ersehen. Und wir dürfen uns nun des Lichts freuen, das über einer dunklen Welt aufgegangen ist.

Aber wenn die Gegenwart schon herrlich ist, wie wird erst die Zukunft sein, wenn wir »vollendet werden«, wie der Apostel sagt. Wenn das große Werk zum Abschluß gekommen ist, wenn Christus, der Herr, dann im Blick auf die endliche Vollendung und Ausgestaltung der Gemeinde sagen kann: »Es ist vollbracht!« Wie wird das sein!

Wer sehnte sich nicht nach dieser »Vollendung«, wo das Stückwerk aufhört, wo der Auferstandene voll zu seinem Recht kommt und seine Ehre hat in der Gemeinde! In dieser Vollendung werden wir mit den Helden des Glaubens aus dem Alten Bunde zusammen seine Gnade rühmen. Sie sollten nicht ohne uns vollendet werden. Wir sollten mit dabei sein. Wie wird das sein, wenn die Gläubigen aus Israel und die Gläubigen aus den Heiden zusammen einstimmen in den großen Lobpreis des geopferten Lammes! Wenn dann alle die Gnade rühmen, die sie errettet hat, die sie getragen, bewahrt und vollendet hat! Wie wird das sein! Vollendet! Dann wird keine Möglichkeit mehr zur Sünde sein, keine Schwachheit und kein Seufzen mehr! Vollendet! Am Ziel!

Drei Ratschläge

> *Darum auch wir, dieweil wir eine solche Wolke von Zeugen um uns haben, lasset uns ablegen jede Last und die Sünde, die uns leicht umstrickt, und mit Ausdauer die Rennbahn durchlaufen, welche vor uns liegt, wegschauend auf Jesus, den Anfänger und Vollender des Glaubens, welcher statt der vor ihm liegenden Freude das Kreuz erduldete, die Schande nicht achtete, und sich zur Rechten des Thrones Gottes gesetzt hat.*   *Kap. 12,1.2 (Min.-Bibel)*

Wozu hat der Apostel seinen Lesern die Reihe der Glaubenshelden des Alten Bundes vorgeführt? Nur um sie zur Bewunderung ihrer Taten anzuregen? Nein, sondern um sie zum Eifer für Gottes Sache anzuspornen. Sie gingen durch viele Nöte und Verfolgungen hindurch, waren in Gefahr, in ihrem Lauf zu ermüden und nachzulassen. Darum will sie der Apostel ermuntern und ermutigen, den Lauf mit Ausdauer fortzusetzen und sich durch die Schwierigkeiten und Trübsale nicht beirren zu lassen. Zu diesem Zweck erinnert er sie an die Helden des Alten Bundes, um ihnen dieselben als Vorbilder und Beispiele hinzustellen.

»Lasset uns mit Ausdauer die Rennbahn durchlaufen!« sagt er ihnen. Es genügt nicht, einmal in die Rennbahn eingetreten zu sein, sondern es gilt, den Lauf fortzusetzen – bis zum Ziel hin. Das ist es, was auch wir aus der Betrachtung von Hebräer 11 lernen wollen: unverrückt dem Ziel nachzujagen, bis wir es erreicht haben; im Glauben zu leben, bis wir aus dem Glauben zum Schauen gelangt sein werden.

Das Christentum ist ein Wettlauf im Kampf um die ewige Krone. Hindernisse, die uns aufhalten wollen, Schwierigkeiten, die sich uns entgegenstellen, gibt es viele. Da gilt es, sich im Lauf und Kampf um das Kleinod durch nichts und niemand hindern zu lassen.

Zu Beginn des 12. Kapitels faßt der Apostel nochmals alles zusammen, was er im 11. Kapitel aussagte. Dazu gibt er drei wichtige, praktische Ratschläge, wie wir den Lauf siegreich bis zum Ende fortsetzen können.

Der erste Rat: auf die Wolke von Zeugen zu schauen, die uns umgibt.

Der zweite: jegliche Last und die Sünde, die uns leicht umstrickt, abzulegen.

Der dritte: wegzusehen auf Jesus, den Anfänger und Vollender des Glaubens.

»Dieweil wir eine solche Wolke von Zeugen um uns haben.« Ja, welch eine Wolke von Zeugen von Abel an, durch die Jahrhunderte hindurch, bis in die letzten Zeiten hinein! Was für eine Zahl, die Gott durch Glauben geehrt haben, die ihm gehorsam und treu gefolgt sind bis in den Tod! Sie schauen uns zu. Nachdem sie durch ihre Mühen und Nöte hindurchgegangen sind, sehen sie zu, wie wir uns heute in den Schwierigkeiten verhalten. Denke daran, daß du Zuschauer hast auf deinem Lebensweg, daß die Augen der Glaubenshelden vergangener Zeiten auf dein Tun gerichtet sind.

Nicht nur die Augen dieser Zeugen, auch die Engel schauen uns zu. Wir sollen Anschauungsunterricht für die Engel abgeben. Weißt du das? Das steht in Epheser 3,10 geschrieben: »Daß jetzt kund würde den Fürstentümern und Herrschaften im Himmel an der Gemeinde die mannigfaltige Weisheit Gottes.« Was heißt das? Die wunderbare Weisheit Gottes soll den Engeln kundwerden an der Gemeinde. An der Gemeinde auf Erden sollen die Engel die Weisheit Gottes studieren. An den Kindern Gottes auf Erden sollen die Engel sehen, was die Gnade auszurichten vermag.

Denke daran, daß du Zeugen hast bei all deinem Tun, daß die Augen der Himmlischen auf dich gerichtet sind! Aber sie sind nicht nur unsere Zuschauer, diese Glaubenshelden. Sie sind auch in dem Sinne Zeugen: Sie bezeugen uns, daß die Gnade Gottes ausreicht, daß die Gnade imstande ist, uns durchzubringen. Sie rufen uns zu: Sei mutig! Werde nicht müde! Deine Schwierigkeiten sind groß, aber die unseren waren noch größer! Die Gnade Gottes hat uns trotzdem durchgebracht. Fürchte dich nicht, als ob der Feind zu stark wäre; Gott ist noch stärker. Sei nicht ängstlich, als ob du unterliegen müßtest; es gibt Sieg; vertraue nur getrost dem Herrn!

So bezeugen es uns die Helden des Glaubens. Sie erinnern uns an überlegene Feindesheere, die Gott schreckte, an Löwen, denen er den Rachen zuhielt, an Feuerflammen, die er abwehrte. Gibt uns der Apostel nicht einen guten Rat, wenn er uns an solche erinnert, die vor uns in Schwierigkeiten und Nöten waren und siegreich überwunden haben? Nicht wahr, das gibt Kraft und Mut! Das stärkt und belebt unser Vertrauen!

Nun denn, so laßt uns auf die Wolke von Zeugen blicken, die uns umgibt! Laßt uns ihren Lauf und ihr Ende anschauen, um dadurch angefeuert zu werden, ihnen nachzueifern, bis auch wir am Ziel sind und die Krone tragen! Aber der erste Rat des Apostels wird uns wenig helfen, wenn wir den zweiten nicht befolgen. Der ist noch wichtiger als der erste. Er heißt: jegliche Last und die Sünde, die uns leicht umstrickt, ablegen.

Leider ist die Übersetzung Luthers hier sehr ungenau. Er sagt: »Lasset uns ablegen die Sünde, so uns immer anklebt und träge macht.« Wenn die Sünde uns »immer anklebt«, dann ist doch ein Ablegen derselben nicht möglich! Richtiger ist die Übersetzung der Miniaturbibel: »Lasset uns ablegen jegliche Last und die Sünde, die uns leicht umstrickt.« Ganz wörtlich müßte man so übersetzen: »Lasset uns solche sein, die jede Sünde abgelegt *haben*.« Die griechische Zeitform bezeichnet eine Dauer in der Vergangenheit. Man kann auch sagen: eine Ursache, deren Wirkung bis in die Gegenwart fortdauert.

»Lasset uns ablegen jegliche Last«, das ist viel umfassender als das, was Luther sagt. Jegliche Last! Es gibt auch Lasten, die nicht Sünde sind. Aber jegliche Last soll abgelegt werden. Wer in die Rennbahn kam, um den Lauf anzutreten, der legte alles ab, was ihn hinderte. Daß er sein schweres Reisegepäck, mit dem er hergewandert war, ablegte, das war selbstverständlich das erste. Aber das war nicht alles. Er legte auch das lange, faltige Gewand ab, das bis zu den Füßen hinabreichte und das ihn bei schnellen Bewegungen im Lauf hinderte.

Jegliche Last! Wollen wir das Kleinod erringen, dann ist es als erstes notwendig, daß wir unsere Sünden auf Golgatha niederlegen. Das versteht sich hier so von selbst, daß es der Apostel in die Vergangenheit setzt und sagt: »abgelegt habend«. Er denkt aber gar nicht nur an die Sünden, die man ablegen soll. Sonst würde er nicht sagen: jegliche Last! Es gibt auch andere Dinge, die uns hindern und aufhalten können.

Wer in die Rennbahn eintritt, der tut damit die Absicht kund, den ersten Preis zu erringen. Er ist zielbewußt darauf bedacht, den Preis davonzutragen. So müssen auch wir zielbewußte Leute werden. Wir müssen wissen, wozu wir da sind, was der Zweck und die Aufgabe unseres Lebens ist. Wir sollen mit unserem Leben Gott ehren. Wir sollen »der Heiligung nachjagen«.

Da gibt es nun einen kurzen, wichtigen Erfahrungssatz, der heißt: Was nicht fördert, hindert. Bitte, denke einmal darüber nach, und dann präge ihn dir ein: Was nicht fördert, hindert. Dieser Satz enthält die Antwort auf viele Fragen, welche auch Kinder Gottes erwägen. Wir wollen die Krone erringen, nicht wahr? Nun, das ist eine ernste, wichtige Sache; sie erfordert eine ganze Hingabe, eine volle Aufmerksamkeit. Wer die Krone erlangen will, der muß zielbewußt handeln und wollen. Der darf sich nicht ablenken lassen und verzetteln. Der darf sich nicht auf allen möglichen unnützen Gebieten beschäftigen und betätigen, sonst verbraucht er seine Kraft und verliert seine Zeit, und verliert die Krone.

Ich sage nicht, daß es Sünde sei, sich mit allerlei Dingen zu beschäftigen. Aber ich sage: Wer ans Ziel will, der muß zielbewußt sein. Das gilt schon im täglichen Leben. Wer sich auf zu vielen Gebieten beschäftigt, wer sich in allerlei Berufsarten bewegt, der wird auf keinem Gebiet etwas Ordentliches leisten. Unsere Zeit stellt so hohe Anforderungen; da muß man sich auf das Notwendige beschränken, sonst erreicht man nichts. Und wenn das im täglichen Leben gilt, dann erst recht im Reich Gottes. Da geht es auch nicht an, sich zu zersplittern; so kommt man nicht zum Ziel. Darum sage ich: Was nicht fördert, hindert.

Sieh dir einmal alle deine Liebhabereien daraufhin an, ob sie dich fördern oder hindern. Bringen sie dich weiter? Oder halten sie dich zurück? Vielleicht erkennst du dann, daß du auch noch Lasten getragen hast. Dann lege jede unnötige Last ab! Sonst kommst du nicht ans Ziel! »Und die leicht umstrickende Sünde.« Leicht umstrickend, das ist etwas anderes als »immer anklebend«. Wenn sie immer anklebt, dann kann ich sie nicht loswerden. Wenn die Sünde uns leicht umstrickt, dann kann ich mich ihrer erwehren; ich muß freilich sehr auf der Hut sein mit Wachen und Beten. Sonst hat sie mich eben schon umstrickt.

Ja, die Sünde umstrickt uns leicht, wenn wir nicht wachsam sind. Jeder Mensch hat einen »wunden Punkt«, an dem er besonders verwundbar ist. Da ist die Gefahr am größten, von der Sünde umstrickt zu werden. Bei dem einen ist es vielleicht das Geld. Da liegt seine besondere Gefahr. Da gilt es, auf der Hut zu sein, daß der Teufel es nicht fertig bringt, die Seele mit der Sünde der Unehrlichkeit zu umstricken. Bei dem anderen ist es die sinnliche Lust, die ihm Gefahren bereitet. Da gilt es, auf der Hut zu sein, wenn der Teufel seine Schlingen auslegt, um uns zu versuchen. Da gilt es mannhaft mit Joseph zu sprechen: »Wie sollte ich ein so großes Übel tun und wider meinen Gott sündigen?« Bei dem dritten ist die schnelle Zunge die Gefahr. Man ist so geneigt, über andere zu reden und lieblos zu urteilen. Bei dem vierten ist es wieder etwas anderes. Aber jeden versucht der Feind zu umstricken. Da gilt es, auf der Hut zu sein! Da gilt es, wachsam zu sein und zu beten, daß der Feind nicht triumphiert.

Glaubensleben ist Gebetsleben. Das gehört zusammen. Es gibt gar kein wahres Glaubensleben, das nicht zugleich auch ein Gebetsleben wäre! Das vergiß nicht! Und dann beherzige den dritten Rat des Apostels. Der ist die Krone von allem. Der heißt: »Wegschauen auf Jesus, den Anfänger und Vollender des Glaubens.« Die Übersetzung Luthers und auch die Miniaturbibel sagt: »aufsehen auf Jesus«. In dem griechischen Wort liegt aber noch ein Gedanke. Man kann es am besten mit »wegschauen« wiedergeben.

Wegschauend – wovon denn? Weg von den Schwierigkeiten! Durch wie viele Nöte sind die Glaubenshelden gegangen, von denen wir gehört haben! Sie haben von ihren Schwierigkeiten weggeschaut und auf den Herrn geblickt. Und Gott hat ihnen durch ihre Schwierigkeiten hindurchgeholfen. Der Blick auf Jesus gibt Kraft. Aber der Blick auf die Schwierigkeiten lähmt die Seele. Wenn man auf seine Schwierigkeiten blickt, wird man verzagt. Hat es dir schon irgendwelchen Nutzen gebracht, daß du auf deine Schwierigkeiten schautest? Noch nicht den allergeringsten! Nun, dann höre doch damit auf und blicke weg von deinen Schwierigkeiten, hin auf Jesus!

Wegschauend auch vom Feind! Wie viele Christen geben sich

immer mit dem Gegner Gottes ab! Wer auf den Feind blickt, der wird natürlich mutlos und verzagt, denn »groß Macht und viel List sein grausam Rüstung ist, auf Erd ist nicht seinsgleichen«. Blick nicht auf den Feind! Wir haben es nicht mit ihm zu tun, sondern mit Jesus!

Wegschauend – von dem eigenen Ich! Wie viele blicken auf sich und erwarten etwas von ihrer Kraft, von ihrer Tüchtigkeit, von ihren Leistungen. Wer auf sich schaut, der wird entweder hochmütig oder verzagt. Entweder er entdeckt bei sich solche Kraft und Tüchtigkeit, daß er denkt: Nun, das werden wir doch wohl noch schaffen. Oder er erkennt bei sich solche Schwachheit, daß er verzweifelt ausruft: Ach, das kann ich nicht! Wie soll ich hier durchkommen?

Blicke weg von dir selber! Blicke auf Jesus! Er war der Anfänger deines Glaubens. Nicht wahr, er ging dir nach, er holte dich herum? Er hat dich dahin gebracht, daß du dich ihm anvertrautest. Er war der Anfänger. Und er ist auch der Vollender. Er will dich durchbringen, und er wird es auch tun. Verlaß dich nur auf ihn! Vertrau ihm nur getrost! Wie dunkel deine Gegenwart auch sein mag, wie dunkel auch deine Zukunft, vertraue ihm! Sieh von dir weg – auf ihn, der das gute Werk angefangen hat! Er wird es auch vollenden!

Sieh, durch was für Schwierigkeiten ist er hindurchgegangen! Er hätte wohl mögen Freude haben, und doch erduldete er das Kreuz und achtete der Schande nicht. Er gab alles hin, was er war und was er hatte, um unseretwillen. Er vertauschte den Himmel und seine Herrlichkeit mit dieser armen, fluch- und schuldbeladenen Welt. Er verzichtete auf die Lobgesänge der Engel, über denen er thronte, und kam in die Gemeinschaft der Sünder, um uns zu erretten.

Was sind die Glaubenshelden des Alten Bundes, die uns Hebräer 11 gezeigt hat, gegen diesen, unsern hochgelobten Heiland! In was für Tiefen ist er gestiegen! Und wie hat er seinen Vater geehrt und ist ihm treu geblieben! Wie war sein Wille eins mit dem Willen des Vaters! »Ja, Vater!«, das war seine Losung. Und darum, weil er sich erniedrigt hat bis zum Tod, hat ihn Gott auf den Thron zu seiner Rechten gesetzt und ihm einen Namen gegeben, der über alle Namen ist. Auf Jesus schauen – das gibt Kraft und Leben.

Darum, wie dein Leben auch sein mag, blicke auf Jesus Christus! Vertrau dich ihm an für die Gegenwart und für die Zukunft, für Freuden und Leiden, für das Leben und Sterben, für die Zeit und für die Ewigkeit! Blicke auf Jesus, und du wirst auch einen Platz finden in der Reihe derer, die dem Herrn vertraut und ihn durch glaubendes Vertrauen geehrt haben! Blicke auf ihn, und er trägt dich durch alles hindurch, standhaft und siegreich bis zum Ziel.